M000189892

UANL
UNIVERSIDAD AUTÓNOMA DE NUEVO LEÓN ®

UANL Institución de Calidad Educativa
*"Educación de calidad,
un compromiso social"*

Ediciones Era

TRAZOS EN EL ESPEJO

15 autorretratos fugaces

TRAZOS EN EL ESPEJO

15 autorretratos fugaces

Ediciones Era

Coedición: Ediciones Era / Universidad Autónoma de Nuevo León

Primera edición: 2011
ISBN: 978-607-445-048-4
© 2011, Ediciones Era, S.A. de C.V.
Calle del Trabajo 31, 14269 México, D.F.
Impreso y hecho en México
Printed and made in Mexico

www.edicionesera.com.mx

Índice

María Rivera

◆

Variaciones para una autobiografía

Tendría que empezar así: estaba por amanecer, el cielo no se veía del todo oscuro. Me encontraba sentada en la calle, cuando una placidez enorme se apoderó de mí. Sólo quería mirar el follaje de los árboles que se mecían como si bailaran, como si su belleza pudiera colmar todo el instante y el instante fuera lo único que importara. No me importaban los ladrones, ni los policías, ni la influenza, ni el prado de bacterias sobre las que seguro me senté. Pensaba en la famosa escena de *Nostalgia* en la que el protagonista trata de cruzar una piscina con una vela encendida: es un lugar común pero esa podría ser una imagen elocuente de mi vida, o al menos, de mi vida desde los 21 años, cuando decidí abandonar mis estudios universitarios y me marché a París infatuada por mis lecturas, un taller literario y un *enfant terrible* que tenía por novio, todo porque quería ser "poeta". He olvidado los motivos de esa decisión cardinal. Sólo recuerdo la obstinación y mi juventud: la credulidad con la que leía los libros y mi creencia de que tenían el poder de cambiar la vida. Fue en esa esquina donde di vuelta para nunca volver: no quise estudiar una carrera: confié en la poesía como un dios providente. No me ha quedado sino sostener esa teoría a lo largo de los años. No sin cierta amargura, hoy me doy cuenta que lo franciscano se quita con el tiempo.

El segundo día que pasé en París, mi padre, que estuvo dos días conmigo antes de marcharse, me dejó en las puertas del metro con mil quinientos francos, una enorme maleta y la dirección de una amiga mexicana con la que viví. Ahí, en esas puertas corredizas, debería comenzar mi autobiografía, pensé aquella noche mientras miraba los follajes, que súbitamente se transfiguraron en los follajes de la Rue Ranelagh sobre la que estaba acostada, arrobada, viendo el cielo estrellado una noche antes de mi regreso a México, convencida por dos o tres versos de Cavafis que leí mientras esperaba el Metro. Desde entonces recorrí un camino hacia "quién sabe dónde", que es como yo llamo a la poesía. Puedo decir, con alivio, que ahora estoy más cerca de las pantuflas y más lejos de los tacones. Vejez prematura, en el peor de los casos; vida familiar, en el mejor.

A Gerardo lo conocí hace muchos años en la Escuela de Escritores; yo cursaba el tercer semestre; él, el primero. Lo volví a encontrar en la comida de los cincuenta años del Centro Mexicano de Escritores, en una fiesta bizarra en casa de Alí Chumacero donde apenas cruzamos palabra; él fue becario del Centro un año antes que yo; él escribe narrativa, yo poesía. Como si el destino jugara al gato y al ratón con nosotros, terminamos por encontrarnos definitivamente a finales del 2004, cuando recién había terminado de corregir mi libro más reciente. El amor que surgió en ese diciembre fue más poderoso que el tsunami de Indonesia del que no tuvimos noticia sino hasta un mes después de ocurrido. Como un tsunami: la ola no regresó nunca. Quedó al descubierto el fascinante lecho marino, donde pusimos una casa, compramos un comedor y una recámara: un advenimiento. Como una felicidad musical entró en mi vida: alto, delgado, hermosísimo. Quiso defenderme como un caballero andante. Como yo, amaba la literatura rusa, la épica espiritual. Su clarividencia siempre me ha asombrado, me dijo que era un hombre con suerte y que era feliz, yo lo miré con sorna. Con el paso de los años lo he comprobado: tiene suerte y su felicidad, como la de nuestra hija, revienta al menor contacto con la música. Es un bailarín nato. Cuando ya no hay escapatoria o los zarpazos se ponen muy violentos terminamos bailando. En poco tiempo se convirtió en mi amigo, mi escudero, mi adversario, mi reconciliación, mi compañero. Los años a su lado han sido serenamente felices, años domésticos, años de asombro, de tibieza y de extrañeza descubridora, musicales, con corazón y sin él, desabotonados. Años espantapájaros, pararrayos. Años disturbio, años sobrios, años tristes, años arropados, oftálmicos, estomacales, gustativos, años con voz y, para adentro, silencio rebosante, perfecto.

Hace algún tiempo, sin embargo, yo era radicalmente distinta; vivía en lo que di por llamar "la voluptuosidad de la caída", días de los que surgió *Hay batallas*, un tránsito que recorrí sola, como sólo se podía recorrer, en la intimidad, esa noche. La historia, si acaso hubiera algo que pudiera contarse como "historia" que no haya sucedido en esa región que rebasa a la anécdota, comenzó con el milenio y terminó cinco años después. En esos cinco años los trabajos, las omisiones, los descuidos de toda mi vida se sintetizaron, definieron mi visión de la vida. Un transcurso que me llenó de amargura y que al mismo tiempo me devolvió la alegría. Como en los viajes iniciáticos perdí casi todo, gané casi todo. No, tendría que empezar así: estaba yo en el baño abrazada por su minúsculo espacio más allá de mí o más acá de mí. No, no podría empezar así. No podría poner en prosa lo que intenté decir en varios poemas, sin traicionarlo. No me interesa la anécdota, lo confieso, y a menudo me aburre la trama. Mi biografía, que antes me pareció tan clara, ahora me parece inaccesible. Los días, los años se superponen y mirados tan de cerca dan la impresión de no ser nada, de nunca haber pasado. Mi verdadera autobiografía no podría estar aquí: está en los libros que he leído y en los que he intentado escribir. Si fuera fiel a la anécdota tendría que ser fiel a las versiones infieles que escribía por aquellos días, hacer menos una trama y más un cuadro impresionista. Al fin y al cabo la precariedad del instante, su retrato inacabado.

***

Tendría entonces que empezar así: estoy en un pueblo perdido de Ohio, es de noche y estoy tendida boca arriba intentando mirar las estrellas que en la ciudad de México desaparecieron hace mucho. Está lloviznando y supongo que hace frío: no lo siento. J no puede verlas, se las describo o creo estárselas describiendo; a ninguno de los dos nos importa. Como a la mayoría de los mexicanos el tequila nos hermana mientras disuelve nuestras diferencias. Estamos, pues, muy mexicanos, muy incómodos, algo desquiciados para el temperamento anglosajón. Me escuchó diciéndoles a los demás que quería ir al césped y decidió acompañarme. Estamos, pues, tendidos, mirando el cielo que se ha transfigurado en el cielo estrellado de la Marquesa, el ladrido de una turba de perros hambrientos, discusiones, gritos, delirios de borrachera: alguien saqueó la cava de entre los locos que nos juntábamos a comer y a beber durante horas, durante días, durante meses con el único cometido de ver quién podía ser más mordaz, más ingenioso, más atroz: estamos pues, muy mexicanos, muy albureros, muy cabrones: somos la intelliguentsia y pura mala leche, cortadísima. Yo era joven, entusiasta e ingenua. Yo era joven, entusiasta, ingenua e inédita. Ellos, los poetas y narradores ya formados, los jóvenes creadores de los noventa, los que ahora tienen cuarenta y tantos, los que como nosotros no emprendieron ningún parricidio. Ellos ya en los treintas, casados, separados, publicados, multipremiados. Aún son jóvenes, aún tienen tiempo. Las novias, las esposas, las malvadas que los dejaron también están en esa noche suspendidas: son escritoras en ciernes, poetas maltratadas por sus novios poetas que son bien mexicanos, bien cabrones, bien inteligentes: iluminados. Se los quitaron de encima. Sólo les quedó el ancho costillar de la noche congalesca. La escritura a la intemperie, el alcohol, las fiestas, la movida como oleada de la mal llamada generación X, donde se volvieron bien cabronas, legendarias... al menos en esta historia. Los que estábamos por entrar a la década de los treinta ahora estamos en los albores de los cuarenta, dejamos hace mucho tiempo de ser jóvenes creadores, jóvenes saludables, jóvenes despreocupados, jóvenes borrachos, jóvenes intensos, jóvenes: llegaron los achaques, los libros, los premios, la paternidad o la maternidad. Ciudad de México, nuevo milenio. Sí, mi autobiografía tendría que dar una temperatura, fijar un instante.

***

Tendría que empezar así: esa noche quería andar sobre el césped, estaba terquísima. Significaba, de manera un poco absurda, una odisea, la toma de Esparta, la llegada a Ítaca. Tenderse en el césped que está detrás de una casa estadounidense. El asunto del césped comenzó meses después del nacimiento de Camila. Cuando nació Camila: he allí el punto de inflexión donde debiera acabar mi autobiografía o donde debiera comenzar. El problema: si comienza con su nacimiento terminará en árbol genealógico. Si termina antes de su nacimiento dejará afuera el suceso más importante de mi vida. O bien, podría empezar en el momento en que estoy sobre la plancha, con medio cuerpo dormido, temblando, mirando hacia el techo, mientras el doctor me corta poco a poco, como quien abre un animal muerto, con la misma tranquilidad, con el mismo pasmo. Como quien abre, tranquilamente, un aguacate para retirarle el hueso. Sí, como un aguacate: como esa adivinanza que jugaba de niña: agua pasa por mi casa, cate de mi corazón. Mi corazón: ella es mi corazón y el agua donde nadaba tan contenta, el líquido amniótico que se derramó sobre la plancha, el líquido intravenoso que me administran poco después de que el médico jala, jala, jala, mete sus manos en mis entrañas, la encuentra, jala de ella para arrancarla, mi hueso, mi corazón, hija mía, hija mía, mientras su padre la mira con ansiedad y me pone el reloj enfrente, son las 9:55 de la noche. Yo escucho su llanto atrapado en el líquido que le quedó en los pulmones, el último trozo de mí. La contemplo: es tan rosada, perfecta, tan animal. Soy un animal: me acercan su mano diminuta que toma con fuerza mi dedo. Me dice el pediatra: bésala. La beso. Hasta que pasados algunos minutos las hormonas hacen su trabajo: quiero levantarme de la plancha y arrastrarme con ella hasta un rincón del cuarto, quiero verla, quiero que me vea, quiero estar con ella. Soy la boca de la necesidad, la tirana defensora de la especie, la cúspide del instinto. Soy toda amor, toda ella y toda yo. El pediatra se aleja, se la lleva. Traducir lo animal: me quita a mi cría, mi hija, mi cuerpo, mi carne, mi infinito. ¿A dónde va?, alcanzo a pensar antes de sentir la misma placidez somnífera que cuando estaba tendida sobre la rue Ranelagh, hace muchísimos años, mirando las estrellas completamente borracha, o sedada, que es lo mismo.

No, esta escena debo reescribirla: mi hija sale de mí como reventaría una raíz a una fruta, como cuando la semilla levanta su puño desde la tierra, se deshace de su cáscara, respira. Yo estoy en recuperación: soy una cáscara desesperada, oscurecida, tengo frío, mucho frío. La enfermera me pone una manta ligerísima que parece espacial: siento una gran mano caliente abrazándome, soy una cáscara reblandecida. Llévenme con mi hija, señorita, enfermera, doctor, ¿cómo dice, aún no se me contrae el útero? No, no quiere contraerse, no quiere olvidarla, quiere que regrese: la espera, la espera, la espera. Tal vez si la tuviera entre mis brazos y yo fuese una leona y tuviese una enorme lengua y pudiese lamerla toda, ponerla junto a mi pecho, su piel, su cuerpo, junto al calor de mi cuerpo. Camila está en el cunero. Yo soy un útero que llora en una sala oscura, esperándola.

Tendría que continuar así: soy como una sombra, una sombra que no busca encontrarse sino ser, calladamente, en su deambular resignado en busca de las cosas más sencillas: el agua caliente, el algodón, la mamila, esas cosas tan distantes, extrañamente familiares. Decir: algo creció dentro de mí y salió de mí para llegar aquí a mi lado. Decir: alguien salió de mí, tan pequeñita, tan tibia, para estar aquí a mi lado, es decir poco. Decir: una semilla creció dentro de mí como una lenta enredadera que buscase su camino hacia la luz. Decir todo esto es no decir nada. Las palabras se me agostan, el lenguaje no me alcanza para expresar el silencioso sueño de mi hija, la mirada de sus ojos azorados cuando me ve como a una extraña cosa. Le hablo, espero que su oído le recuerde esa voz que escuchó en mis entrañas cuando apenas se formaba. Pero ahora mi corazón le queda lejos, su persistencia acorazada, su bomba imperturbable; ha empezado esa larga despedida, ese camino que emprendió desde mi vientre hacia el mundo. Ensaya ya la fuerza de sus dedos con mi dedo mientras yo la miro terriblemente mía y ajena.

***

No, tendría que empezar antes del nacimiento de Camila. Cinco años antes, cuando mi vida dio un giro imprevisto. Sólo debido a esa vuelta la maternidad fue posible. O quizá su origen se remonte a mi infancia, a mi madre, su casa abierta, esa patria de los días niños, su escuela, sus salones, los dientes y ratones; esos brazos. Aun así se me presenta como el origen, el momento en que frené sobre el vacío. Cuando tras unos años de vivir al límite, me encontré agotada y enferma. Cuando la herida que me acicateaba, una herida que se convirtió en una vía de conocimiento, se volvió un costurón invisible y mi lamento, una cantaleta. Cuando encontré que no tenía caso seguir caminando en esa dirección, que esos días como rayos encendidos habían dado ya toda la luz posible. De aquella época guardo las cartas que escribía; si no fuera por ellas hubiera olvidado su verdadera naturaleza. Sobreviví a ese tiempo con la ayuda de Virgilio que se llamaba Celia, gracias a ella, mi sicoanalista y a su lámpara de mano fue que pude abrir los ojos y soportar la claridad. No podría ir más lejos: narrar esos días es imposible. Su narrativa es poesía; sus anécdotas, cosas tan imprecisas y banales como la luz amarilla de la tarde, rutinas nocturnas y divagantes, borracheras curativas. Sólo podría decir que hallé un astro refulgente y precioso, un astro mío y de todos, una forma de reconciliación. Haberlo tenido entre mis manos como el más preciado de los tesoros me reveló, íntima y profundamente, que tenía algo que decir, que nada, salvo ese decir, tenía importancia. Recibí una recompensa que jamás hubiera podido imaginarme. Ese momento, esa noche perdida hace muchos años, aún me alumbra. Me dio el valor de acometer la escritura de manera solitaria, al margen de movimientos, amigos, parejas, modas. Regreso: después de un tiempo dejó de tener sentido esa caída. Su voluptuosidad se convirtió en hastío, me di cuenta que estaba escribiendo el mismo poema una y otra y otra vez hasta el hartazgo y que el libro que escribía por ese entonces amenazaba con volverse infinito. No deja de ser irónico el hecho de que se hayan salvado de aquel libro unas cuantas cuartillas con unos cuantos versos. Recuerdo de entre la bruma de aquellos días mi nacimiento, tortuoso, violento. Después vendría la cura, la ligereza, la alegría, el extrañamiento. Fue, sin embargo, por los días en los que había decidido salvarme cuando nos hicimos amigos. Cuando me rodeaba la mezquindad él apareció como un magnánimo, en medio de pleitos él se convirtió en un pacificador. Solíamos ir a comer pizzas enfrente de mi casa y a menudo me lo encontraba sentado en una banca del camellón de Durango, muy pensativo, tomando el sol. Guardo esa imagen en un relicario que todavía hoy puedo abrir lejos de esa encrucijada donde yo quería salvarme, salvarlo todo. Había recorrido una larga herida y creía entenderlo, creer es un verbo que ilumina esos días: el poder de la sugerencia sobre los hechos.

***

No, tendría que empezar así: esto lo supe subiendo las escaleras de mi antiguo departamento, una mañana, muy temprano. Escribí algunos años después la versión de esa experiencia que devino, sin pretenderlo, en el broche que cerraría para siempre esa etapa desesperada. La anécdota podría ser una mala fábula, con moraleja, por supuesto. Por aquel tiempo algunos amigos escritores frecuentábamos un pequeñísimo pero muy concurrido antro de la colonia Roma llamado con total justicia "El Jacalito". Lo menos que puede decirse de aquel antro, de concurrencia muy ecléctica (iban escritores, travestis y vecinos del rumbo), era que la banda que allí tocaba estaba conformada por los *viene viene* de la avenida Medellín. Verlos tocar era infinitamente más repulsivo que escucharlos, que ya era bastante. Para colmo, nunca faltaba el turista que les arruinaba el numerito y a nosotros la noche. A mi amigo Oni, por ejemplo, le reveló su vocación: cantante de karaokes. Una noche llegué sola: había huido de una fiesta. Mientras me encontraba en la barra una chava, más o menos de mi edad, me hizo la plática. Terminé mascullándole el resumen de mis tragedias: mis amigos eran una mierda. Después de tomarnos unas cervezas me invitó a seguir la fiesta en otro lugar que prometía ser mejor y donde estaban sus amigas. Yo entendí que estaba en Garibaldi: la idea de escuchar mariachis me seducía, aunque no traía dinero y mi coche no tenía suficiente gasolina. Sin saber bien cómo estoy ya sobre Eje Central tratando de estacionarme cuando me dice que no, que el antro estaba más adelante, que no había mariachis, que más adelante, que no, que no había mariachis, que me estacionara aquí, aquí. Aquí: lejísimos de Garibaldi. Comencé a asustarme ¿qué hacía yo con una desconocida, a esas horas, en esas circunstancias?, ¿me había llevado hasta allí para robarme? Caminamos una cuadra mientras yo trataba de asumir que la suerte al fin me había abandonado cuando llegamos, en efecto, a un jacalote: me dio un tour emocionada: abajo una rockola y mesas, arriba otra rockola y un sillón de terciopelo rojo con foquitos. Ya sentada me invitó una cerveza y me enseñó el catálogo musical de la rockola: el príncipe, el rey, juanga, los bukis y me presentó a sus amigas, que me pareció ver sentadas minutos antes en las piernas de los clientes, y ahora le preguntaban ¿y ésta qué?, ¿para qué la trajistes?, ¿cómo va la noche? Apenas doscientos. Una me dijo ¿me prestas de tu bilé? Te lo regalo. Quería huir, salir corriendo. Es que sus amigos son bien ojetes y ella es rebuena onda, de veras, cuéntales, decía, mientras les relataba mi historia que para esos momentos me parecía una banalidad. Me contó que "arriba laboraban y abajo enamoraban". Conversé con ellas lo estrictamente necesario y les anuncié que ya me iba, que era muy tarde: no me dejaron. Me explicaron que era muy peligroso, que antes de llegar a la esquina me habrían asaltado y que lo mejor era que ellas, todas, me acompañaran. Antes de subirme a mi coche una me dio cincuenta pesos, pa tu gasolina, me dijo. Me indicaron donde estaba la gasolinera, me dieron un beso. Amanecía cuando llegué al parque cercano a mi casa, me estacioné: era un mar de llanto. Nunca supe su nombre. Le debo, sí, cincuenta pesos y un amanecer límpido por donde resbalaron los amigos como piedras.

***

Había algo de imposible en él. En su peinado, en sus lentes, espejuelos sería más elocuente decir (eran de su padre); en sus modales, su anacrónica caballerosidad. Había algo de imposible en esas conjunciones: la bondad con la ironía; la herida del corazón y su inteligencia; su capacidad de felicidad y su carácter melancólico; la paciencia y la voracidad. Era un poeta de la mayor concisión pero un desmesurado. Era, en definitiva, un *raro*. Para algunos amigos Li se convirtió muy rápidamente en el corazón de un clan festivo que acudía regularmente a Veracruz 55. Su hospitalidad era de un talante familiar, como el altar que tenía para sus amigos que eran para él como su familia. Al principio, cuando lo llamaba a su casa siempre contestaba susurrando, decía tener algunos problemas domésticos. La época de los susurros terminó al poco tiempo para dar paso a las llamadas nocturnas en las que me invitaba a tomar un whisky en el parque España o donde yo quisiera. Solíamos comer pizzas enfrente de mi casa. Su amistad fue un páramo soleado y un campo de batalla; su muerte, una materia resistente a los ácidos de la prosa. Nos unió la sed y también el espanto; nos unieron la crítica y la complacencia; nos unieron la fiesta y el dolor. Lo leo, lo releo, aún me topo con él por la calle y espero, todavía, el recado en la puerta del que fuera mi departamento: "María querida, vine a buscarte". Aún puedo escuchar lo que quizás hubiera sido su último aforismo: "No hay nada peor que no ser atroz y cometer atrocidades". Se despidió de mí en varias ocasiones, la última tras su muerte, en un sueño: estábamos en el comedor de su casa como tantas veces tomando una copa de vino. Yo intentaba contarle todo lo que había pasado desde que lo encontramos muerto, cómo vi nacer la eternidad una mañana, levantarse para siempre entre nosotros, mientras él ponía un disco, estaba contentísimo, platicándome de música. Ante mi insistencia finalmente me miraba y me decía "no, no me cuentes nada, ya no es tiempo, he regresado a comer contigo" levantaba su copa y brindaba para seguir platicando muy sonriente. Sabía, en el sueño, que esa comida tendría término y, sin embargo, recuerdo haberme entregado a esa tarde feliz y luminosa.

***

Sería mejor empezar así: a los once años tuve mi primer contacto cercano con la política: quería ser cura. No recuerdo quien me desilusionó, lo que sí recuerdo es el convento al que me llevó mi abuela de visita y lo tristes y aburridas que me parecieron las monjas: tenían vedado el uso de la palabra que era lo único que me interesaba de los curas: decir misa. Recuerdo también que las explicaciones que me dieron me dejaron insatisfecha. No entendía por qué Dios tenía que ser hombre y por qué "el Hombre" englobaba a todos los seres humanos. Ese Hombre estaba en todos lados, en los libros de historia, en los libros de biología, en los museos. Me lo imaginaba enorme, altivo, victorioso, un gigante peludo cruzando, con toda la especie a cuestas, por el estrecho de Bering. Descubriendo la rueda, el fuego, la agricultura, construyendo imperios, derrumbándolos. Todavía hoy me lo encuentro en discursos engolados y rancios, escucho sus pisadas plas plas plas viniendo desde África. Si hubiese sido mujer el primer astronauta que pisó la luna los encabezados de los diarios "Llega el Hombre a la Luna" hubiesen lucido ridículos junto a la fotografía de una larga melena rubia. Desde entonces encuentro a la política en todos lados: aparece travestida de amor, de familia, de maternidad, siempre en el lenguaje. Conjeturo que a eso se debe que yo no me haya reconocido en la ficha técnica de mi generación "apolítica, frívola, indolente". Cuando llegué a la edad de las ilusiones, en México se caía el sistema y en Berlín el muro. Lo cierto es que fue pura ilusión: el Sistema no se cayó nunca aunque lo vimos tambalearse y hasta hacerse el muertito. El Sistema no es un cáncer, es un virus: una configuración que todos los mexicanos tenemos integrada. Se necesitarían décadas de una inclemente transformación individual en millones de mexicanos simultáneamente para que naciera un mexicano que no reconociera en el priismo su *alma mater*: esa señora que reparte las quesadillas de picadillo, de flor, de queso, de huitlacoche, sólo me quedan de papa seño; el taquero sudoroso que surte los de nana, los de buche, los de cochinada; el policía que acepta la mordida, las amas de casa, los profesionistas, los inteligentes que especulan, los políticos, los detractores del Sistema que siguen utilizando los mismos métodos que el Sistema les asignó para atacarlo, como se replicaría un virus en una célula del sistema inmune. Mutó, sencillamente, se adaptó a los tiempos democráticos, floreció como nunca en la alternancia. Nos hizo pensar que había desaparecido pero estaba reproduciéndose en todos los ámbitos de la vida pública y privada de los mexicanos. Tras décadas y décadas de cooptar toda disidencia productiva a este país no le queda sino el letargo.

***

Tendría que empezar así: una mañana de mayo del 2006 me senté, como todas las mañanas, a leer los periódicos: ya no pude levantarme. Relatos de mujeres violadas por policías, detenidos brutalmente golpeados en el pueblo de Atenco me sumieron en un estado de tristeza, de horror desesperado que con el paso de los meses se fue ahondando: México entraba en una larga noche y por primera vez en mi vida me sentí incómoda con la poesía como quien usa una camisa que no es de su talla o quien tiene puestos los zapatos al revés. Cuanto había escrito, así como mis certidumbres con respecto a la poesía, se esfumaron en medio de un coro de preguntas sin respuesta. Me preguntaba si podía escribir al margen del mundo, si debía escribir al margen del mundo, quién podía escribir al margen del mundo y para qué escribir al margen del mundo. También si la poesía podía ser herida por el mundo, si era válido proteger, purificar la lengua, si la poesía estaba escrita por una secta ajena a las vicisitudes de la vida pública. Pensaba en jóvenes disecados, disecados viejos que fueron jóvenes disecados embobados por tiendas rosas y portadas coloridas o blancas de revistas culturales y pensaba ¿por qué no mejor hacer pasteles, galletitas? ¡Galletitas! quería decirles a los que aún escribían poemas, ¡hagamos galletitas! Galletitas vanguardistas, galletitas casi obleas típicamente mexicanas, galletitas sobre pedido, galletitas latinoamericanas, galletitas para servirse en cualquier mesa, ¡galletitas!

Tendría que continuar así: en esa "larga noche mexicana", como me ha dado por llamarla, ha sido posible todo: la clausura de avenida Reforma, la militarización del país, la caída del avión del secretario de Gobernación en plena ciudad de México, asesinatos masivos de albañiles, cabezas perdidas de sus cuerpos, descabezados en hieleras, dedos cercenados, muertos hechos pozole, granadas en el Grito, devaluación del peso, niños y niñas muertos en changarros-guarderías adjudicadas directamente por políticos a sus familiares, a sus amigos, al narco; personas asesinadas por el fuego cruzado de una guerra demencial, mujeres abusadas por militares, gente desaparecida en reyertas callejeras y, en el centro de esa noche, los poderes mediáticos brillando como nunca: telenovelas con haciendas, hacendados, charros, "niñas" sumisas, heroínas vírgenes, galanes fisicoculturistas y tiernos, curas por todos lados.

En medio de esa noche decidí que lo mejor era implementar un toque de queda personal: quedarme en mi casa, recuperar la intimidad de mi pensamiento. Lo demás dejó de tener importancia: batallas en las que me entretuve demasiado tiempo, odios sarracenos aburridos, pasiones estúpidas. Mi vida cotidiana, los rituales más anodinos, llenaron de sentido mis días. Sin hacer vida literaria, al lado de mi esposo y mi hija, con unos cuantos amigos convertidos en Uno. Dejé de hacer corajes. Casi llegué al Nirvana y hasta Iztapalapa estudiando los materiales para hacer un piso de EVA (Etil-Vinil-Acetato) para el cuarto de Camila; estuve muy cerca de la felicidad total cuando logré la combinación perfecta de colores para las paredes: un blanco que no es un blanco que es un rosa que no es un rosa ni un blanco rosado: un leve resplandor. "Imperceptible", me dijo Uno, "se nota levemente", con su natural cortesía. Uno llegó a mi vida cuando todavía eran varios: se convirtió en mi multitud, en mi paloma mensajera, en su rama de olivo, en mi gran destinatario: pasamos de las cantinas a las fiestas a las comidas en mi casa: a las llamadas telefónicas todo el tiempo. Nadie como él ha entendido mi ostracismo y tampoco nadie como él ha podido encontrarles sentido a los tránsfugas de la belleza. Con el paso de los años fue cambiando de nombre: empezó con su nombre de pila, se transformó en *Darling* para quedarse definitivamente: Darlino. Los dos huimos de un futuro parecido y a veces nos sentimos nostálgicos: cuando pasamos por Polanco después de beber toda la tarde y miramos un anuncio de neón destellante con la forma gigante de un camarón o cuando pasamos frente a un restaurante de comida tailandesa, que no podemos costearnos. Sin embargo, la nostalgia es perecedera: la poesía no. Luego, luego nos acordamos por qué huimos de ese paraíso imaginario, nos metemos a un súper y saciamos nuestro apetito delicatessen. Conversamos de poesía, conversamos todo el tiempo. A menudo me deslumbran sus poemas: su capacidad para revelar lo invisible y siempre me deslumbra su amor por la forma: lo mejor de lo mexicano. Hace poco, le escribía desde Ohio: los güeros se redimen, se parecen a ti, te emulan sus rizos, sus maneras delicadas, blancas, en medio de la nada, en medio de los pastizales, entre los edificios. Son callados, son engreídos, son como sombras enérgicas de sí mismos, cuando andan, cuando miran con sus penetrantes ojos azules como si vieran desde el fondo del mar o desde el cielo. Yo te quiero como se quieren los cuadros amados, recordados como apariciones súbitas, querido, como lo dice tu nombre deformado y tuyo, anglosajón: Darlino.

Creo que fue en esos días cuando resolví, por así decirlo, mi angustia escritural, poco antes de viajar a un pueblo perdido de Ohio: una vez desengañada de la poesía, me esperancé en encontrarla. Ya me había alejado lo suficiente como para conquistar cierta libertad personal: escribiría de todo eso que las sexenales noches mexicanas nos han quitado de luz solar, hermosa, radiante en los jardines de las casas que no tenemos porque no podemos comprar; de esos enormes botes de basura donde caben todas las hojas muertas de esos enormes árboles bajo cuya sombra no nos sentaremos, sobre esos céspedes verdísimos que no rodean nuestra casa, esos céspedes que no miramos en colinas intrincadas, parques a los que no llevamos a nuestros hijos, esas preciosas albercas de plástico que no llenaremos nunca una mañana soleada, de esos porches donde no veremos pasar la tarde mientras tomamos un té o una cerveza, de esa maternidad perfecta que no necesitó de una cesárea, de las mamilas, de las leches de fórmula, de los pendientes de moda, de todo lo que no se comieron las pobres flacas, de las piedras coloniales.

Es probable que después de tanta belleza llegue a hartarme y entonces me vea urgida, como la protagonista de *Revolutionary Road,* a mudarme a París y esta autobiografía se vea en la fatal necesidad de comenzar.

***

Tendría que acabar así: últimamente la noción de estilo me causa repugnancia, no dejo de pensar en él como una domesticación del alma.

México, D.F., julio de 2009

Alberto Chimal

◆

El señor Perdurabo

Escribo esto tendido boca abajo. Es una posición muy incómoda. La hace peor el hecho de que, para evitar que el dolor se agudice, tampoco estoy exactamente en decúbito ventral; además de que me apoyo en los codos, para poder usar las manos y alcanzar el teclado de la portátil, necesito inclinar un poco el torso de manera que mi costado izquierdo no toque, o toque apenas, la superficie del sofá cama.

Si el costado toca la superficie con demasiada fuerza, más dolor. Si me muevo bruscamente, más dolor. Si intento levantarme, más dolor.

El párrafo anterior es un tricolon: este tipo de bagatelas intangibles, de vanidades inútiles, son las únicas que me quedan por el momento. Y debo continuar así. Raquel, mi esposa, duerme en el cuarto, a una puerta de distancia, y no deseo despertarla. Otra vanidad inútil: soy un tipo difícil a ratos pero no a sabiendas, y trato de no ser malévolo aunque sea inútil y hasta perjudicial.[1]

[1] Muchas veces antes de estos días he hecho el número del escritor: algo me ha despertado en la madrugada, me he levantado de la cama, me he venido a este cuarto contiguo o me he ido al comedor; luego he encendido la portátil y he comenzado a escribir en la penumbra, alumbrado sólo por la pantalla. A veces lo escrito es sólo estática, el ruido

Si esta actitud es aprendida (y según las ideas actuales debe serlo), no lo fue a mediados de los años setenta: no lo fue cuando yo era niño y mi mamá María del Carmen sacaba, del cajón de la cocina, la pala de madera.

Mi mamá Gema, quien se encargaba de cocinar y mantener la casa, hacía con esa pala la mezcla de los *hot cakes* y otros platos. Pero el utensilio existía, sobre todo, como amenaza. Se le invocaba con frecuencia para mantenernos en nuestro sitio, y la mención surtía efecto porque a veces sucedía: a veces alguna de las mamás tomaba en efecto la pala, en efecto sacaba al patio de la casa a alguno de nosotros y en efecto nos daba una paliza.

A mí siempre me golpeaba María del Carmen: me tomaba de la muñeca izquierda, para que no escapara, pero yo intentaba huir de todas formas y terminaba girando alrededor de ella mientras ella me golpeaba: un carrusel de un solo caballo con gritos y reproches en vez de música.

No debo haber aprendido la bondad entonces porque recuerdo las ofensas que ocasionaban los golpes, y eran triviales: desobediencias, descuidos. Ninguna provocó verdaderos daños: jamás causé la ruina ni mucho menos la muerte.[2] Y en descargo de María del Carmen,

de la conciencia que no puede dormir; a veces no lo es. Raquel ya se ha acostumbrado a estas ausencias inocentes, que por lo demás tienen el fin de no despertarla. Para mí son de las pocas cosas que todavía me recuerdan sueños de otras épocas, cuando creía que los esfuerzos y las frustraciones acabarían y quedarían justificados.

[2] Una vez perdí un billete de cien pesos (y cien pesos de los setenta, que eran mucho dinero); otra vez derribé a mi hermano Jorge, niño

debo decir que tenía reglas claras y que las cumplía: las mismas causas producían los mismos efectos. Pero tal vez (pienso ahora) los castigos tenían lugar por algo más importante que mis actos; tal vez ella sólo deseaba mantener su poder sobre mí. Lo tenía sobre todos en la casa, porque siempre fue la más fuerte, pero yo era su blanco: su objeto especial.

Todo esto lo entendí después, mucho después. Yo crecí sin saber que era un ser extraño: que no es habitual tener dos madres sustitutas, un padre-madre y una familia apretada y movediza.

Paso ya de los cuarenta años si se cuentan los meses de mi concepción. De un viaje, hace cosa de un mes, regresé con fiebre y con muchos dolores. La fiebre ha continuado, yendo y viniendo, y los dolores han disminuido pero –para hacerse fuertes– se han reunido y se han convertido en uno solo: el de la región lumbar, un poco a la izquierda, donde está mi riñón. La doctora solicitó análisis y dijo que las infecciones de las vías urinarias altas son para tomarse en serio.

Me sentí un poco abochornado en la consulta y me siento un poco abochornado ahora, pero en este mo-

---

de brazos, y lo hice caer en el pasto del jardín; dejé que un montón de comida se pudriera en una mochila, que luego reapareció repleta de gusanos; dije por primera vez todas las malas palabras; azoté una puerta de vidrio y metal con tal fuerza que rompí una de las hojas de cristal; descubrí un par de revistas pornográficas de alguno de mis tíos; descubrí a mi primera mujer desnuda en una revista *Geo* (imitación, por supuesto, de la *National Geographic*): una joven del pueblo nuba de Sudán, desenvuelta, oscura, afeitada, a la que guardé durante años.

mento no es por las palabras "vías urinarias"[3] sino por esto: ya entiendo la famosa rebelión del cuerpo. Ya sé cómo serán los años por venir, cuando estos desperfectos se vuelvan más y más frecuentes. Ya sé también, por esta muestra pequeñísima, cuánto pueden lograr la prolongación del dolor y la debilidad.

Y ésta es la primera noche en una semana, por lo menos, que no paso en perfecto decúbito ventral: como en ésta, en todas las otras la fiebre y el dolor me han despertado y me he tenido que quedar así, boca abajo, los brazos paralelos al torso, como para ser utilizado en una práctica de disección, abandonado a las imágenes y las palabras negras.

Más vanidad: conozco el término *decúbito ventral* desde los ocho años.

Las tres mamás, por supuesto, eran hermanas: las Chimal,[4] que vivían juntas en la misma casa de tres habitaciones en Toluca, la capital del estado de México, la del corredor industrial y los clanes de políticos. Las tres vivían con Adrián, el hermano de ellas, y con sus padres: Adrián primero, herrero venido de Temascalcingo,[5] e Isabel, su esposa. Ésta era una ma-

[3] Con sus implicaciones de suciedad y contagios cuestionables: ¿cómo llegó una infección hasta *allí?*

[4] La historia –que desde luego carece de cualquier sustento documental– sostiene que el apellido provendría de *chimalli* –escudo, en náhuatl– y se remontaría hasta el mismísimo rey Chimalpopoca, tercer *huey tlatoani* de los mexicas. Una parte del nombre ancestral se habría borrado milagrosamente, por supuesto.

[5] Un pueblo del norte del estado, cruzado por un río de agua contaminada y con un Cristo sufriente de lo más milagroso. Allí nació, en el

triarca todavía más formidable que María del Carmen –me dicen–, pero ya declinaba. Murió en 1977, de cáncer. Todos estábamos juntos en esa misma casa, tan cerca del estadio de la Bombonera que no es necesario encender la televisión para enterarse de cómo van los partidos. Mi hermano Jorge Adrián nació en 1973, mi hermana Moncerrat dos años más tarde, y ha habido muchos otros: tíos y primos en visitas prolongadas. En la casa han llegado a dormir hasta once personas, aprovechando literas, camas dobles o matrimoniales y algunas veces los sillones de la sala. Los cuartos se asignan y se traspasan según va haciendo falta: según llegan y se van las personas y las generaciones.[6]

En mi infancia y mi adolescencia no pensaba en la soledad, pero éste fue el primer aprendizaje que hice sin ayuda: el rasgo central del carácter de los Chimal era –sigue siendo– la dejadez, y ésta se manifestaba en que las puertas de los dormitorios de la casa no tenían cerraduras: cuando mucho, se atoraban con un mueble o un trozo de cartón entre el marco y la hoja, y así

siglo XIX, el pintor José María Velasco, el de los paisajes inmensos, y allí está la raíz de la familia Chimal, en una pulquería de la calle Hermanos Velasco, propiedad de la familia de mi abuelo y adosada a la casa en la que él creció con sus propios hermanos. De niño, yo acompañé muchas veces a uno de ellos, el tío Felipe, a raspar los magueyes de su plantío para sacarles el aguamiel con el que se hace el pulque. Y muchas veces salí con Wenceslao, el más querido de todos los tíos –casi de mi edad, que luego fue músico, y luego se mató a sabiendas o por accidente por una muchacha, como héroe romántico–, a comprar el pan que salía al amanecer de un horno de piedra.

[6] A mediados de los ochenta, una conocida de la familia habló de "promiscuidad" y nunca se le volvió a tener el mismo afecto.

podían ser abiertas en cualquier momento. Entrar o salir a deshoras implicaba siempre el riesgo de despertar a alguien; cuando –tarde– comencé a rebelarme, y volvía de madrugada a la casa, María del Carmen me esperaba sentada en la sala, con una luz encendida y la disposición de hacer que todo el mundo escuchara lo que quería decirme.

El abuelo Adrián mantuvo, hasta pocos años antes de su muerte, una costumbre que él y su esposa[7] tenían incluso cuando sus hijos eran pequeños: el paseo familiar nocturno, diario, obligado, todos en el coche, o tantos como fuera posible, durante una media hora, a vuelta de rueda por el centro de la ciudad. Para ver las luces: las farolas, los aparadores y el anuncio de Corona en donde hoy está el Museo de la Cerveza. Mis primeros recuerdos del exterior más allá de la casa están siempre salpicados de voces de otros y reflejos sobre cristal.

Sólo había un modo de estar solo: nadie más que yo leía los libros guardados en la casa, puestos en los estantes y dejados allí, o amontonados sobre los muebles o debajo de ellos.[8] Mis comentarios sobre lo que leía nunca interesaban; mis búsquedas en esas páginas, tampoco. Y en 1978, entre muchos otros hallazgos, di con un tratado de disección bajo una de las camas en

[7] Mamá Chabelita, con mayúsculas: sus palabras eran truenos antes de que yo naciera, según me dicen, y ella fue quien formuló la idea de que la familia debía permanecer unida *siempre*.

[8] Sobre todo debajo. Ir a buscarlos era ya una especie de aventura: vencer el miedo de meter la mano en espacios oscuros –alguna araña llegó a aparecérseme– y luego tantear, encontrar un borde flexible o un lomo duro, tirar y sacar el objeto a la luz.

el cuarto de mi tío Adrián,[9] quien es médico como lo fue María del Carmen. Nadie me acompañó a ver las ilustraciones de los cuerpos hendidos, de los diferentes órganos, músculos y nervios y de los métodos para sondear en los cadáveres, pero a todos les hizo mucha gracia que me aprendiera las descripciones y los términos. Para mí –pero eso, como las otras impresiones profundas, no se podía decir– eran conjuros: *el cadáver en decúbito ventral; el miembro superior en abducción; hágase una incisión del tercer al segundo espacio intercostal...*

No tengo sueño ahora. Es una suerte: el dolor nunca es peor que cuando no deja dormir. Entonces vienen los malos viajes, como se decía en otro tiempo: las imágenes que son mitad sueños y mitad fantasías masoquistas. El malestar en la cabeza, que no se va nunca, me ayuda a perderme en esas visiones con la impotencia de quien sueña pero con un ánimo activo, despierto, que puede ver más claramente los detalles y extraer de ellos las conclusiones más espantosas. Todo era mucho peor en los días de la fiebre, que me duró unas dos semanas y subía hasta los cuarenta grados y bajaba sólo tras horas y horas y horas, pero en esos días no podía pensar.

Ahora puedo hasta escribir de las imágenes, y de mi vergüenza: en estas horas que hacen pensar en prue-

[9] Mi tío Adrián acudió al festival de rock de Avándaro: fue de la última generación criada en el *espíritu* de los años sesenta, y por cierto tiempo fue el rebelde de la familia Chimal; luego se asentó en una vida más sosegada y más remota de los otros, parcialmente en la casa y parcialmente con una novia que le ha durado décadas. Es la persona más intrigante que conozco; nunca he terminado de saber qué piensa.

bas y límites, todo lo que se me aparece –todas las destrucciones y los desastres– tiene que ver estrictamente conmigo[10] y no con el mundo ni con la humanidad.

La muerte, la podredumbre del cuerpo y el hundimiento de la conciencia son lo más homogéneo: todos se basan en el mismo cuento de Aleister Crowley. "El testamento de Magdalen Blair" cuenta la historia de una mujer con tal poder telepático que puede mantener el contacto con su marido incluso después de que éste ha fallecido, y por lo tanto puede "ver" *cómo es realmente la muerte*: cómo no hay más allá, no hay cielo ni infierno ni dios, y la conciencia se extingue poco a poco en el cerebro que se descompone, prisionera del

---

[10] Lo que me queda de cristiano es cierta idea difusa, probablemente ingenua o necia, de la caridad. La familia Chimal es católica indiferente, conservadora pero no fundamentalista ni militante; yo comencé a adquirir otra ideología leyendo a Rius, el historietista: *Marx para principiantes* y *La trukulenta historia del kapitalismo* llegaron a casa por la tía Elsa, quien nunca vivió con nosotros pero por unos años nos visitó con mucha frecuencia, y yo, por supuesto, había aprendido rápidamente la indignación y el disgusto.

En cuanto a la fe, no sólo estuvieron las obras de ciencia y de literatura fantástica. Un amigo de la primaria, Israel –el segundo mejor después de Noé, quien ahora es cantante de ópera–, me invitó una vez a un culto "carismático" en el anexo de una iglesia. Los dos teníamos once años y yo ignoraba por completo qué era semejante culto: cuando la gente, agotada después de tanto cantar y aplaudir, empezó a caer al piso y "hablar en lenguas" me asusté como nunca antes. Luego Israel cayó también a mis pies; luego una muchacha a pocos metros de nosotros empezó a retorcerse en espasmos muy violentos y a gritar. Tres o cuatro hombres la levantaron mientras ella se retorcía y la metieron en el cuarto de junto, donde sus gritos tardaron mucho en secar. Cuando volvió a salir, con la ropa y la cabeza mojadas, temblando, supe sin duda: supe que tras el éxtasis y el trance no había ningún dios.

cuerpo al que ya no rige. La extinción definitiva viene acompañada de alucinaciones espantosas: la impresión de una tortura eterna acompañada de aullidos, y tanto el dolor como el sonido llenan un espacio que se vuelve más grande que el universo entero.

Muchas personas dicen temer más al dolor que a la muerte. En este caso, lo que debo pensar es que mi peor temor es más bien a lo inevitable del fin, y a la posibilidad de que sea, a fin de cuentas, el infierno para todos: algún texto que leí hace tiempo insiste en el humor negro del cuento de Crowley, pero para mí, desde la primera vez que lo leí hace varios años, es una representación insuperable de la crueldad divina, o –incluso mejor– de su reverso: la malevolencia de un mundo sin sentido, que es estrictamente producto del azar y de la percepción humana, engañada por su necesidad de encontrar patrones y propósitos.

En cuanto a las otras imágenes: las que se refieren a la ruina durante la vida, son más variadas, pero tienen que ver sobre todo con libros y escritura. Es natural: hay un librero junto al sofá-cama, otro delante y otro detrás, todos repletos; además, me dedico a *esto*, y además desde hace mucho tiempo tengo claro que, al contrario de otros colegas más afortunados, para mí todo descansa en *esto*.

En realidad (pienso, mientras escribo y trato de no moverme, y de vez en cuando mis dedos se tropiezan en el teclado porque no tengo luces encendidas), los momentos oscuros vienen de mucho antes de las fiebres de ahora y tienen que ver siempre con lo mismo: con la misma tarea luminosa y la misma tarea horrible.

De las tres hermanas, María del Carmen era quien tenía el derecho de castigar con la pala porque era –el término siempre me ha parecido rarísimo– mi madre biológica. Mi padre, de quien ella no se separó porque no se casaron ni vivieron juntos, es un médico que vive en otra ciudad; los dos se conocieron, creo, mientras hacían su residencia en el Distrito Federal. Por años y años, esto fue lo único que supe, pues el patrón de nuestro conocimiento –el mío y el de mis hermanos– fue siempre igual. Primero tuvimos que aprender que yo no era hermano de ellos (pues Jorge y Monce son hijos de Gema) aunque nos criáramos como tales; luego, que el abuelo Adrián no era nuestro papá aunque todos lo llamáramos así y que Adrián segundo, a quien todos llamábamos "Tito", tampoco; y por último, que nuestros padres no habían hecho más que engendrarnos y hasta allí se podía hablar del asunto. No se mencionaban ni sus nombres. No tuvimos que aprender el silencio porque crecimos con él entre las tareas de la escuela, las salidas a la tienda y el mercado, la televisión por las tardes, las canciones de Sandro de América y Rocío Dúrcal.[11] Así como los asuntos urgentes se aplazaban hasta que dejaran de molestar o nos acostumbráramos a la molestia, así ciertas cosas no se preguntaban: hacerlo hubiera sido traicionar una confianza profun-

[11] Los paseos familiares por la noche terminaron a principios de los ochenta; para entonces, sin embargo, el Chevrolet amplísimo que fue el último coche del abuelo tenía tocacintas y el viaje por la ciudad tenía como fondo, entre otras, las canciones de *10 Éxitos Comprobados*, una antología de entonces: José María Napoleón, Verónica Castro, Álvaro Dávila (¿alguien se acuerda de Álvaro Dávila?)…

da, someter a la otra persona a una prueba injusta; mejor no decir nada y mantenerlo todo tranquilo, fijo en las necesidades y los deberes del momento.

Por esto tardé mucho en saber, por ejemplo, la leyenda de mi propia concepción, según la cual mi madre fue con su mejor amiga en el hospital, le dijo que estaba embarazada y, cuando la amiga se negó a hacerle un legrado, ella dijo que no, que cómo, que por supuesto que lo iba a tener. Ella siempre te quiso, me dijeron.

Y también por eso tardé en saber la otra leyenda: que a pocos meses de mi nacimiento, mi abuela paterna llegó a pedir que me entregaran a mi padre, para que él me criara, y hubo una escena de melodrama con tirones, amenazas, expulsiones amargas y, por fin, la profecía de la abuela, quien ya con un pie en el coche que la sacaría para siempre de mi vida se dio vuelta, me dijeron, y aseguró que mi madre jamás podría hacer de mí una persona de provecho. No lo va a criar bien, dijo; le va a salir torcido. O así me dijeron. Por eso, me dijeron también, tu mamá es como es: porque quiere demostrarles que sí va a poder.

Lo primero que yo supe de todo esto fue el rigor: la necesidad de esforzarme constantemente y de hacerlo todo bien. Siempre ser justo y bondadoso y poner la otra mejilla; siempre obedecer; siempre sacar la mejor calificación en la escuela. Esto en especial era lo que más le importaba a mi madre cuando estaba en casa:[12] la pala era el castigo de las faltas menores,

[12] El hospital estaba en la ciudad de México; María del Carmen pasó casi treinta años viajando de Toluca a México de lunes a viernes para mantener su trabajo y seguir viviendo con el resto de la familia.

pero las calificaciones eran la medida del éxito futuro y la prueba de que (además) María del Carmen no había engendrado a un tonto.[13] Yo tenía la capacidad para hacerlo todo bien y cualquier otro resultado era indigno.

Y yo tenía, es cierto, alguna capacidad: sacaba dieces, resolvía los problemas de los libros de matemáticas, recordaba las fechas y los nombres. Todavía recuerdo muchos. Pero tenía prohibido cualquier orgullo y cualquier sensación de logro. Esto tuvo consecuencias: jamás me alegraron los fallos de los otros, pero me aterraban las posibles deficiencias que yo pudiera tener a pesar de todo;[14] la fe no me falta, cuando la necesito de veras, pero hasta hoy una sola cosa que me salga mal pesa mucho más –en mi conciencia desprevenida– que muchas que salgan bien.

Cuando María del Carmen se enfurecía de veras, declaraba que no iba a verme llegar con una batea de babas; tardé años en saber qué significaba la palabra *batea* y terminar de figurarme la imagen repugnante. Y sólo

13 Otra evidencia era un dibujo que yo había hecho para una prueba en el jardín de niños, y que en la parte de atrás tenía escrita con pluma (supongo que habrá sido realmente escrita por quien aplicó la prueba) la palabra SUPERDOTADO.

14 Las noticias de esas deficiencias abundaban (me parecía) en artículos y programas de televisión. Recuerdo un resumen de la revista *Selecciones* donde se consolaba a los padres de niños con bajas calificaciones afirmando que quienes eran más aplicados en la escuela primaria terminaban por fracasar en la vida. También recuerdo los festivales de la canción infantil, rancios, profundamente conservadores, pero en los que el concursante más humilde, más claramente destinado a fracasar, me parecía inmensamente superior a mí y a cualquiera.

acabé de comprender hasta 1981. Yo hice la primaria en una escuela pública, la "Justo Sierra", que entonces ocupaba una cuadra completa[15] y en la que mi mamá Meche era maestra de sexto año. En esta escuela se acostumbraba entregar diplomas y boletas de calificación en una ceremonia anual. Cuando pasé de cuarto a quinto de primaria, en mi boleta final de calificaciones aparecieron, en vez de los dieces uniformes de otros años, dos nueves y dos ochos.

Se me ha borrado ahora la cara de rabia (¿de odio?, ¿podría decir que de odio?, ¿pensé eso en aquel momento?) de María del Carmen, pero en cambio recuerdo el frío en el bajo vientre, la sensación de calambre en los brazos y las piernas cuando yo mismo vi los números por primera vez y que no desapareció cuando fui a decirle, cuando me miró como lo hizo, cuando empezó a decirme todo aquello en lo que estaba fracasando y las lágrimas me brotaron heladas...

Meche pudo corregir el error antes de que la ceremonia terminara y cambiar la boleta ofensiva por otra con los dieces correctos. Trece años después, cuando María del Carmen estaba a punto de morir, sostuve mi última conversación larga con ella, le hice algún recla-

---

[15] En la parte de atrás de la cuadra, colindante con un patio ruinoso en el que todo el año había grandes charcos de agua y limo verde, había un cine de la antigua Compañía Operadora de Teatros. Estuvo cerrado mucho tiempo; a mí me gustaba asomarme, por la única ventana que daba al patio, a ver el foyer abandonado, con los contenedores de palomitas de maíz aún llenos y varios carteles de películas tirados en el piso, inalcanzables. Recuerdo el de *Canoa* con su San Miguel, fiero, a punto de decapitar a un muchacho y no a un demonio.

mo, mencioné a Meche y ella me respondió que Meche siempre había sido blanda y complaciente:[16] por ejemplo, dijo, aquella vez que falsificó la boleta para que yo no viera lo que te habías sacado. Para taparte. Entonces me aguanté, no dije nada para no hacerla más grande, pero a mí no me engañan.

No se me olvida su cara (¿de alegría?, ¿podría decir que de alegría?). Ahora escribo que murió con esa idea sobre mí: con esta idea de una victoria sobre mí, y están volviendo a dolerme los brazos y las piernas. Pero creo que me duelen por la enfermedad de hoy, o por mi propia rabia.

Y esto que escribo es apenas la tarea terrible: cuando se es niño tampoco se percibe, pero yo sigo cargando ese yugo: sigo con una capataz mirándome por encima del hombro, confiada en mi talento pero con los dientes apretados, deseosa de verme fracasar para echarme en cara, una vez más, mi… ¿qué?

Me duelen las manos, por la mala posición en la que se encuentran. Me detengo un momento pero no me muevo para evitar los otros dolores. Luego continúo.

[16] La leyenda de Meche, quien siempre fue la más frágil, la más quejumbrosa y dulce de las tres hermanas: al contrario de María del Carmen quien sí se dedicó a lo que deseaba, y de Gema que fue desde el comienzo y sin rechistar el ama de casa, Meche habría renunciado a lo que le importaba: de joven le habrían ofrecido una beca para estudiar danza y la habría rechazado para no dejar su casa. No se casó ni tuvo hijos pero fue maestra durante décadas y constantemente recibía visitas y llamadas de antiguos alumnos. Pasó sus últimos años enferma y con un pie roto y murió por un derrame cerebral en 2000.

Así de miserable como aquellas palabras de nuestra plática, así yo ahora. Aquí va: lo que más me enorgullece de mis aprendizajes lo hice solo, sin guía, cuando nadie estaba mirando: buscaba libros bajo los muebles porque había aprendido a leer por mi cuenta desde los cuatro años, y ese placer y ese deseo –sin reglamentos, sin resultados que esperar– no me dejaron nunca.

Otra suerte: había muchos libros en la casa de Toluca, algunos llegados por azar, otros comprados deliberadamente y otros más, tal vez la mayoría, adquiridos como símbolo de estatus más que para leerlos. Durante los años que viví en esa casa yo los leí todos, en las horas después de la escuela y las tareas, cuando no estaba viendo la televisión, y si no estaban seleccionados de ningún modo –si no eran un canon o un plan de lecturas–, de todas formas el único criterio que apliqué fue uno de conveniencia: empecé por los libros más ligeros y más cercanos al suelo, y sólo a medida que fui creciendo tomé los más pesados y los que se hallaban en estanterías más altas. Por eso llegué primero al tratado de disecciones y sólo después –mucho después– a *Terra nostra* de Fuentes, del que había un ejemplar grueso y pesado de la primera edición en pasta dura. Del mismo modo, llegué antes a Irving Wallace que a Shakespeare y antes a Shakespeare que a Martín Luis Guzmán; primero a una edición barata de *Bajo la rueda* de Hermann Hesse que a otra de cuentos "de Disney", que me habían leído en voz alta muchas veces pero se guardaba muy arriba; primero a una colección de ciencia ficción que María del Carmen tenía arrumbada bajo su tocador que a una de libros de historia de Time-Life. Pero a todos llegué, con el tiempo.

De inmediato, la parte amarga del pensamiento se pregunta qué tan más lejos hubiera podido llegar semejante avidez con algo de orientación y apoyo. Pero esa opción no existió nunca. Nadie en la familia me impidió leer pero tampoco vio en mi afición nada muy remoto del papel que ya me había sido asignado.[17] Y además, como ya he dicho, estaba la tele: de niño vi tanta como cualquiera en mis circunstancias, aprendí los nombres y las canciones, seguí las peripecias; me volví devoto, como el resto. Pertenezco a las últimas generaciones que pasaron su infancia entera como rehenes de Televisa, que entonces parecía un brazo del Estado mexicano y no al revés: como todos, veía lo que había porque no había más que ver.[18] Como ahora, entonces tampoco se pensaba siquiera en la alternativa de apagar el aparato, y apagarlo hubiera provocado problemas serios. Un niño que crece amenazado y sobreprotegido, forzado al esfuerzo, y encima no muy desenvuelto ni agraciado, necesita algún tema de conversación con

[17] Otra de mis "gracias" infantiles, para familiares y amistades de los adultos, era recitar las potencias de dos, que calculaba mentalmente. Nunca tenía que llegar más allá de la décima (1024) para provocar los elogios esperados. Va a ser científico, decía la gente. Sí, seguro que va a ser ingeniero.

[18] En los noventa no me destaqué, como otros amigos que miraban acercarse los treinta años, en las proverbiales conversaciones y competencias sobre detalles triviales (personajes de caricaturas, títulos de canciones) que estaban de moda. Por otro lado, todavía recuerdo a Nadia Comaneci y sus ejercicios de gimnasia –con los que obtuvo las primeras calificaciones perfectas en los Juegos Olímpicos de Montreal en 1976– y sé que me parecieron bellos antes de conocer siquiera la idea de la belleza, de esa belleza.

quienes lo rodean para no convertirse del todo –al menos, desde su punto de vista– en un fenómeno, con su libro para todas partes como un escudo...

(Por otra parte, aprendí a leer gracias a la televisión. Lo hice viendo muchos episodios del programa *Plaza Sésamo*, que ha resucitado en muchas ocasiones desde entonces: las implicaciones políticas o sociológicas de esta afirmación no le hubieran importado nada al niño que fui y ahora tampoco me importan demasiado.)[19]

Escribo de memoria. Conservo algunos de los libros de entonces, y uno o dos de ellos deben estar por aquí, cerca, mientras escribo. Pero no puedo levantarme a verlos ni a verificar ningún detalle. Y aunque pudiera, Raquel sigue dormida. Mejor esperar un poco más ante la luz mínima de la pantalla. De todas formas, es imposible saber si la fiebre está remitiendo –no parece– y este cuarto no tiene ventanas. Es muy probable que

---

[19] Eso sí, puedo ofrecer un breve comentario sociológico sobre la compra de libros: en los años setenta, aún había vendedores especializados en ellos –no marchantes de usado, no multiusos– que iban a las oficinas a vender novedades. Y no vendían (o no exclusivamente) las colecciones de supermercado ni mucho menos los lomos huecos que se compran ahora, por color o por metro, como accesorios decorativos. El valor de los libros era mucho más alto, por lo menos, en cierta clase media con aspiraciones, que en unos años se ilusionaría con el espejismo del petróleo mexicano y luego perdería mucho, o todo, en los treinta años de crisis posteriores. María del Carmen compró la colección de ciencia ficción a la que ya me referí por un vendedor que fue hasta la clínica en la que trabajaba. Le dejó los primeros once tomos y luego ella decidió no leerlos y los dejó donde los dejó.

el tiempo esté pasando con más velocidad que la que percibo y, por ejemplo, ya esté cerca el amanecer.

Raquel se merece su descanso. Tiene sus propias historias de un descubrimiento temprano, gozoso, del acto de leer. No entendemos las casas donde no hay sino una revista para leerse en el baño, y menos aún el pudor con el que algunas personas ocultan o ridiculizan lo que leen para que no las crean *menos*. Pero también tiene una fuerza de la que yo carezco:

Con el tiempo, ya fuera de la casa de Toluca y de la propia ciudad, averigüé cuál era la especialidad de mi padre. Fue una tarea difícil porque implicó hacer preguntas en voz baja a amistades de la familia que, quizá, no entendían siquiera mi temor. Cuando la averigüé, Raquel encontró datos de mi padre en internet en menos de diez minutos y pude ver su cara por primera vez. Nos parecemos. También encontró el teléfono de su consultorio y yo lo llamé. No sabía por qué lo llamaba, dijo, después de tanto tiempo; preguntó por María del Carmen y le dije que había muerto. Antes yo le había dicho: Le hablo nada más para saber de usted. No quiero pedirle nada ni meterlo en ningún problema. Su voz no se escuchaba como la mía ni como la de mi madre. Yo supuse que tendría su propia familia, sus propios hijos casi de mi edad,[20] pero no le pregunté. En cambio le pedí verlo, brevemente: viajaría hasta su ciudad y no necesitaba más de una hora de su tiempo.

Él me dijo: ¿Me puedes hablar después? Tengo consulta. Le dije que sí. Convinimos otro día y otra hora para

[20] O de mi edad, o mayores: ah, los silencios.

comunicarnos. Cuando volví a llamarlo me dijeron que no estaba. Cuando llamé por tercera vez me dijeron lo mismo. No hubo una cuarta vez porque comprendí.

Cuando le conté lo sucedido, terminé diciéndole a Raquel algo que no repetiré. No es necesario. Ya para ese momento habíamos hablado y dicho que ninguno de los dos deseaba tener hijos, pero tras la tercera llamada al consultorio me sentí más seguro. Veo más claras (incluso ahora veo más claras) mis razones: que nadie más tenga esta cara o parte de esta cara; que nadie más tenga esta historia o parte de esta historia; que nadie más aprenda ni una parte de este método preciso de existir, de enfrentar el mundo. La carga no es intolerable pero no pasársela a alguien más será un acto de amabilidad.[21]

[21] El tiempo ayudará, probablemente, a esta extinción. La casa de los Chimal dejará de serlo en una generación porque el apellido paterno de Jorge y de Monce es Ruiz, ambos tienen hijas y ambos, hasta donde sé, quieren romper con el patrón de conducta que nos heredaron nuestras madres. Aun a falta de mejores razones, la sociedad patriarcal, paternalista de nuestro pobre país no puede acomodar ya a grupos como éste. No digo más porque amo, de verdad, a quienes viven aún y están en esta historia.

A principios del siglo XXI, pero años antes de hablar con mi padre por primera vez, salí furioso de ver *El coronel no tiene quien le escriba*, de Arturo Ripstein, a causa de la escena en que Daniel Giménez Cacho presume que, al contrario de Fernando Luján, puede hacer mucho más (avanzar más, subir más alto en el mundo, influir más en otros) porque sí tiene padre. Me tardé mucho en comprender mi propio enojo; en aceptar que *no era sólo, ni principalmente,* por no haber tenido un valedor que me ayudara a sortear los tiempos malos, aunque fuera por obligación de la sangre, y haber crecido, en cambio, librado a un caos que vi tarde, que no pude controlar y del que no he huido sino en parte, de una ciudad y de una vida a otras.

Tenemos un gato, Primo: es grande, gordo y mimoso. Tiene sus rutinas y sus juegos, tiene su plato de comida y su fuente de agua y sus juguetes. Está castrado, así que tampoco se reproducirá; esto me entristece en ocasiones pero es, lo sé, una alternativa práctica y recomendable para personas que viven en ciudades grandes y habitáculos pequeños.

¿Dónde está Primo? No lo sé exactamente, pero probablemente estará tendido, durmiendo, en la cama, a los pies de Raquel. De todos modos, tarde o temprano vendrá a morderme los talones o a echarse sobre mí. Dolores y cargas así son las que no destruyen.

Y sigo sin escribir de la tarea luminosa. Es la parte más difícil de lo que intento decir. Hela aquí:

Empecé a escribir muy pronto, pero por mucho tiempo lo hice sin saber realmente por qué. Era por el placer, desde luego, antes que por ninguna otra cosa, pero las causas del placer me eran desconocidas. La idea –la conciencia– tardó en aparecer y en perfeccionarse en mí, como siempre me sucede: desde el principio, lo que yo leía fue un depósito de sueños.

No hay nada sentimental en esta palabra porque no me refiero a las evocaciones de amores, triunfos y lujos que –se supone– deben ser toda la vida interior de un adulto *normal*. Al contrario, me refiero a todo lo que no desapareció después de la infancia: el vértigo de las fiebres de entonces, que cuando estaba en cama me hacían enfocar la mirada en puntos tan cercanos y tan infinitamente pequeños que mi cuerpo y todo lo que me rodeaba crecían hasta ocupar decenas o cientos de veces más espacio; las pesadillas, que se repetían en largos ciclos; lo que se sentía muy adentro o se vislumbraba en los lugares más inusitados.[22]

Puede que esto se haya debido a que mis lecturas iniciales fueron –muchas veces– muy extrañas, ajenas a mi escasa experiencia cercana como el libro de disecciones o como la colección de ciencia ficción, donde había promotores del orden y la razón como Isaac Asimov pero también estaban Philip K. Dick, Ray Bradbury y otros menores, aunque no menos inquietantes:

[22] Tampoco me refiero sólo a los cambios del cuerpo, al descubrimiento de la sensualidad, que por supuesto también careció de guías: el sólo contemplar muchos otros momentos de la vida, concentrarse en ellos, ocasionaba impresiones extrañas, cadenas de imágenes que surgían sin control y que no me dejaban. Podía caminar de noche sin dificultades pero, llegando a casa, tenía que correr por la vereda que cruzaba el jardín porque me parecía que un monstruo podía caer sobre mí en cualquier momento; en las navidades me quedaba largo tiempo tendido en un sillón, cuando todos se habían ido ya a dormir, mirando las luces reflejadas en un adorno colgado del árbol de navidad, buscando no sé qué; más tarde me quedé muchas horas oyendo a las criaturas que aullaban en el fondo de las piezas instrumentales, interminables, de Pink Floyd…

Yo podría haber llamado "momentos Kubrick" a estos alcances: cuando vi *2001: Odisea del espacio* por primera vez, en 1984, ya había visto muchas películas de ciencia ficción y había leído también la *novelización* de Arthur C. Clarke, tan pródiga en explicaciones y datos precisos. Pero la película no se dejaba reducir a esas explicaciones ni a esos "precedentes": no implicaba una lucha del bien contra el mal, no tenía una estructura convencional –que por supuesto yo hubiera percibido sin dificultades– y sobre todo *no estaba anclada en las palabras*. El viaje astral de su protagonista está visualmente agotado tras cuarenta años de imitaciones, pero eso no importa: precisamente su pelea con el lenguaje era mi pelea; su contacto con lo inefable, con lo que no puede decirse, era el que yo había intentado durante años…

Fritz Leiber, James Blish, Daniel Walther... También puede ser, desde luego, que yo haya sido más sensible *desde el principio* a eso, a esos bordes del lenguaje, para mi mal.[23]

Lo inexpresable daba impulso a lo que trataba de decir, lo que tardó tanto tiempo en comenzar a aparecer. Fuera a mano o a máquina, fuera con ideas claras o con sólo las aspiraciones más vagas, entre la escuela primaria y la preparatoria empecé muchos centenares de páginas que trataban de condensar de algún modo la vastedad de esas sensaciones y no pudieron lograrlo.[24] Pero ésa era la tarea luminosa: ser escritor era pelear así, no con no con otros por el poder o la fama sino con *eso*. Puede bastar, tal vez, decir que hacer esa tarea era mejor que hacer la otra: que saltar los obstá-

[23] Por eso no habría querido –como hubiera sido mucho más sensato y ventajoso más adelante– hacerlos a un lado al escribir y buscar hacer literatura que "reflejara la realidad", que se limitara a lo que "puede ser" y contuviera los delirios y los excesos de la imaginación.

Por otra parte, también pudo haber habido, desde muy pronto, cierta conciencia de la *dignidad* de la imaginación. En la secundaria, una profesora de español nos hizo leer "El guardagujas" de Juan José Arreola como un texto socialmente comprometido, una denuncia del mal estado de los Ferrocarriles Nacionales de México. En el instante en que lo dijo pensé: Ésta es idiota...

[24] Una vergüenza más: no sé si sería escritor de no haber aparecido las computadoras personales. Nunca aprendí a sostener bien el lápiz, por lo que me canso pronto al intentar escribir en una libreta y mi letra es errática y fea; peor aún, mis dedos se atoraban entre las teclas de las máquinas de escribir mecánicas, y muchos comienzos de historias se quedaron detenidos a causa de esos accidentes, entre maldiciones –las que conocía entonces– y palabras que se disgregaban en la hoja, perdidas entre letras pulsadas sin querer.

culos y seguir la línea recta, absurda, que era la vida que había sido creada para mí.

La voz negra de la enfermedad me dice, ahora, mientras sigo prono[25] y a oscuras y en el sofá-cama, que buscar *eso* siempre fue un error y que se agrega a todos los otros errores. El horror de la cabeza aturdida, como rellena de tela ardiente o de agua estancada y negra, no es sólo la muerte, sino el fracaso.

Dice la voz: *¿De qué ha servido todo?*

Las aspiraciones de triunfo de mi madre no llegaban más allá de que yo estudiara una carrera de provecho. Una carrera científica o, mejor, técnica,[26] en la que

[25] Una cadena de ideas fugaces de la fiebre: *prono* ≈ *porno*; estoy también en la posición de alguien que será atacado por detrás, indefenso; este texto es el testimonio de cómo todo me ha llevado hasta aquí, hasta esta indignidad y esta nada.

[26] Por unos años, mientras estaba en secundaria, hubo una fantasía vaga cuyo argumento me ponía estudiando algo importante en el MIT (Massachusetts Institute of Technology), del que yo sabía por un libro. Comprendo por qué nunca di ni el primer paso en esa dirección. Ustedes, nos decían a los tres hermanos las tres madres, tienen que quedarse juntos siempre.

Y más tarde, cuando empecé a terminar algunos textos y a mostrárselos (por ser figura de autoridad) a María del Carmen, ella conducía la conversación lejos de lo escrito –invariablemente le parecían "bien", de todas formas– y hacia la necesidad de recordar que todo aquello era un pasatiempo, para cuando tuviese tiempo libre o ya me hubiese hecho un patrimonio. Como me gustaba la ciencia ficción, dijo, ¿por qué no estudiaba computación? Estaba de moda y, mejor, era "la carrera del futuro".

fuera fácil conseguir un trabajo bien remunerado. Lo hice, no me fue nada mal durante los estudios y nunca la ejercí de veras; en cuanto me fue posible, me fui de casa y de la ciudad a subsistir con algo de dinero ahorrado y, luego, como pude.

Dice la voz: *¿Y para qué?*

Para escribir. Para estudiar, trabajar en talleres, organizar un taller propio cuando llegaron los tiempos malos. Escribir cuentos y cuentos y cuentos. Escribir muchas otras cosas, por encargo, para mantenerme en la escritura y no volver a la casa de la familia. Leer. Publicar. Permanecer encerrado, escribiendo, leyendo, mientras los amigos se iban a divertir y a conocer gente: la timidez tampoco me dejó.

Dice la voz: *¿Y qué sentido tuvo?*

No puedo responder mientras estoy casi en decúbito ventral, intentando mantener el equilibrio, escribiendo, escribiendo. No puedo ver los detalles del currículum, las listas de títulos, lo que todavía proyecto y en otras circunstancias me justifica o por lo menos me distrae. Al menos ahora no soy capaz de pensar en la felicidad o en lo hecho de veras. El riñón empieza a doler con más fuerza. La voz es familiar aunque ahora suena potente como nunca antes. La fiebre no cede. Es la voz del capataz o el dictador, del que administra las culpas y reparte las penas. La espalda, más arriba, duele también. Diría que es la voz de María del Carmen pero ella está muerta y bien muerta desde 1994: no la necesito. Pulsan los codos y pulsan las rodillas. Es su herencia pero es mi propia voz, que se entrenó durante tantos años para continuar el trabajo. Si me muevo dolerá todavía más. Es la voz que intenta oscurecer los momentos de soledad. Sigue sin haber luz.

La voz que insiste en recordarme, de entre lo que se ha escrito sobre lo que yo he escrito, solamente la reseña anómala que me acusa de irrelevante, de homófobo, de fascista, de falto de contacto con la realidad. La voz que me recuerda que el cuento es impopular y los temas que me importan son impopulares. La voz que me recuerda que estoy a punto de cumplir cuarenta años, la edad en que se alcanza el techo de la vida, y no he hecho nada, no he logrado nada, nada ha servido de nada. La juventud, dice, desperdiciada en una ciudad de provincia, donde se puede ser todo lo precoz que se desee sin que nadie lo note. Lejos de donde se hacen las relaciones sociales, los amarres que sirven más que el talento y la dedicación para ascender en el mundo. Practicando con las palabras para crear historias y no para compensar las desventajas heredadas: el origen provinciano, la fealdad de la cara, la falta de agresividad y de arrogancia...

Mientras usted lee estas palabras, por supuesto, yo sigo vivo. Y mientras las enseñanzas de la infancia permanecen y se perfeccionan, también es posible recordar:

María del Carmen sospechaba que tenía cáncer, como su madre, desde mucho antes, pero se había negado a atenderse. Para 1993, cuando por fin se hizo extraer la matriz, era tarde: al año siguiente empezó la metástasis.

A Aleister Crowley, el autor de mis visiones de la muerte, se le conoce sobre todo como ocultista y líder de iglesias esotéricas.

En cuanto a mí, llegué tarde a la rebelión adolescente: me dediqué a pelear con María del Carmen desde los dieciocho hasta los veintitrés, cuando se vio que la quimioterapia no conseguía detener el mal. Llegaba tarde y ella me esperaba en la sala; yo seguía sin ejercer la carrera que había estudiado, y que para mí –me daba cuenta entonces– había sido un rodeo, una pausa inútil y ridícula; ella estaba cada vez más afilada y amarga. El resto de la familia no comentaba nada acerca de los gritos.

Crowley eligió su seudónimo (su nombre original era Edgar Alexander Crowley) por razones numerológicas, pero usó también otros nombres.

Yo no tenía la conciencia de que intentaba escapar. Tampoco tenía la conciencia de que no podía escapar y no podría nunca: cada reproche y cada palabra hiriente eran como las de nuestra última conversación pero yo me quedaba para escucharlas; quería contradecirla, negarla, porque estaba atado a ella, atado a la casa y la obediencia.[27]

---

[27] En la Nochebuena de 1992 quedé de verme con Ana, mi novia de entonces; ella tenía la idea de que viajáramos toda la noche en autobús para pasear por Guadalajara el día de Navidad. No me atreví a pedir permiso en la casa, ni simplemente avisar de mi partida, sino hasta pocas horas antes de que fuera necesario salir. La discusión se prolongó hasta el día siguiente; no fui a Guadalajara; cuando por fin habló con-

Uno de los otros nombres de Aleister Crowley fue *Frater Perdurabo.*

En 1994, mientras María del Carmen se debilitaba, las discusiones se volvieron tan fuertes que decidí encontrar, siquiera, un sucedáneo de fuga: comencé a llegar más lejos en mis salidas, y en especial en las que hacía solo. Tomaba un autobús para otra ciudad, pasaba el día allí y regresaba. Un par de veces tardé incluso más de un día. Nadie supo exactamente por dónde anduve. El 13 de julio fui cerca, sólo a México, y caminé durante un par de horas por el Paseo de la Reforma, arriba y abajo. Di vuelta en una calle al azar y encontré un cine donde pasaban, como estreno, *Perros de reserva,* de Quentin Tarantino. Sin saber nada de la película entré, la vi,[28] me olvidé de todo mientras la veía. Cuando volví a la casa me acosté de inmediato, y unas pocas horas después me despertaron porque María del Carmen estaba muriendo. No fue una muerte dulce: ella sufrió hasta el último momento, cuando le faltó el aire, y lo último que percibió –creo; deseo– fue el griterío de quienes estábamos allí.

Me duele todo el cuerpo y, definitivamente, la fiebre aumenta. Sigue sin amanecer. Cuando Raquel despier-

migo, Ana dijo varias cosas injustas pero varias que no lo eran y me hizo saber que no deseaba volver a verme.

(Luego me perdonó; luego la relación duró algunos años más y se agrió por otras razones; luego, en efecto, no volvimos a vernos.)

[28] Aprecié mucho el papel de Tim Roth como policía encubierto que de pronto pasa de un nivel de ficción a otro en un plano bello y totalmente innecesario. Era muy sensible, desde luego, a semejantes transgresiones.

te, sin duda, se preocupará, sacará hielo del refrigerador y llamaremos al doctor nuevamente. Enterramos a María del Carmen y, poco después, desobedecí una orden en el trabajo infecto que tenía y fui despedido.[29] Entonces comencé a hacer mis planes. En enero de 1995 dejé la casa y la ciudad; me mudé a México y pude sobrevivir por un año con una parte del fondo de retiro de mi madre; el resto fue para la casa, que sigue allá, pero me alegró al fin quedarme sin nada –iluso, ignorante– cuando sucedió. En ese lapso me había acostumbrado a estar solo de verdad, a no tener televisión, a salir y dar largos paseos por una ciudad que no me conocía; además, los sueños se volvían más y más precisos en la escritura, más alocados y extraños.

El gato Primo llega, sube al sofá cama, olisquea mi talón. *Perdurabo* significa "persistiré", que es mejor divisa que muchas otras.

Por una sola vez, diré una crueldad. La herencia verdadera de mi familia, la voz destructora, es intangible, pero el mayor de todos sus regalos –el último que me dio mi madre– lo es también.

---

29 Se me había invitado a un seminario para escritores jóvenes coordinado por el poeta David Huerta, que se atravesaba con una semana entera de trabajo. Pedí permiso de ir y se me negó; fui de todos modos. Ya terminan estas páginas y no he dicho nada sobre esos otros aprendizajes: sobre los maestros cercanos (David, por encima de todos; Roberto Fernández Iglesias, José Antonio Alcaraz, Aline Pettersson) y los distantes (Borges, Arreola, Mario Levrero, John Gardner, Milorad Pavić, Alan Moore, Poe y Kubrick y Švankmajer). Al menos los menciono aquí.

Hernán Bravo Varela

◆

Historia de mi hígado*

No debí salir aquella noche. Pese a haber dormido el sábado por más de quince horas, sentí una violenta e inexplicable fatiga cuando me levanté de la cama y entré a la regadera. Una fatiga semejante al vértigo de la montaña rusa, cuando el pavor a las alturas nos hace olvidar el primer y terrorífico descenso. Sin embargo, al salir de la casa, el viento de la noche pareció reponer mis energías.

Horas después, sentado frente a la pista de un antro en Ciudad Neza, veía bailar a mis amigos, quienes, entre una y otra canción, me hacían señas para que los acompañara. Sostenía en mi mano derecha un güisqui tibio e intacto. Cada vez que mis amigos volteaban hacia mí, daba un pequeño sorbo y les sonreía sin intención alguna. Bastaba con oler el güisqui o prender un cigarrillo para sentir náuseas.

* Adelanto del libro *Historia de mi hígado y otros ensayos*, galardonado con el primer lugar en el género de ensayo del Certamen Internacional de Literatura "Letras del Bicentenario-Sor Juana Inés de la Cruz" 2010, que se publicará en la serie Letras de la Colección Mayor de la Biblioteca Mexiquense del Bicentenario. Ediciones Era y el autor agradecen al Consejo Editorial de la Administración Pública Estatal del Gobierno del Estado de México su autorización para reproducir este fragmento en el presente volumen.

Sobre todo, no debí verme en el espejo. Antes que la danza folclórica de dos travestis ebrios, lo que saltó a la vista fueron mis ojos amarillos en un segundo plano. No sin consuelo, pensé que todo era producto de las luces. Pero éstas, proyectadas por una caja minúscula y abollada en el techo, apenas cubrían el perímetro de la pista. Yo estaba detrás, a oscuras, y mis ojos brillaban con luz propia. Como un oráculo chillón, Rocío Banquells cantaba:

Fue por locura,
fue pura insolación.
Una aventura,
deseo sin amor,
un accidente, una cita en un hotel.
Fue puro sexo. Dile, luna,
que le quiero sólo a él.

Hubiera seguido observándome de no ser por la mirada fija pero inexpresiva que me dirigió un tipo de pie en la barra. Tras cubrirse la boca con el dorso de la mano, le dijo unas palabras al cantinero, que volteó a verme y asintió mientras llenaba dos caballitos de tequila y yo me levantaba para ir al baño. Antes de entrar, pude ver cómo ladeaban la cabeza al mismo tiempo, en señal de una misteriosa desaprobación.

Tú, luna mágica,
convéncele de que debe volver.
Si vuelve el sol y vuelve el día
y vuelves tú también,
¿por qué no iba a regresar hoy él?

Quise prender la luz, pero el foco estaba fundido. Mis ojos parecieron iluminar el camino al privado. Presa de un súbito mareo, permanecí inmóvil, en cuclillas, abrazando la taza sin poder vomitar. Inmóvil, como el último vagón de la montaña rusa antes de iniciar su descenso.

***

Sin dar los buenos días, mi madre dijo la mañana del lunes que yo no estaba bien. Tras abrir mis ojos con ayuda de su pulgar e índice, me espetó: "Están muy amarillos. A mí se me hace que tienes hepatitis."

"¿Cómo?", le repuse. "¿No la tuve de niño?"

"Sí", contestó, "pero estoy segura de que es el hígado. Se lo comenté a tu papá y él le preguntó al médico de la oficina. Acaba de llamarme por teléfono y anoté las pruebas que te deben hacer –y a continuación extrajo de sus pantalones un papel doblado junto con dinero–. Vete ahora mismo al hospital a sacarte sangre."

Obedecí. Al llegar, me dirigí al laboratorio. Mientras anotaba mis datos en una hoja, abrí el papel doblado y, antes de extendérselo a la cajera y pagar los exámenes, pude leer:

–Perfil de hepatitis A, B y C.
–Perfil de funciones hepáticas (transaminasas y bilirrubinas).

"¿Pedro Hernán Bravo Varela?", escuché a una enfermera preguntar desde un cubículo de toma. "Sí, soy yo", respondí. "Acompáñeme", repuso ella.

Una vez ahí, la enfermera repitió la orden del papel: "Perfil de hepatitis y de funciones hepáticas, ¿correcto?". "Sí", confirmé.

"No me tardo ni un siglo", dijo entre risas, amarrándome una liga de plástico en el bíceps, para después mostrarme la aguja sellada que insertaría en mi antebrazo.

***

Inició el descenso. Las transaminasas y bilirrubinas, según los análisis, estaban por las nubes. Llamadas a mi prima Martha, oftalmóloga que vive en San Antonio; a mi primo Alfredo, médico general que vive en Celaya; a Jorge Iturralde, cirujano y gastroenterólogo; a Armando Cabrera, hepatólogo e investigador, hijo de un amigo de mi padre que pudo interpretar, una vez leídos los resultados, mi padecimiento: no la hepatitis A de infancia, sino hepatitis B en fase aguda.

Mis padres me mandaron inmediatamente a la cama. Dieta magra sin sal ni cigarrillos. Baños de cinco minutos cada tercer día, sentado en una silla de plástico. Cubrebocas obligatorio para entrar en mi habitación. Guantes para recoger la basura y los platos sucios, para cambiar las sábanas teñidas de amarillo.

Aunque mi primo no era especialista, aconsejó inyecciones de interferón, una proteína secretada por el sistema inmunológico que impide la replicación de diversos virus –entre ellos, el de la hepatitis B. Iturralde desestimó en una primera y única consulta el diagnóstico de mi primo, arguyendo que dichas inyecciones debían aplicarse en pacientes crónicos y que sólo tenían éxito en un 30 ó 40% de los casos. Iturralde también recetó medicamentos y reposo absoluto por cuatro meses. Cabrera se opuso terminantemente a ese diagnóstico y recomendó al "mejor hepatólogo de México": David Kershenobich.

Por si faltaran sobresaltos, a la mañana siguiente Martha envió a mi padre unas veinte páginas de literatura médica sobre hepatitis B. Entre ellas se encontraba el siguiente pasaje:

El virus de la hepatitis B se propaga a través de la sangre, el semen, los flujos vaginales y otros fluidos corporales. Los síntomas iniciales pueden abarcar:
- Fatiga.
- Náuseas y vómitos.
- Piel amarilla y orina turbia debido a la ictericia.

Tocaron a la puerta. Era mi padre.

Sin ponerse el cubrebocas, tomó una silla y se sentó frente a mí, al pie de la cama, doblando la pierna y aclarándose la voz.

–Hijo –me preguntó–, ¿sabes cómo pudiste haberte contagiado?

–No tengo la menor idea –respondí entre lágrimas, sin poder verlo de frente–. No lo sé.

–Ay, hijo, ¿qué hiciste? Mírate nomás.

–Papá, no sé qué decir.

Pero sí sabía. Me hubiera gustado palomear las partes más decentes del artículo y dejar en blanco las menos decorosas para él. Darle una lista con los nombres de gente sospechosa. Llorar juntos y en silencio al terminar mi confesión. Abrazarlo como una forma indirecta de mostrar mi cariño culpable. Jurarle que ya nunca más, pero que me dejara cantar la canción de la Banquells para despedirme de los escenarios.

***

Antes consideraba al cuerpo mi más discreto cómplice. Aun en los instantes de mayor plenitud, debía conformarse con ser testigo presencial de sus mismas obras. Cuánta nobleza: permitir tres orgasmos en una sola noche, la digestión de una comida interminable, una proeza atlética o el saldo blanco de un fin de semana en los más bajos fondos sin pedir nada a cambio, sin protagonismos –y, sobre todo, sin antagonismos.

Pero en la hepatitis nada más íntimo e intransferible, nadie más intruso e indiscreto, que mi cuerpo. Una vez convertido en la única historia que sabía contar a los demás, ya no hubo manera de alejarlo, mantenerlo a raya, ponerle límites. Tuve que hacerme uno con él. Abandoné a los otros que engendré en la salud para ser este que soy. Éste, recién casado en la pobreza con su cuerpo de siempre, sin saber cómo mantenerlo.

"Me siento como una criatura mitológica cuyo torso estuviera encerrado en una caja de madera o de piedra y, poco a poco, se fuera entumeciendo y solidificando", confiesa un sifilítico Alphonse Daudet en su diario *En la tierra del dolor*. "A medida que la parálisis va apoderándose de él, de abajo a arriba, el enfermo se vuelve un árbol o una roca, igual que una ninfa de *Las metamorfosis* de Ovidio." Más allá del reposo absoluto, de la reclusión por tiempo indefinido, el paciente queda confinado a una cárcel de mínima seguridad. Sin poder huir de la preocupación de las consultas, los exámenes y honorarios médicos; del dolor que lo entume y solidifica, resguarda el tesoro de su progresiva inmovilidad. Un tesoro que no puede heredar a nadie porque en su interior oculta algo vivo, como un insecto en una gota de ámbar; un patrimonio formado con tesón, horror y fe. Ese patrimonio en disputa no es otro que su cuerpo: el cónyuge que lo visita, la celda que lo resguarda, el único título de propiedad del que podrá disponer cuando termine su sentencia.

***

A mediados de diciembre de 2003 fui con el doctor Kershenobich a la Clínica Lomas Altas, una torre médica ubicada en la salida a Toluca. Cuando bajamos del coche, mis padres pidieron en la recepción una silla de ruedas para mí. Subimos al piso once y, antes de que cerraran las puertas del elevador, me vi de reojo en sus cristales: los tenis suspendidos en el reposapiés, las manos entrelazadas sobre la rodilla izquierda, las ojeras disimuladas por un tapabocas. Todo un enfermo profesional.

Señor, he aquí, el que amas está enfermo.

–Pero qué dramático –exclamó Kershenobich al recibirme en la sala de espera.

Esta enfermedad no es para muerte, mas por gloria de Dios.

–Quítese el tapabocas y levántese de ahí, que no es para tanto.

Y el que había estado muerto, salió, atadas las manos y los pies con vendas; y su rostro estaba envuelto en un sudario.

–En primer lugar, no vuelva a ponerse el tapabocas: usted no es un foco ambulante de infección. En segundo, quiero que salga de aquí por su propio pie: está enfermo, pero no desahuciado.

Desatadle y dejadle ir.

***

Y me volví la memoria de las fiestas, la botella de agua sin mensaje que flotaba en el mar turbulento de los antros;

y vi a amigos sucumbir ante la genialidad del alcohol, seguros de que yo sería su escriba, su mejor y único albacea, antes de que el sueño nos igualara;

y vi a modelos de revista perder el equilibrio, sonreír con impaciencia a las tres de la mañana, llegar a mí con la esperanza de que sabría contemplar en su interior inútil pero hermoso;

y vi la peste por doquier, asolando hoteles sin estrella, vagones de metro, cuartos oscuros, presentaciones de libros, citas a ciegas y juntas de comedores compulsivos, sexoadictos y alcohólicos anónimos;

y oí a María, montada en la yegua del champán, decir al otro lado del teléfono: "El mar es azul y yo soy infinita";

y oí a Jorge, amigo entre poetas y poeta entre amigos, decir mientras bebía un güisqui a mi salud: "Dame tu edad y quemo el mundo";

y oí a mis padres repetir la misma frase: "Esto es lo mejor que pudo haberte pasado".

***

Llegado el momento, ¿qué preferimos: una honestidad desbordante o pudorosa? Los cínicos escogerán la primera. Los aprensivos siempre optaremos por la segunda.

La pregunta, claro está, se refiere a las consultas médicas. Sentado frente al doctor que lo escucha inexpresivamente, lo que anhela todo aprensivo es una contradicción: que lleguen las buenas noticias sin decir "agua va", al más puro estilo del realismo sucio, o las malas con una retórica lenta y piadosa.

Kershenobich jamás compartió esta opinión durante los cinco años que fui su paciente. Tanto para las buenas noticias como para las malas, era directo, puntual y sin matices. Puras verdades expeditas, carentes de imaginación o humor. Vestido en tonos pardos, enfundado en una bata corta y raída, luciendo zapatos ortopédicos, revisaba su bíper y atendía el teléfono mientras interpretaba mis últimos análisis.

–Sus transaminasas están en niveles normales –lo escuché decirme, sin grandes variaciones, en consulta–, pero aún no aparece el anticuerpo de su hepatitis. Vuelva a hacerse estos análisis y regrese en seis meses. Ni una copa de vino ni sexo sin protección.

Hoy no puedo más que celebrar el método de Kershenobich. ¿Y si él hubiera sido todo sonrisas y esperanto médico? ¿Y si en la época aguda de mi hepatitis hubiera maquillado los peligros de mi situación con tal de granjearse mi simpatía, de venderme una tranquilidad a plazos?

Llegado el momento de leer, cínicos y aprensivos preferimos intercambiar lugares. Los primeros, que van por la vida como apóstoles de la crudeza, se inclinan por el paisajismo espiritual, por el arabesco de una frase, por la morosa voluptuosidad de un adjetivo. Los segundos –a los que, parafraseando a Eliseo Diego, nos apocan los presagios pequeños– le rendimos pleitesía a la literalidad, a la oración nerviosa y breve, al estilismo de tomarnos el pelo. Unos y otros, eso sí, dependemos de una condición para efectuar aquel "salto al vacío": que los cínicos de pronto fantaseen con hacerlo como los derviches; que los aprensivos podamos concentrarnos en los males y culpas de los otros sin sentirnos aludidos. Así, una transmutación exitosa dependerá de que los cínicos enfermen y, en su vulnerabilidad, tengan corazón para leer novelas ejemplares; de que los aprensivos nos curemos y, en nuestra beatitud, tengamos vísceras para leer cuentos crueles.

Alguna vez, sentado en la sala de espera de Kershenobich, leí un artículo sobre los egipcios en una revista médica. Según el texto, los enamorados tenían la costumbre de decirse "te quiero con el hígado". Recién salido de una relación y a punto de entrar a consulta, la frase no sólo me pareció falsa, sino de pésimo gusto.

***

66

Semanas después, me contradije y escribí este poema:

Tanta luz amarilla duele ahora

Hepatitis B

–Los ojos de quien esto,
como lobos.
Allá abajo, mis padres
con su brindis la víspera
del año nuevo,
pidiendo por el alta
de su hijo.
Las uvas, a las doce.
Y el 13, yo, solapas
de un traje a mi medida,
que a fuerza de unos parches
fui solar,
pericia en ictericia.
–Cuarentena por dos,
caído el veinte.
Noé
tapando el agujero
en la madera
de padre o de patriarca
que tuve hasta polilla.
–Lo que siguió después
(muy vago, bíblico)
cayó en reposo,
a la altura
del hígado paciente,

hospitalario.
–Te quiero con el hígado,
mentaban ficus, gansos,
faraones,
la orina oscureciéndose
y el pobre de Roberto,
el detective
que no encontró a Beatriz
sino a su amor hepático,
imposible.
–"Jamás una desgracia
fue tan luminosa
o amarilla
como la cara
que le vieron
al asomar
algunos girasoles,
las manchas
de un sol que interfería
en sus asuntos
con la Voz,
muy cerca de Damasco,
cuando lo madrugaron,
camino de la carne."
–San Chárbel, fiel amigo:
no lo llames;
dado a la trampa,
asiste su caída.
De haber sabido,
nunca hubiese
cruzado la frontera

con su gomorra flor
de contrabando
el mero día
de quedarse estatuas. **

***

–Aún no aparece el anticuerpo de la hepatitis –solía decirme Kershenobich sin quitar la vista de su bloc de recetas–: Hágase de nuevo un análisis de transaminasas, un perfil de funciones hepáticas completas y vuelva en seis meses.

Cuestión de método, afirmarán algunos. Cuestión de estilo, reprocharán otros. A la luz de mi curación,

** Hay seis voces a lo largo del poema.

La primera es un retrato moral, sexual y físico del enfermo en cama, la noche del 31 de diciembre de 2003.

La segunda es una parábola donde el enfermo es comparado con Noé, que reúne pecados por parejas en el arca de su cuerpo.

La tercera es una acotación previa a la toma cerrada del convaleciente.

La cuarta es una historia abreviada del hígado. Al final, se habla de Roberto Bolaño autor de la novela *Los detectives salvajes*, que murió a causa de una insuficiencia hepática.

La quinta es un anuncio de la enfermedad que se vincula con la famosa visión de Pablo de Tarso, temido perseguidor de cristianos a quien, según el libro de los Hechos, "le rodeó un resplandor de luz del cielo". Cuando caía a tierra, cegado por el resplandor, escuchó a Jesús reclamarle: "Saulo, Saulo, ¿por qué me persigues?"

La sexta es un rezo a Chárbel Mahlouf, santo libanés a quien el sujeto omnisciente del poema agradece haber intercedido por él ante la Santísima Trinidad para su curación.

Las seis voces, por separado o en comjunto, son mías –lo cual prueba que todo, hasta la sinceridad, es un montaje.

Por eso hay que confiar en la sinceridad de los extraños. Aunque se monten sobre ti, aunque te enfermen.

el discurso de mi hepatólogo me parecía el más deseable por su sinceridad y laconismo. Cierto: el desapego y la ambigua moraleja de su evaluación eran innecesarios, pero hoy seguiría prefiriéndolos al buen trato de Iturralde. A diferencia suya, Kershenobich me ordenó dieta libre, reposo relativo, vigilancia, abstinencia alcohólica y de prácticas sexuales de riesgo. Fue él, hombre de pocas palabras sin consuelo, quien me salvó la vida.

No resulta difícil comparar a Iturralde con César Aira y a Kershenobich con Roberto Bolaño. Aunque los dos hayan escrito sobre el hígado y sus padecimientos (uno en *Diario de la hepatitis* y otro en "Literatura + enfermedad = enfermedad"), la diferencia entre ambos es enorme: Aira utiliza la hepatitis como un recurso de la imaginación contra la esterilidad, impensable en alguien tan prolífico como él, mientras que Bolaño ensaya pasajes de su autobiografía en un texto que aborda los vínculos entre la enfermedad y el arte.

Sin ironía aparente, el personaje de Aira confiesa en la introducción al *Diario...*:

Si me encontrara deshecho por la desgracia, destruido, impotente, en la última miseria física o mental, o las dos juntas, [...] lo más probable sería que, aun teniendo una lapicera y un cuaderno a mano, *no escribiera*. Nada, ni una línea, ni una palabra. No escribiría, definitivamente.

Aprensivo en vías de curación, viajé a Buenos Aires en abril de 2004, donde me topé en una librería desierta de la calle Florida con el *Diario...* Deseaba un libro que me reflejara con tolerable honestidad, así que lo compré enseguida. Por desgracia, el *Diario...* resultó decepcionante. Reconocí la astucia y pulcritud de sus apuntes durante los veinte minutos que tardé en leerlo, pero me dio una impresión similar a la que tuve con Iturralde: demasiados diplomas en la pared, demasiados papeles en el escritorio, demasiadas seguridades teóricas, una bata demasiado blanca con el nauseabundo aroma a limpio de las tintorerías.

Por su parte, Bolaño reconoce al comienzo de "Literatura + enfermedad = enfermedad":

Escribir sobre la enfermedad, sobre todo si uno está gravemente enfermo, puede ser un suplicio. [...] Pero también puede ser un acto liberador. Ejercer, durante unos minutos, la tiranía de la enfermedad [...]. Escribir mal, hablar mal, disertar sobre fenómenos tectónicos en mitad de una cena de reptiles, qué liberador es y qué merecido me lo tengo, proponerme a la compasión ajena y luego insultar a diestra y siniestra.

Así como Aira no muestra una experiencia articulada del dolor, el *pathos* en Bolaño es la experiencia misma. Por fortuna, nadie menos trágico y solemne que Bolaño. Compuesto por doce breves episodios, su texto es una estruendosa y agridulce carcajada que el autor soltó a los cincuenta años, en espera de un transplante de hígado.

Muchos escritores desahuciados se esfuerzan por dejar un perfil impecable de sí mismos. Bolaño hace lo contrario y expresa, por ejemplo, una última e inesperada voluntad:

Follar es lo único que desean los que van a morir. Follar es lo único que desean los que están en las cárceles y en los hospitales. Los impotentes lo único que desean es follar. Los castrados lo único que desean es follar. Los heridos graves, los suicidas, los seguidores irredentos de Heidegger. Incluso Wittgenstein, que es el más grande filósofo del siglo XX, lo único que deseaba era follar. Hasta los muertos, leí en alguna parte, lo único que desean es follar. Es triste tener que admitirlo, pero es así.

Hasta los sanos, añadiría yo. Hasta los abstemios. Hasta los practicantes obsesivos del sexo seguro. Hasta Kershenobich, que salvó a un paciente cuya salud se vio comprometida por follar. Resulta irónico admitirlo, pero es así.

***

Y tuve miedo de embriagarme, de cometer fornicio, de que me siguiera pasando lo mejor;
   y vi botellas vacías, condones rotos y grandes oportunidades por doquier;
   y vi a mis amigos lanzándose al precipicio de la promiscuidad, y unos lo hicieron boca arriba y otros boca abajo;
   y vi a mis amigos entrando al laberinto de la abstinencia, y unos lo hicieron de frente y otros de espaldas;

y vi impreso en la barda de un terreno baldío: "Vivimos la resaca de una orgía en la que nunca participamos";

y una vez curado, cuando al fin pude volver a embriagarme y cometer fornicio, me volví un recuerdo de las fiestas, un genio prematuro en las comidas, un intocable, un pesticida con instrucciones de uso, un daltónico para María, un bombero para Jorge, un hijo pródigo, un ministro de salud;

y vi que era bueno.

**

–Tu curación fue un milagro. Espero que hayas aprendido. *(Bendito sea Dios que terminó este infierno.)*

–Sí, lo tengo muy presente. *(Papá, ¿te acuerdas de la noche en que me preguntaste si sabía cómo pude haberme contagiado?)*

–No puedes volver a ponerte en una situación así. Debes extremar tus precauciones en todo momento. *(¿Por qué la pregunta?)*

–No sé qué haría sin ustedes. *(Porque siento que te debo una explicación.)*

–Eres lo más sagrado que tenemos tu mamá y yo. *(¿Qué caso tiene ahora? Mejor pasar la página.)*

–Los quiero mucho. *(Tienes razón, papá. Ya fue.)*

–Nosotros más. *(Primero Dios, hijo.)*

**

Asegura Daudet que "el enfermo se vuelve un árbol o una roca". Pero el enfermo, en realidad, es un árbol o una roca que respira. Es Daphne, consciente aun cuando las ramas de laurel comienzan a cubrirla toda. Es la estatua inconclusa de un centauro mortal, mitad hombre y mitad pórfido. "Dichoso el árbol, que es apenas sensitivo, / y más la piedra dura porque ésa ya no siente", escribió Rubén Darío en versos que parecen ampliar la afirmación de Daudet. Sin embargo, el árbol y la piedra dura jamás conocerán la libertad, condicional si se quiere, del recién curado.

Con el tacto que tuvo al recibirme cinco años atrás, Kershenobich me anunció un lunes de enero de 2009 que nuestras consultas habían terminado: el dichoso anticuerpo había aparecido. Guardé enseguida los análisis, recogí mis cosas, estreché la mano de Kershenobich por última vez y abandoné Lomas Altas para abordar un taxi rumbo a mi departamento. Esa noche dormí tanto que no recuerdo haber soñado nada.

Al día siguiente, en el trayecto a una cena, me detuve para cerrar los ojos y llenar los pulmones de aire en el Parque México. Pese a haber respirado con una sensación inédita de paz, lo hice también con un dolor y una nostalgia incomprensibles.

Desde entonces, mi cuerpo y yo volvimos a ser los cómplices de antes: él un dechado de nobleza y yo, el colmo de la ingratitud.

***

Y vi que llevaba puesto el uniforme de primaria, y que estaba peinado con la raya en medio, y que recitaba mi poema en un imaginario Festival del Día del Hígado;

y volvió el sol, y volvió el día, y yo volví también;

y ahora, si me lo permiten, les voy a interpretar un éxito más de la Banquells: "Ese hombre no se toca". Para todos ustedes.

Julián Herbert

◆

Mamá leucemia
(fragmento)*

Madre solo hay una. Y me tocó.
Armando J. Guerra

1

Mamá nació el 12 de diciembre de 1942 en la ciudad de San Luis Potosí. Previsiblemente, fue llamada Guadalupe. Guadalupe Chávez Moreno. Sin embargo ella asumió –en parte por darse un aura de misterio, en parte porque percibe su existencia como un evento criminal– un sinfín de alias a lo largo de los años. Se cambiaba de nombre con la desfachatez con que otra se tiñe o riza el pelo. A veces, cuando llevaba a sus hijos de visita con los amigos narcos de Nueva Italia, las fugaces tías políticas de Matamoros o Villa de la Paz, las señoritas viejas de Irapuato para las que había sido sirvienta cuando recién huyó de casa de mi abuela (hay una foto: tiene catorce años, está rapada y lleva una blusa con aplicaciones que ella misma incorporó a la tela), nos instruía:

* Ediciones Era agradece a Random House Mondadori la autorización para publicar el presente fragmento.

–Aquí me llamo Lorena Menchaca y soy prima del famoso karateca.

–Aquí me dicen Vicky.

–Acá me llamo Juana, igual que tu abuelita.

(Mi abuela, comúnmente, la llamaba "Condenada Maldita" mientras la sujetaba de los cabellos para arrastrarla por el patio, estrellándole el rostro contra las macetas.)

La más constante de esas identidades fue "Marisela Acosta". Con ese nombre, mi madre se dedicó durante décadas al negocio de la prostitución.

No sé en qué momento se volvió Marisela; así se llamaba cuando yo la conocí. Era bellísima: bajita y delgada, con el cabello lacio cayéndole hasta la cintura, el cuerpo macizo y unos rasgos indígenas desvergonzados y relucientes. Tenía poco más de treinta años pero parecía una veinteañera. Era muy *a gogó*: aprovechando que tenía caderas anchas, nalgas bien formadas y un estómago plano, se vestía sólo con jeans y un ancho paliacate cruzado sobre sus magros pechos y atado por la espalda.

De vez en cuando se hacía una cola de caballo, se calzaba unos lentes oscuros y, tomándome de la mano, me llevaba por las deslucidas calles de la zona de tolerancia de Acapulco –a las siete de la mañana, mientras los últimos borrachos abandonaban *La Huerta* o el *Pepe Carioca* y mujeres envueltas en toallas asomaban a los dinteles metálicos de cuartos diminutos para llamarme "bonito"– hasta los puestos del mercado, sobre la avenida del Canal. Con el exquisito abandono y el *spleen* de una puta desvelada, me compraba un Chocomilk licuado en hielo y dos cuadernos para colorear.

Todos los hombres viéndola.

Pero venía conmigo.

Ahí, a los cinco años, comencé a conocer, satisfecho, esta pesadilla: la avaricia de ser dueño de algo que no logras comprender.

2

De niño me llamaba Favio Julián Herbert Chávez. Ahora me dicen en el registro civil de Chilpancingo que siempre no: el acta dice "Flavio", no sé si por maldad de mis papás o por error de los nuevos o los viejos burócratas: no logro distinguir (entre las toneladas de mierda publicitaria gubernamental y los hipócritas videoclips de *viva la familia* que lanza Televisa –¿cuál familia?... La única Familia bien avenida del país radica en Michoacán, es un clan del narcotráfico y sus miembros se dedican a cercenar cabezas) a los unos de los éstos y los otros. Con ese nombre, "Flavio", tuve que renovar mi pasaporte y mi credencial de elector. Así que todos mis recuerdos infantiles vienen, fatalmente, con una errata. Mi memoria es un letrero escrito a mano sobre cartón y apostado a las afueras de un aeropuerto equipado con Prodigy Móvil, Casa de Bolsa y tienda Sanborns: "Biembenidos a México".

Nací el 20 de enero de 1971 en la ciudad y puerto de Acapulco de Juárez, Guerrero. A los cuatro años conocí a mi primer muerto: un ahogado. A los cinco a mi primer guerrillero: Kito, el hermano menor de mi madrina Jesu, que cumplía sentencia por el asalto a un banco. Pasé mi infancia viajando de ciudad en ciudad mexicana, de putero en putero, siguiendo las condiciones nómadas que le imponía a nuestra familia la profesión de mi mamá. Viajé desde el sur profundo, año con año, armado de una ardiente paciencia, hasta arribar a las espléndidas ciudades del norte.

Pensé que nunca saldría del país. Pensé que nunca saldría de pobre. He trabajado –lo digo sin ofensa, parafraseando a un ilustre estadista mexicano, ejemplo de la sublime idiosincrasia nacional– haciendo cosas que *ni los negros* quisieran hacer. Tuve siete mujeres –Aída, Sonia, Patricia, Ana Sol, Anabel, Lauréline y Mónica– y muy escasas amantes ocasionales. He tenido dos hijos: Jorge, que ahora tiene casi 17 años (nació cuando yo tenía 21), y Arturo, que el mes próximo cumplirá 15. Voy a ser papá por tercera ocasión el próximo septiembre, un año justo antes del bicentenario: que no se diga que nunca fui un patriota. He sido adicto a la cocaína a lo largo de algunos de los lapsos más felices y atroces de mi vida: sé lo que se siente surfear sobre los hombros de eso que Dexter Morgan llamó *the dark passenger*.

Una vez ayudé a recoger un cadáver de la carretera; fumé *cristal* de un foco; hice una gira de quince días como vocalista de un grupo de rock; fui a la universidad y estudié literatura; he bebido ajenjo hasta la ceguera mientras caminaba por el Spandau de Berlín; pasé una piedra de opio por la aduana de La Habana distrayendo al oficial con mi camiseta del equipo de beisbol Industriales; perdí el concurso de aprovechamiento escolar cuyo premio era conocer a Miguel de la Madrid Hurtado; soy zurdo. Ninguna de esas cosas me preparó para la noticia de que mi madre padece de leucemia. Ninguna de esas cosas hizo menos sórdidos los cuarenta días y noches que pasé en vela junto a su cama, Noé surcando un diluvio de química sanguínea, cuidándola y odiándola, viéndola enfebrecer hasta la asfixia, notando cómo se quedaba calva.

Soy un tipo que viaja, hinchado de vértigo, del sur hacia el norte. Mi tránsito ha sido un regreso desde las ruinas de la antigua civilización hacia la conquista de un Segundo Advenimiento de los Bárbaros: Mercado Libre; USA; la muerte de tu puta madre.

3

No tengo mucha experiencia con la muerte. Supongo que eso podría convertirse, eventualmente, en un grave problema de logística. Debí haber practicado con algún primo yonqui o abuela deficiente coronaria. Pero no. Lo lamento, carezco de currículum. Si sucede, debutaré en las Grandes Ligas: sepultando a mamá.

Un día estaba tocando la guitarra cuando llamaron a la puerta. Era la vecina. Sollozaba.

–Te queremos pedir que ya no toques la guitarra. A Cuquín lo machucó un camión de Coca Cola. Lo mató. Desde hace rato estamos velándolo en la casa.

Yo tenía quince años y era una cigarra. Les corrí la cortesía de callarme. Me puse a cambio, en el walkman, el *Born in the U.S.A.*

Al rato, volvieron a llamar con insistencia. Era mi tocayo, hijo de la vecina y hermano mayor del niño difunto. Dijo:

–Acompáñame a comprar bolsas de hielo.

Me puse una camiseta –era verano: en el verano de 47 grados del desierto de Coahuila uno en su casa vive semidesnudo–, salté la reja y caminé junto a él hasta el expendio de cerveza.

Me explicó:

–Está empezando a oler. Pero mamá y papá no quieren darse cuenta.

Compramos cuatro bolsas de hielo. Al regreso, mi tocayo se detuvo en la esquina y comenzó a llorar. Lo abracé. Nos quedamos así largo rato. Luego alzamos del suelo las bolsas y lo acompañé a su casa. Del interior de ésta emergían llantos y gritos. Le ayudé con los bultos hasta el porche, di las buenas tardes y volví a mis audífonos.

Recuerdo hoy el suceso porque algo semejante me ocurrió la otra noche: salí a comprar agua al Oxxo frente al hospital en el que está internada mi madre. De regreso, noté a un peatón sorteando a duras penas el tráfico de la avenida. En algún momento, poco antes de llegar hasta donde yo estaba, se detuvo entre dos autos. Los cláxones no se hicieron esperar. Dejé sobre la acera mis botellas de agua, me acerqué a él y lo jalé con suavidad hasta la banqueta. En cuanto sintió mi mano, deslizó ambos brazos alrededor de mi tórax y se largó a llorar. Murmuraba algo sobre su "chiquita"; no supe si se trataba de una hija o una esposa. Preguntó si podía obsequiarle una tarjeta telefónica. Se la di. Hay algo repugnante en el abrazo de quien llora la pérdida de la vida: te sujetan como si fueras un pedazo de carne.

No sé nada de la muerte. Solo sé de la mortificación.

4

De niño quería ser científico o doctor. Un hombre de bata blanca. Más pronto que tarde descubrí mi falta de aptitudes. Me tomó años aceptar la redondez de la Tierra. Mejor dicho, no lograba pensar en la Tierra como una esfera.

Fingí que estaba de acuerdo durante mucho tiempo. Una vez en el salón (uno de tantos, porque cursé la primaria en ocho escuelas distintas) expliqué frente al grupo, sin pánico escénico, los movimientos de traslación y rotación. Como indicaba el libro, mostré gráficamente estos procesos atravesando con mi lápiz una naranja decorada con crayón azul. Procuraba memorizar las cuentas ilusorias, las horas y los días, el tránsito del sol, los gajos de cada giro. Pero, por dentro, no: vivía con esa angustia orgullosa y lúcida que hizo morir desollados, a manos de san Agustín, a no pocos heresiarcas.

Mamá fue la culpable: viajábamos tanto que para mí la Tierra era un cuenco gigante limitado en todas direcciones por los rieles del ferrocarril. Vías curvas, rectas, circulares, aéreas, subterráneas. Atmósferas ferrosas y flotantes que hacían pensar en una película de catástrofes donde los hielos del Polo chocan entre sí. Límites limbo como un túnel, celestes como un precipicio tarahumara, crocantes como un campo de alfalfa sobre el que los durmientes zapatean. A veces, subido en una roca o varado en un promontorio de la costera Miguel Alemán, miraba hacia el mar y me parecía ver vagones amarillos y máquinas de diesel con el emblema "N de M" traqueteando espectrales más allá de la brisa. A veces, de noche, desde una ventanilla, suponía que las luciérnagas bajo un puente eran esas galaxias vecinas de las que hablaba mi hermano mayor. A veces, mientras dormía junto a mamá tirado en un pasillo metálico, o contrahecho sobre una dura butaca de madera, el silbato me avisaba que podríamos caer al hiperespacio, que estábamos en el borde. Un día, mientras el tren hacía patio en Paredón para realizar el switch de rieles, llegué a la conclusión de que la forma y el tamaño del planeta cambiaban a cada segundo.

Todo esto es estúpido, claro. Me da una lástima bárbara.

Me da lástima, sobre todo, por mamá. Ahora que la veo desguanzada en esa cama, inmóvil, rodeada de venopacks traslúcidos manchados de sangre seca. Con moretones en ambos brazos, agujas, trozos de plástico azules y amarillos y letreritos a pluma bic sobre la cinta adhesiva: Tempra de 1 g, Ceftazidima, Citarabina, Antraciclina, Ciprofloxacino, Doxorrubicina, soluciones mixtas de mil en bolsas negras para proteger de la luz a los venenos que le inyectan. Llorando porque su hijo más amado y odiado –el único que alguna vez pudo salvarla de sus pesadillas; el único a quien le ha gritado "tú ya no eres mi hijo, cabrón, tú no eres más que un perro rabioso"– tiene que darle de comer en la boca, mirar sus pezones marchitos al cambiarle la bata, llevarla en peso hasta el baño y escuchar (y oler, con lo que ella odia el olfato) cómo caga. Sin fuerzas. Borracha de tres transfusiones. Esperando, atrincherada en el tapabocas, a que le extraigan una muestra de médula ósea.

Lamento no haber sido, por su culpa (por culpa de su histérica vida de viajes a través de todo el santo país en busca de una casa o un amante o un empleo o una felicidad que en esta Suave Patria no existieron nunca), un niño modelo; uno capaz de creer en la redondez de la Tierra. Científico o doctor. Un hombre de bata blanca que pudiera explicarle algo. Recetarle algo. Consolarla con un poco de experiencia y sabiduría e impresionantes máquinas médicas en medio de esta hora en que su cuerpo se estremece de jadeos y pánico a morir.

5

En mi último año de adolescencia, a los dieciséis, hubo un segundo cadáver en mi barrio. Tampoco me atreví a ver su ataúd porque, incluso ahora, conservo la sensación de haber formado parte de un azaroso plan para su asesinato. Se llamaba David Durand Ramírez. Era más chico que yo. Murió un día de septiembre de 1987, a las ocho de la mañana, de un tiro realizado con escuadra automática calibre 22. Su desgracia influyó para que mi familia emigrara a Saltillo y yo estudiara literatura y eligiera un oficio y, eventualmente, me sentara en el balcón de la leucemia a narrar la increíble y triste historia de mi madre. Pero, para explicar cómo marcó mi vida la muerte de David Durand, tengo que empezar antes: varios años atrás.

Todo esto sucedió en Ciudad Frontera, un pueblo de unos quince o veinte mil habitantes surgido al amparo de la industria metalúrgica de Monclova, Coahuila.

Mi familia vivió en ese lugar sus años de mayor holgura, y también todo el catálogo de las vejaciones.

Llegamos ahí tras la ruina de los prostíbulos en Lázaro Cárdenas. Mamá nos trajo en busca de *magia simpatética*: pensaba que en este pueblo, donde también se erigía una siderúrgica, regresaría a nuestro hogar la bonanza de los tiempos lazarenses anteriores a la Ley Seca impuesta por uno de los políticos priistas más conservadores de aquel entonces: el gobernador Cuahtémoc Cárdenas Solórzano.

Al principio, no se equivocó: en un prostíbulo llamado Los Magueyes conoció a don Ernesto Barajas, un anciano ganadero de la zona. Él empezó a frecuentarla como a una puta cualquiera, pero al paso de los meses se dio cuenta de que mamá no era tonta: leía mucho, poseía una rara facilidad para la aritmética y, suene esto a lo que suene, era una mujer de principios inquebrantables. Era, sobre todo, incorruptible cuando se hablaba de finanzas –algo que en este país lo vuelve casi extranjero a uno.

Don Ernesto la contrató como sus ojos y oídos en un par de negocios: otro prostíbulo y la única gasolinera del pueblo. Le ofreció un sueldo justo y un trato afectuoso (lo que no evitaba que, luego de cuatro tequilas, procurara meterle mano; afanes que ella debía sortear sin perder el trabajo ni la compostura).

Marisela Acosta estaba feliz. Organizó a sus hijos para que se cuidaran los unos a los otros con tal de no dilapidar más dinero en nanas neuróticas. Rentó una casa con tres recámaras y un patiecito. Adquirió algunos muebles y una destartalada Ford azul cielo. Trajo tierra negra cultivada en un vivero de Lamadrid y con ella sembró, al fondo del solar, un pequeño huerto de zanahorias que no crecieron nunca. El nombre de nuestro barrio era ominoso: El Alacrán. Pero, por cursi que suene (y sonará: ¿qué más podría esperarse de una historia que transcurre en la Suave Patria?), vivíamos en la esquina de Progreso y Renacimiento. Ahí, entre 1979 y 1981, sucedió nuestra infancia: la de mi madre y la mía.

Luego vino la crisis del 82 y, dentro de mi panteón infantil, José López Portillo ingresó a la posteridad (son palabras de mi madre) como El Gran Hijo de Puta. Don Ernesto Barajas quebró en los negocios suburbanos; se volvió a su ganado y despidió a Marisela. Mantuvimos montada la casa, pero empezamos a trashumar de nuevo: Acapulco, Oaxaca, San Luis, Ciudad Juárez, Sabinas, Laredo, Victoria, Miguel Alemán. Mamá intentó, por enésima vez, ganarse el sustento como costurera en una maquiladora de Teycon que había en Monterrey. Pero la paga era criminal y la contrataban a destajo, dos o tres turnos por semana. Así que terminaba regresando a los prostíbulos diurnos de la calle Villagrán, piqueras sórdidas que a media mañana se atiborraban de soldados y judiciales más interesados por las vestidas que por las mujeres, lo que le daba a la competencia un aire violento y miserable.

Pronto fue imposible seguir pagando la renta de la casa. A finales del 83 nos desahuciaron y embargaron todas nuestras posesiones. Casi todas: a petición expresa, el actuario me permitió sacar algún libro antes de que la policía trepara los triques al camión de la mudanza. Tomé los dos más gordos: las *Obras completas* de Wilde en edición de Aguilar y el tomo número 13 de la *Nueva Enciclopedia Temática*. (La literatura siempre ha sido buena conmigo: si tuviera que volver a ese instante sabiendo lo que sé ahora, escogería exactamente los mismos libros.)

Pasamos tres años de miseria absoluta. Mamá había adquirido una propiedad sobre terrenos ejidales en conflicto, pero no poseíamos en ese solar más que dunas enanas, cactáceas muertas, medio camión de grava, trescientos blocks y dos bultos de cemento. Erigimos un cuartito sin cimientos que me llegaba más o menos al hombro y le pusimos láminas de cartón como techo. No teníamos agua ni drenaje ni luz. Jorge, mi hermano mayor, dejó la prepa y encontró trabajo paleando nixtamal en la tortillería de un comedor industrial. Saíd y yo cantábamos en los camiones a cambio de monedas.

Al año, Jorge explotó: cogió algo de ropa y se fue de la casa. Tenía diecisiete. Volvimos a tener noticias suyas en su cumpleaños veintitrés: acababan de nombrarlo gerente de turno en el hotel VidaFel de Puerto Vallarta. Aclaraba en su carta que era un trabajo temporal.

–Nací en México por error –me dijo una vez–. Pero un día de éstos voy a enmendarlo para siempre.

Y lo hizo: antes de los treinta emigró a Japón, donde sigue viviendo.

No puedo hablar de mí ni de mi madre sin hacer referencia a esa época: no por lo que tiene de patetismo y tristeza, sino porque se trata de nuestra versión *Mexican curious* del *Dahmmapada*. O, mejor y más vulgar:

de la película de karatecas místicos *La cámara 36 de Shaolin*. Tres años de pobreza extrema no destruyen. Al contrario: despiertan en uno cierta clase de lucidez visceral.

Cantando en los autobuses intermunicipales que trasladaban al personal de AHMSA de vuelta al archipiélago reseco de los pueblos vecinos (San Buenaventura, Nadadores, Cuatro Ciénegas, Lamadrid, Sacramento) Saíd y yo conocimos dunas de arena casi cristalina, cerros negros y blancos, profundas nogaleras, un río llamado Cariño, pozas de agua fósil con estromatolitos y jirafudas tortugas de bisagra... Teníamos nuestro propio dinero. Comíamos lo que se nos daba la gana. Decía el estribillo con el que concluíamos todas nuestras interpretaciones: "esto que yo ando haciendo / es porque no quiero robar". Aprendimos a pensar como artistas: *vendemos una zona del paisaje.*

A veces soplaba nuestra versión coahuilteca del simún. Soplaba fuerte y arrancaba las láminas de cartón que cubrían el jacal donde vivíamos. Saíd y yo corríamos entonces detrás de nuestro techo, que daba vueltas y volaba bajito por en medio de la calle.

Entre 1986 (el año del Mundial) y 1987 (el año en que David Durand murió), las cosas mejoraron: rentamos una casa, compramos algunos muebles y reingresamos paulatinamente a la categoría de "gente pobre pero honrada". Salvo que Marisela Acosta, sin que la mayoría de los vecinos lo supiera, debía acudir cuatro noches por semana a los prostíbulos de la vecina ciudad de Monterrey en busca del dinero con el que nos enviaba a la escuela.

Yo iba al primer año de prepa y, pese al estigma de haber sido un niño pordiosero ante los ojos de medio pueblo, había logrado poco a poco volverme amigo de los Durand, una familia de rubios descendientes de franceses sin mucho dinero pero bastante populares.

Una noche, Gonzalo Durand me pidió que lo acompañara a La Acequia. Iba a comprar una pistola.

Gonzalo era una especie de macho alfa para el clan esquinero que nos reuníamos por las noches a fumar mariguana y piropear a las niñas que salían de la secu. No sólo era el mayor: también el mejor para pelear y el único que contaba con un buen empleo, operador de la desulfuradora en el Horno Cinco de AHMSA. Acababa de cumplir los diecinueve. La edad de las ilusiones armadas.

Los elegidos para compartir su rito de pasaje fuimos Adrián y yo. Nos enfilamos en un Maverick 74 *chocolate* al barrio de junto. Primero le ofrecieron un revólver Smith & Wesson ("Es Mita y Hueso", decía el vendedor con voz pastosa, seguramente hasta el culo de jarabe para la tos). Luego le mostraron la pequeña escuadra automática. Se enamoró de ella enseguida. La compró.

Al día siguiente, Adrián vino a verme y dijo:

–Sucedió una desgracia. A Gonzalo se le fue un tiro y mató al Güerillo mientras dormía.

La primera imagen que me vino a la cabeza fue ominosa: Gonzalo, sonámbulo, acribillando a su familia... Pero no: Gonzalo salió del turno de tercera y, desvelado y ansioso, se apresuró a llegar a casa, trepó a su litera y se puso a limpiar la pistola. Una bala había entrado a la recámara. Él, que no entendía de armas, ni se enteró. En algún momento, la escuadra se le fue de las manos. Tratando de sujetarla, accidentalmente disparó. El proyectil impactó en el vientre de su hermano pequeño, que dormía en la litera de abajo.

David Durand tendría ¿qué? ¿Catorce años? Una vez se había fugado con la novia. Quesque quería casarse. Los respectivos padres les dieron de cuerazos a los dos.

Adrián y yo asistimos al funeral, pero no nos atrevimos a entrar al velatorio. Temíamos que en cualquier momento alguien nos preguntara: ¿de dónde sacó este cabrón una pistola?...

Gonzalo estuvo preso, creo, un par de meses. Eso fue lo último que supe de él. Mamá, muy seria, me dijo:

–Pobre de ti si un día te cacho mirando armas de fuego o juntándote de nuevo con las lacras.

Trascurrió el resto del año. Un día, poco antes de navidad, mamá llegó a casa muy temprano y aún con aliento alcohólico. Saíd y yo dormíamos en la misma cama, abrazados para combatir el frío. Ella encendió la luz, se sentó junto a nosotros y espolvoreó sobre nuestras cabezas una llovizna de billetes arrugados. Tenía el maquillaje de un payaso y sobre su frente se apreciaba una pequeña herida roja.

Dijo:

–Vámonos.

Y así, sin siquiera empacar o desmontar la casa, huimos del pueblo de mi infancia.

De vez en cuando vuelvo a Monclova a dar una conferencia o a presentar un libro. Hay ocasiones en que pasamos en auto por la orilla de Ciudad Frontera, de camino a las pozas de Cuatro Ciénegas o a recolectar granadas en el rancho de Mabel y Mario, en Lamadrid. Le digo a Mónica, mientras circulamos por el libramiento Carlos Salinas de Gortari: "Detrás de este aeropuerto transcurrió mi niñez". Ella responde: "Vamos". Yo le digo que no.

6

Salgo del hospital luego de 36 horas de guardia. Mónica pasa por mí. La luz de la vida real me parece tosca, como una leche bronca pulverizada y hecha atmósfera. Mónica dice que está juntando las facturas por si resultan deducibles de impuestos; que mi ex patrón le prometió cubrir, a nombre del instituto de cultura, al menos una parte de los gastos; que Maruca se ha portado bien pero me extraña horrores; que están recién regados el jardín, la ceiba, la jacaranda. No entiendo lo que dice (no logro hacer la conexión) pero respondo sí a todo. Agotamiento. Hacen falta la destreza de un funámbulo y el furor de un desequilibrado para dormitar sobre una silla sin descansabrazos, lejos del muro y muy cerca del reggaetón que trasmite la radio desde la centralita de enfermeras: mírala mírala cómo suda y cómo ella se desnuda ella no sabe que a mí se me partió la tuba.

Una voz dentro de mi cabeza me despertó a mitad de la madrugada. Decía: "No tengas miedo. Nada que sea tuyo viene de ti". Me di un masaje en la nuca y volví a cerrar los ojos: supuse que sería un koan de mercachifles dictado por la adivina Mizada Mohamed desde el televisor encendido en el cuarto de junto. No es la realidad lo que lo vuelve cínico a uno; es esta dificultad para conciliar el sueño en las ciudades.

Llegamos a casa. Mónica abre el portón, encierra el Atos y dice:

–Si quieres, después de almorzar, puedes venir un ratito al jardín para leer y tomar algo de sol.

Desearía burlarme de mi mujer por decir cosas tan cursis. Pero no tengo fuerzas. Además, el sol cae con un *bliss* palpable sobre mis mejillas. Sobre el césped recién regado. Sobre las hojas de la jacaranda… Me derrumbo en la hierba. Maruca, nuestra perra, sale a recibirme haciendo cabriolas. Cierro los ojos. Ser cínico requiere de retórica. Tomar el sol, no.

Luis Felipe Fabre

◆

Autobiografía travesti o mi vida como Dorothy

Había una vez un niño gordo. Un día ese niño se descubre en medio de una cancha de futbol. Todos los demás niños corren de un lado al otro. El niño gordo no sabe qué hacer. El entrenador de la escuela le grita: "¡A ver, tú, güero mantecoso, ve por la pelota!" Y el güero mantecoso, muy amable, muy educado, muy obediente, va por la pelota y se la lleva al entrenador que le grita ya fuera de sus casillas: "¡Así no, imbécil! ¡Con el pie!"

Hubo después un joven solitario como un niño gordo. Ese joven está sentado en la banqueta: fuma, mira la calle desierta, deja que sus pensamientos vaguen como una bolsa de plástico al viento. El futuro no le pinta nada bien: es domingo: mañana tiene que ir a la escuela que tanto detesta. Qué ganas de llorar. Una lágrima. Otra. Y así un rato. Atardece. El alumbrado público ya se ha encendido. El joven mira las farolas y como tiene los ojos empapados puede observar ese fenómeno lumínico que sólo se le concede a quien ha llorado (o a quien sale de una alberca): el halo iridiscente en torno a una fuente de luz. Sí, el arcoíris circundando los focos de las farolas. En un rapto cinematográfico el joven, en plan Dorothy al comienzo de *El Mago de Oz*, se pone a cantar:

Somewhere over the rainbow
way up high,
there's a land that I heard of
once in a lullaby.

Somewhere over the rainbow
skies are blue,
and the dreams that you dare to dream
really do come true...

–¿Tú eres Luis Felipe?

El joven sufre un sobresalto: una mezcla de susto y vergüenza. La vergüenza por haber sido sorprendido canturreando una tonadilla tan comprometedora se disipa en cuanto mira el aspecto del hombre cuya voz (con marcado acento gringo) lo llama. Ya sólo le queda el susto: el hombre en cuestión es un tipo de edad mediana, rechoncho, medio calvo pero el poco cabello que le queda lo lleva largo, barbas igualmente largas, anteojos gruesos y pelo en pecho, enfundado en un disfraz de hada color rosa a todas luces de alquiler y que le queda demasiado ajustado (o quizá no, quizá sólo se trata de un oso metrosexual). El susto hace que el joven se ponga en guardia y se muestre un tanto agresivo, cosa contraria a su habitual dulzura.

–¿Y tú quién eres? ¿El hada buena de los cuentos?

–No, no. No soy el hada de los cuentos –dice el hombre–. Los narradores no necesitan hadas, para eso tienen agentes. No. Yo soy el Hada Queer de los Poemas, aunque soy mejor conocido bajo mi advocación humana: me llamo Allen Ginsberg y mi misión es ayudar a los jóvenes sensibles y de corazón rebelde como tú.

–¿Como yo?

El joven no entiende nada de nada y por demás está decir que nunca en su vida ha oído hablar de Allen Ginsberg.

–Sí, he venido a ayudarte –dice Allen Ginsberg–. Mi mensaje es el siguiente: tú debes adentrarte en el Camino de los Versos donde cada verso es un camino hacia quién sabe dónde.

–¿Qué? ¿Cómo? ¿Para qué? No entiendo...

–Para ver a dónde te lleva. Lo importante es que sigas el verso. El verso es un camino que puede no tener ningún sentido pero que puede darle sentido a una vida. ¿Captas? Tal vez no lleve a ninguna parte pero es un modo de estar en el mundo. Algunas veces hasta podrás agregar tus propias estrofas, otras veces no, pero lo importante es que sigas el verso. Yo he venido a ayudarte a entrar. Aunque el Camino de los Versos empieza, por decir algo, con *La epopeya de Gilgamesh*, en realidad no tiene comienzo ni fin. Así es que uno puede entrar por donde se le antoje. Tú, por ejemplo, puedes entrar a través de mí: ven, entra.

Tras una nube de hielo seco, Allen Ginsberg se transfigura en libro: *Poemas reunidos* de Allen Ginsberg. Ah, el viejo truco del poeta que desaparece en el poema. El hielo seco se disipa. El joven, temeroso, toma el libro y lo abre. Comienza a leer "Aullido", luego "Kaddish", luego "Wichita Vortex Sutra", y así, entusiasmado, poema tras poema, hasta llegar a unos donde francamente le parece que Ginsberg se repite con descaro y sólo se dedica a refritear los hallazgos de su juventud. Cierra el libro: descubre que ya está en el segundo semestre de la universidad. Como si se la hubiera llevado un tornado, lejos, muy lejos quedó la horrible escuela con sus curas, sus balones y sus niños ricos. Tiene ganas de escribir un poema al respecto. Se siente salvado. Pero la aventura del verso apenas comienza. En *El Mago de Oz* éste es el momento en el que Dorothy dice: "Toto, me parece que ya no estamos en Kansas".

***

Pues sí, amiguitos, ese joven era yo antes de tener fans. Miren adónde he venido a dar por seguir el Camino de los Versos: ahora me acosan los paparazzi y mi vida se ha convertido en poco menos que un infierno mediático. Todavía hace un par de años podía ir a los bares y ser un desconocido entre los desconocidos. Precisamente fue allí donde comprendí el sentido pleno de aquella frase que Tennessee Williams dice travestido de Blanche DuBois: "Siempre he confiado en la bondad de los extraños". Pues bien, amiguitos, la bondad de los extraños es uno de los placeres que la fama te arrebata. La fama: esa "sirena atroz", como la definió Sor Juana Inés de la Cruz, diva primerísima. De un tiempo a la fecha, cuando alguien se me acerca con intenciones de ligue ya no sé si lo hace por mí o por mis poemas. Lamentablemente suele ser por mis poemas. Pero en el breve lapso de la duda, mientras confirmo mis sospechas, me permito un poco de ilusión. Lo mismo le pasaba a Sor Juana con las virreinas. Una vez que uno se ha vuelto un poeta famoso ya nunca se puede saber con seguridad si lo que quieren los otros es sexo o es texto.

Al salir de un restaurante (¡flash!) un reportero me aborda con brusquedad.

–¡Luis Felipe, Luis Felipe! ¿Es verdad que estás escribiendo tu autobiografía?

–Sí, en ésas ando... –le respondo, evasivo, al tiempo en que hago gestos desesperados intentando detener alguno de los muchos taxis que pasan, pero es tal mi desesperación que sólo consigo ahuyentarlos.

¡Flash!: ya puedo ver esa imagen publicada en el periódico de mañana: yo gesticulando como un demente.

¡Flash!: ya puedo leer el pie de foto: "El poeta Luis Felipe Fabre a una semana de haber dejado el Rivotril".

–¿Y no te parece un tanto pedante, a tu edad...? –insiste, venenoso, el reportero.

–Bueno, lo de la autobiografía no fue mi idea, ha sido un reclamo de mis fans... Probablemente la vaya a titular *Delirios de grandeza...*

–¿Podrías adelantarnos alguno de los secretos que piensas revelar?

–Ya no tengo secretos: ¡ustedes, los de la prensa, se han encargado de divulgarlos todos!

Finalmente un taxi se detiene.

¡Flash! ¡Flash! ¡Flash!

Si hubiera una foto que me gustaría que me tomaran, ésa sería un retrato realizado por Pierre et Gilles, y no ésta: yo abordando un taxi. Seguramente en esa otra imagen, mucho más artificiosa, se revelaría aquella verdad que en vano intenta captar el fotoperiodista. Sí, me gustaría que Pierre et Gilles me tomaran una foto y pasar a formar parte de su imaginario, junto con los marineros, los santos, las vírgenes, los bandidos orientales y las criaturas mitológicas. Me gustaría que me retrataran recreando alguna escena de *El Mago de Oz*, o, mejor aún, en un falsísimo decorado azteca-kitsch: yo atado en la piedra de los sacrificios aguardando al desconocido que habrá de abrirme en dos con su cuchillo de obsidiana para sacarme el corazón.

El taxista me mira con insistencia por el espejo retrovisor: ¿me querrá sacar el corazón?

Se pone a hablar de poesía. ¡Oh, no! ¡Horror! ¡Me ha reconocido! Su larga perorata puede resumirse en la rabia que le provoca que los poetas contemporáneos no utilicen ni métrica ni rima. En algún momento particulariza: me dice que sinceramente no le parece que lo que yo escribo sea poesía. Le doy la razón, no por seguirle la corriente, sino porque tampoco estoy seguro de que lo que yo escribo lo sea. Cuando finalmente llegamos a la estación de radio donde van a realizarme una (otra) entrevista, se rehúsa a cobrarme el viaje. A cambio me entrega un montón de papeles sueltos que saca quién sabe de dónde. Me dice que él también escribe versos y que le interesaría mucho saber mi opinión.

***

Es raro: de mi vida antes de la poesía tengo recuerdos como si no los tuviera. Es decir, recuerdo muchas cosas pero ninguna sola que me signifique. Es como si fueran los recuerdos de alguien más o como si mi memoria me narrara en tercera persona. Una vida anterior. Tal vez es verdad: un día llegó un tornado llamado Allen Ginsberg y me llevó a otra dimensión. Pero a diferencia de Dorothy yo no quiero regresar a ninguna parte. Aunque acosado por la prensa y torturado por la fama, vivo feliz e idiota entre los munchkins en un jardín de flores de plástico.

Claro que al principio fue difícil. Cuando comencé a escribir a muy pocos les interesaron mis poemas. Llegué a la poesía sin que nadie lo notara. Fue hasta después que se enteraron que había aplastado a la Malvada Bruja del Este. Aunque siempre es así: la única manera de llegar a la poesía es aplastando una bruja. Metafóricamente, por supuesto. Ahora bien, una bruja no es más que una Dorothy envejecida que lleva ya demasiado tiempo con el poder de la palabra y que en vano se ha sometido, como la Tigresa, la Maestra o Michael Jackson, a una larga serie de cirugías estéticas. La cosa funciona así: uno aplasta una bruja y luego debe apoderarse de sus zapatillas de rubí. Hay quienes han querido interpretar este rito como "la angustia de las influencias", otros más lo entienden como una simple contribución individual al relevo generacional. A mí siempre me han gustado los zapatos extravagantes, por lo que no tuve ningún empacho a la hora de calzarme ingenuamente esas zapatillas que aunque se ostentan de rubí en realidad son de diamantina escarlata.

Las zapatillas de rubí, y esto lo descubrí muchos años después porque nadie me lo dijo en su momento, sirven para andar con gracia por las estrofas. Su poder es el poder de la voz cantante: apoderarse de las zapatillas de rubí es tanto como arrebatar el micrófono. Las zapatillas de rubí tienen la capacidad de convertir el

Camino de los Versos en una pasarela. Tendencias van y tendencias vienen pero quien tiene las zapatillas de rubí tiene el glamour. Últimamente se me ha metido en la cabeza la idea de que la poesía sólo recuperará un lugar en el mundo cuando sea capaz de generar moda. Tal vez esto suene de lo más frívolo y sólo sea una lamentable consecuencia de haber estado expuesto al pop desde muy temprana edad, pero por más que le doy vueltas al asunto aún no encuentro otra solución. La idea de la poesía como utopía me resulta demodé: más propia de cantautores que de poetas. ¿Pero acaso Oz no es también una utopía? En fin, en fin... Sé que es posible que un día me caiga una casa encima y alguien más joven se apodere de mis zapatillas, pero mientras tanto hay algunos cambios que quiero hacer. Tampoco se trata de ponernos en plan tétrico. Ah, las zapatillas de rubí: miren cómo resplandecen.

Las zapatillas de rubí, de alguna manera, son la tradición, aunque no exactamente. Las zapatillas de rubí son muchas y toman variadas formas: el medallón de Sor Juana, la mortaja de John Donne, la corbata torcida de Rimbaud. Cuando un poeta menor pretende calzar las zapatillas de un poeta mayor es cuando se dice: "Le quedaron grandes los zapatos". Porque las zapatillas de rubí, por sí mismas, no garantizan nada, eso depende del talento de cada quien. El talento, a diferencia de las zapatillas, no se puede heredar ni robar. En poesía, como saben, siempre es mejor robar que heredar, es decir, tomar por asalto: de eso se trata precisamente todo el asunto de las zapatillas de rubí.

Ahora bien, uno no puede aplastar una bruja y robarle sus zapatillas sin ganarse por ello algunos enemigos. Las brujas aplastadas suelen tener hermanas, primas y protegidas que naturalmente se sienten agraviadas. Para comprobarlo tecleo mi nombre y me busco en Google: es sorprendente lo que uno puede descubrir de sí mismo navegando en la red. Páginas y páginas de fans (a los que cariñosamente he llamado munchkins), en las que no me detendré, y páginas y páginas de detractores que honesta y sinceramente me detestan. A mis detractores los he agrupado bajo el nombre y la figura de la Malvada Bruja del Oeste, es decir, la hermana de la Malvada Bruja del Este previamente aplastada.

En sus escritos, críticas, reseñas, *posts*, la Malvada Bruja del Oeste, que de un tiempo a esta fecha quiere hacerse pasar por buena, pura y profunda como el agua embotellada, me tacha de frívolo, me acusa de vampirizar a los clásicos y de prostituir el verso, argumenta que mis poemas son paradigmas de la nadería y la trivialidad, y me adjudica cierta complicidad con un oscuro proyecto que tiene como fin peruanizar la poesía mexicana. Según su punto de vista, como dice la canción, yo soy la mala. Es posible. Aunque aparentemente me haya adjudicado el papel del bueno, es decir, el de Dorothy, los malos de los cuentos siempre me han caído mejor. Digamos que, en ese sentido, pertenezco al linaje de las brujas de *Macbeth*: "lo horrible es hermoso" es nuestro lema. Y dado que la Malvada Bruja del Este ha sido aplastada y la Malvada Bruja del Oeste se ha convertido al Bien, el puesto de villano está vacante: yo lo acepto encantado. Por otra parte, sería demasiado reduccionista adjudicar su encono tan sólo al duelo (en el fondo odiaba a su hermana) o a la envidia (totalmente comprensible). No, la Malvada Bruja del Oeste, como buena conversa, está llena de firmes convicciones y ejerce enérgicamente su derecho a defenderlas.

Sé que además de ridícula, la poesía es inexplicable, salvaje, mágica. Pero ante ciertas ideas como aquella que sostiene que la poesía le debe dar un sentido más puro a las palabras de la tribu, prefiero poner mi disco de The Velvet Underground y bailar solo. O ante Paul Valéry, de quien la Malvada Bruja del Oeste es la más ferviente lectora. Defensora de la pureza, adoradora del silencio, esforzadamente profunda, la Malvada Bruja del Oeste ha querido convertir a la poesía en un arte para mojigatos al confundirla con "La Verdad" y, peor aún, con "El Bien". ¡Moralismos y puritanismos autocondescendientes! Frente a la falsificación de lo profundo prefiero la superficialidad descarada. No soporto cuando muy complacida sostiene que la poesía no vende porque no se vende (y pensar que yo mismo sostenía esas tonterías hace algunos años: ¿estaré envejeciendo?, ¿el éxito me habrá cambiado?). Que la poesía, a diferencia de otras artes que han sido validadas por el mercado, no haya podido convertirse en mercancía no es la prueba de una superioridad moral que, además, a mí tampoco me interesa. De todos modos no es mi caso: mis libros se venden de maravilla. Estoy pensando en comprarme un yate.

***

Siguiendo el Camino de los Versos un día llegué a Poetilandia: un lugar ridículo. Y cuando digo Poetilandia no me refiero únicamente a ese pequeño mundo paralelo donde los poetas van a las fiestas de otros poetas para luego írselo a contar a otros poetas, sino también a un lugar concreto: una cafetería-librería que no se llama así pero a la que en este texto he tenido que cambiarle el nombre por recomendación de mis abogados. Poetilandia, además, le viene mejor que su nombre original. Y yo llegué a ambos sitios al mismo tiempo: al mundo de los poetas y al café. Tenía diecinueve años y aún no sabía el poder poético que acarrea estar en posesión de las zapatillas de rubí.

Me había quedado de ver en Poetilandia con una compañera de la universidad. El menú era terrible, no sólo por la comida, sino porque todos los platillos llevaban nombres de poetas. A mí ni siquiera a los diecinueve años me gustaba Jaime Sabines, pero como aquel día tenía antojo de una baguette de jamón serrano, me vi en la penosa situación de tener que pedir una "Jaime Sabines" sin jitomate. Y un capuchino. Mi amiga eligió las crepas "Mario Benedetti" con plátano y cajeta: empalagosísimas como era de esperarse. Al menos no vi en el menú ningún platillo que ostentara el nombre de alguno de mis poetas preferidos. Hubiera sido tristísimo encontrar un sándwich "San Juan de la Cruz". Ya me lo puedo imaginar: pan de centeno relleno de Nada servido sobre un prado de verduras en un plato de flores esmaltado. A veces, para torturarme, me pregunto si no habrá ya una pizza con mi nombre. Me han llegado algunos rumores que hablan de alcachofas y carne molida. No me atrevo a ir y averiguarlo por mí mismo. Tendré que mandar a mis abogados a investigar.

Pero la cosa no paraba en el menú: los manteles, muy *ad hoc*, eran de papel revolución y llevaban impresos los peores poemas de los mejores poetas universales y los mejores poemas de los peores poetas locales. Estos últimos, sospecho, amigos y consejeros del dueño. Todo esto yo aún no lo sabía pues no estaba leyendo sino platicando muy tranquilamente con mi amiga. Entonces escuché dentro de mí una voz que decía o más bien tarareaba: "Sigue el Camino de los Versos, sigue el Camino de los Versos". Así es que me puse a leer los poemas que estaban frente a mí. Me parecieron patéticos y me dio pereza seguir. Pero dentro de mí la voz insistía: "Sigue el Camino de los Versos, sigue el Camino de los Versos". Así es que giré el mantel para leer los poemas que estaban del otro lado, pero con tal torpeza que (¡horror, horror!) mi capuchino cayó de la mesa y dio justo a los pies del hombre sentado en la mesa de junto, derramándose sobre sus botas de gamuza beige (¿cómo olvidarlas?)

Aunque se mojó un poco, el hombre no se derritió: una prueba contundente de que no se trataba de la Malvada Bruja del Oeste. Pero ciertamente esas botas de gamuza beige eran una sobria y fiera versión de las zapatillas de rubí. Lo descubrí pocos segundos después: mi vergüenza y mi nerviosismo se convirtieron en pánico irracional cuando vi el rostro del hombre de las botas que yo creí haber arruinado: ya había visto ese rostro en la solapa de un libro, *Errar*, que me traía vuelto loco. Sí, el rostro del hombre de las botas de gamuza beige era el rostro de un poeta al que admiraba y el de un crítico al que temía: era el rostro de Eduardo Milán, que me parecía ahora el representante de todos los poetas y su rostro el rostro de la furia. Pensé: Eduardo Milán va acabar conmigo: hasta aquí llegué: ¡mi carrera literaria quedará por siempre trunca! Comencé a hiperventilar (aún no conocía la táctica de respirar en una bolsa de papel que tan buenos resultados me ha dado en ocasiones posteriores). Quería pedir disculpas pero las palabras se me atoraban. Quería pedir ayuda. Lo único que pude hacer fue salir corriendo de Poetilandia: exiliado para siempre del mundo de los poetas y condenado a vagar sin rima ni metáfora en la literalidad más deprimente.

Me lamentaba: ¡la poesía me ha tendido una trampa: por seguir el Camino de los Versos he ido a dar al abismo de los anónimos inéditos del que no podré salir nunca! Pero, como casi siempre, estaba equivocado: el Camino de los Versos, a través de esos poemas horribles, me llevó justo a donde debía: Eduardo Milán ha sido una presencia importantísima en mi vida. ¿Cómo fue, entonces, que unos poemas horribles, un capuchino derramado y unas botas de gamuza beige dieron paso a una amistad que dura ya más de quince años? Es una larga historia, pero afortunadamente existe ese recurso literario llamado elipsis que pienso poner en práctica en este momento. Diré solamente que Eduardo Milán me introdujo al mundo de los poetas y me abrió puertas que finalmente me han conducido al éxito y la fama. Pero también me enseñó a utilizar críticamente el poder de las zapatillas de rubí y, sobre todo, supo ver en mí lo que yo no podía ver, y al verlo me dio lo que yo no sabía que siempre tuve: talento para hacer versitos. Algo así como lo que hace el Mago de Oz cuando les concede al Espantapájaros, al Hombre de Hojalata y al León lo que ellos buscaban sin saber que ya tenían. Llámense corazón, mente, valor o talento para hacer versitos, hay cosas de nosotros mismos que sólo podemos realmente poseer a través de otro: así de cursi, ni modo. O tal vez la poesía es algo que se transmite: tal vez no bastan ni el talento para hacer versitos ni las zapatillas de rubí sino que es necesario que un poeta te diga que eres un poeta para que puedas, en verdad, convertirte en uno. Quién sabe. El caso es que Eduardo Milán fue para mí un Mago de Oz. Claro que en este relato los papeles son inestables y quien en un momento dado personifica al León al párrafo siguiente puede devenir Dorothy. Fin de la moraleja.

***

Hay dos tipos de autobiografías: las que quieren confesar algo y las que quieren defender algo. A mí las confesiones nomás no me laten: tienen, en el fondo, un dejo católico que me resulta desagradable. Prefiero el chisme. Hay cosas de uno mismo que quedan mejor contadas por otros. Y para revelar mis secretos ya están los paparazzi que me espían noche y día.

Las autobiografías que quieren defender algo me parecen más adecuadas para las personas que, como yo, aún no desean situarse en el extremo final de su vida. Es decir, la autobiografía no como un recuento de algo por lo que todavía no se puede sentir nostalgia, sino como un arma para una batalla que todavía se está librando. La "Respuesta a Sor Filotea" sería uno de los más altos ejemplos de este tipo de artefacto autobiográfico. Supongo que dado lo reduccionista del miniabanico de posibilidades que tracé, sólo me queda esta opción. Pero he aquí otro problema: ¿defender qué?

—Ni se te ocurra decir nada que te comprometa —me advirtió Pablo Soler—. Uno nunca sabe... Mejor habla de las cosas, de los objetos, del jabón como Francis Ponge.

A mí Francis Ponge me aburre una enormidad, pero le propuse a Pablo que fuera mi *ghostwriter*. Pablo aceptó divertido. A lo mejor pensó que se lo decía de broma. Pero no, durante unos instantes contemplé seriamente esa opción: me pareció de lo más glamoroso que un novelista de la talla de Pablo escribiera mi autobiografía. Una autobiografía travesti. Un gesto de estrella de cine o de rock o de la política. Si lo hacen ellos, ¿por qué no lo haría una *poetry star*?

Además, la verdad es que odio escribir. Prefiero ver la tele. O más bien: amo escribir pero odio intentarlo. Cada vez que intento escribir es como si no lo hubiera hecho nunca: no sé cómo se hace. Vivo en un bloqueo permanente interrumpido muy de vez en cuando por algún poema. He pasado por larguísimos silencios. De los 23 a los 26 años, por ejemplo, no escribí nada. Y con todo ese mito de que la poesía es flor de juventud lle-gué a pensar que nunca más volvería escribir un verso. Pero siempre recaigo. Ya me angustio menos. En resu-men: me la paso viendo la tele sintiéndome culpable por no estar escribiendo. Como verán, amiguitos, mi vida es lamentable. Y haría falta un talento narrativo como el de Pablo para dotarla de algún interés. Pero a las ocho de la noche empiezan *Los Simpson*.

Tener a Pablo Soler de *ghostwriter* me hubiera encan-tado. Y si las cosas salían mal y descubrían la impostura siempre podríamos justificarnos argumentando que se trataba de una gracejada tipo arte conceptual, que en el fondo toda autobiografía es una impostura y luego citar a Rimbaud con aquello de "yo es otro". Un plan perfecto. ¿Por qué, entonces, opté finalmente por po-nerme a escribir estas páginas y hacer el ridículo? Por vanidad. No hubiera resistido que alguien me dijera que mi autobiografía es lo mejor que he escrito.

–¿Y cómo te gustaría que fuera tu autobiografía? –me pregunta Pablo.

–No sé... Hay unas fotografías estupendas que Annie Leibovitz hizo para *Vogue* hace dos o tres años: son una suerte de relectura de *El Mago de Oz*. Algo así es lo que quisiera.

***

Hay una escena de *El Mago de Oz* que me gusta parti-cularmente: la Malvada Bruja del Oeste ha hecho des-aparecer el Camino Amarillo que conduce a la Ciudad Esmeralda haciendo brotar un prado instantáneo de amapolas rojas. Dorothy, el Espantapájaros, el Hombre de Hojalata y el León, cruzan el prado bajo un cielo de un azul imposible. El perfume hechizante de las amapolas anestesia a Dorothy y al León que se echan a dormir. Entonces la Bruja hace nevar. La imagen es bellísima e inquietante y encierra un peligro: que nunca sean capaces de llegar a la Ciudad Esmeralda.

Más allá de las alegorías narcóticas que claramente ostentan las amapolas y la nieve (que, en ese contexto y proviniendo de una bruja, resulta difícil no asociar con la "caspa del diablo") es posible extraer de la escena algo que denominaré como el Síndrome del Prado de Amapolas: el peligro de quedarse dormido en la belleza. Y por esto entiéndase tanto una posición estética como una situación vital. Ni a mi amiga María ni a mí nos gusta sentarnos a escribir: somos un par de comodinos y fácilmente podríamos quedarnos a vivir en el prado de amapolas sin jamás volvernos a preocupar por llegar a la Ciudad Esmeralda. Por Ciudad Esmeralda entiéndase aquí el libro o el poema que nos gustaría escribir. Lo peor es que probablemente seríamos muy felices allí, bajo la hermosa nieve.

Tardé en percatarme de que éramos el uno para el otro. Al principio me cayó mal. Nos conocimos hace muchos años, antes de que llegara la fama como una avalancha, en una lectura de poesía. Sólo éramos ella y yo y tres o cuatro personas de público (incluyendo a los organizadores). María me advirtió que ella siempre lee al último. Yo leí primero y perdí para siempre. Tuvieron que pasar muchos pleitos y muchas fiestas para que nos convirtiéramos en los amigos que somos. Contrario a lo que podría pensarse, la poesía no sólo no es un oficio solitario, sino que es una espléndida manera de conocer gente. A mis amores y a mis amigos los he encontrado en el Camino de los Versos.

Para María había pensado, en un principio, el papel de la Malvada Bruja del Oeste debido a su leyenda negra. Realmente es una maravilla pero tiene un carácter, digamos, belicoso. "Tú eres María Furia", le dijo una vez un joven poeta. "Y las cuentas de tu collar son las uvas de la ira", completó otro. Como el centro cultural donde trabajaba está situado en la Avenida Álvaro Obregón otro más le dijo: "Tú eres María Medusa y las estatuas del camellón son las personas que han venido a verte a tu oficina". En fin, como se ve, era perfecta para el papel. Pero lo rechazó amenazante. No he querido correr riesgos innecesarios, así es que finalmente decidí poner a mis enemigos, como ya todos saben, en el papel de la Malvada Bruja del Oeste. Y a María como el Hombre de Hojalata. Esta decisión tiene como coartada unos versos que funcionan como estribillo en un hermoso poema suyo: "No tengo corazón para las cosas / felices de este mundo..." El Hombre de Hojalata perfectamente podría ir tarareando esos versos por el Camino Amarillo. Aunque a decir verdad, en el fondo, todos por acá somos brujas.

A manera de antídoto contra el Síndrome del Prado de Amapolas, María y yo comenzamos a leernos por teléfono los peores poemas que encontrábamos en la red, que es una mina inagotable de malos versos. Pero con el paso del tiempo el antídoto perdió su efecto y se convirtió en un nuevo prado. Nos llamamos de madrugada, antes de dormir. Y nos ponemos a leer. No nos interesan los poemas buenos: nunca nos llamaríamos para decirnos "mira qué gran poema he encontrado". No. Y los poemas mediocres nos ponen melancólicos. Sólo nos complacemos con los peores. Con los tan estruendosamente malos que nos hacen reír a carcajadas. A veces me pregunto si volveré a ser capaz algún día de leer a los poetas que solían gustarme. Si algún día volveré a leer a Arnault Daniel, a Villon, a San Juan de la Cruz, a Lee Masters, a Eliot, a Donne. ¿O será que la poesía cada día me parece más imposible y sólo puedo adorarla a través de lo que "no es" en una suerte de vía negativa? Noche a noche María Furia y yo repetimos nuestra telefónica misa negra. Sí, "lo horrible es hermoso": somos de la estirpe de las brujas de *Macbeth*. Y de madrugada nos carcajeamos leyendo poemas espantosos hasta que agotados de tanto reírnos nos despedimos. Colgamos. Y nos quedamos dormidos. Como en un prado de amapolas sobre el que comienza a nevar.

***

En algún sitio Juan Carlos escribió: "Un cuerpo con un nombre: amor. Un cuerpo con nombre y apellido: poder. Un cuerpo sin nombre: instinto." Por eso lo llamo así, sin apellido: Juan Carlos. Estuve loco por él. Ahora, muchas lágrimas después, existe entre nosotros, como diría Marguerite Yourcenar (intenté consolarme leyendo *Fuegos* luego de que cortamos), algo mejor que un amor: una complicidad. Somos como viejos amantes que se siguen reuniendo para cenar una vez por semana. *Flashback*: 1994: es la primera vez que leo un poema suyo. Aparece publicado en *Viceversa*. Me deslumbra. Lo quiero conocer. Nueve años después María Furia me lo presenta. ¡Ah, qué largo y sinuoso pude ser a veces el Camino de los Versos! Una vez una amiga me dijo: "Tu problema es que tú te puedes enamorar de alguien por culpa de una estrofa". Más o menos. La poesía es para mí un afecto. Y Juan Carlos me parece uno de los mejores poetas de Oz. Claro que además tiene otras cositas que hacen que uno lo quiera. Lo cierto es que confío en él y cuando tengo dudas graves sobre algo que estoy escribiendo es a él a quien pido consejo.

Hemos quedado de vernos para comer en un restaurante de la colonia Roma. Elegimos una mesa al aire libre frente a la Plaza Luis Cabrera. Es un día espléndido. Algunos comensales nos reconocen (a mí más que a él) y se acercan a pedirnos autógrafos. Como no traen nuestros libros ("No sabíamos que nos los íbamos a encontrar", se justifican) estampamos nuestras firmas en servilletas de papel. Le cuento que estoy escribiendo mi autobiografía. La idea le divierte hasta que le advierto que él aparecerá en algún momento. Juan Carlos se ruboriza y entre risas de horror me pide que no lo haga. Espero que no haya estado hablando en serio. "Bueno, no sé...", le digo para calmarlo: "La verdad es que me está costando mucho trabajo y al final no sé si vaya a lograrlo". Entonces el cielo se oscurece.

Zopilote, buitre, cuervo, urraca: la Malvada Bruja del Oeste, montada en su escoba, planea sobre nuestras cabezas como un ave de mal agüero. Su risa reverbera espeluznante en nuestros oídos. Desde mucho tiempo antes que a Raúl Zurita se le ocurriera escribir un poema en el cielo, la Malvada Bruja del Oeste ya utilizaba el firmamento como página: véase si no la película de 1939: hay que reconocerle que de joven incursionó en la vanguardia. En esta ocasión, usando como tinta humo negro, escribe: "Ríndete Fabre": ¡un pentasílabo perfecto!

Juan Carlos me toma de la mano. No, no me rendiré: ¡aún traigo puestas las zapatillas de rubí! La nube negra pasa y el sol reaparece. Como si ya ante nosotros adivináramos la Ciudad Esmeralda (y no la Plaza Luis Cabrera), Juan Carlos y yo volvemos a hablar con entusiasmo de nuestros proyectos. Para desviar el tema de mi autobiografía, le cuento que tengo muchas ganas de hacer un libro al que titularé *Divas*: una recopilación de todos los poemas que he escrito sobre mujeres y travestis. Le confieso: "A mí me hubiera gustado ser como Warhol, Almodóvar o Fassbinder para tener mi propia *troupe* de estrellas. Tal vez por eso luego me da por escribir poemas que son como guiones para cine o cabaret. Me encantaría que así como hay 'chicas Almodóvar' hubiera 'chicas Fabre'." Juan Carlos me cuenta que está planeando hacer un documental sobre travestis viejas: ésas acabadísimas que ya nadie contrata y que tienen que coser los trajes de las travestis jóvenes para ganarse unos cuantos pesos. Le digo que con esas reinas en decadencia debería montar algunas escenas del *Rey Lear* e incluirlas en el documental. Especialmente esos parlamentos donde Lear, despojado de todo y expuesto a las fuerzas de la naturaleza, hace una apología de lo superficial. De hecho, le digo, el documental debería llamarse *Queen Lear*.

En algún sitio Juan Carlos escribió: "Cuando uno es 'otro', pero sobre todo 'otra', es uno mismo de manera más intensa, aquello que la propia imaginación y el sueño nos pueden dar. Narciso se asoma al espejo de agua y se enamora de las posibilidades del rostro. Es una demolición del ego por la vanidad. Lo profundo parece superfluo. La frivolidad, otra vez, es una distancia crítica". Aunque también puntualiza: "Si yo me travistiera haría un mal travesti: sería un ideólogo. El travestismo es, más que nada, una pasión estética". ¿Ha llegado ese momento del show en el que el travesti se quita la peluca? De esas casi fantásticas criaturas hechas de carne y tela me interesan las posibilidades transgresoras de la superficialidad más radical y su capacidad para desquiciar la realidad. No obstante, y aunque a ustedes les consta lo mucho que me he esforzado en estas páginas, creo que yo también haría un mal travesti: por nada del mundo me rasuraría la barba: me gusta raspar.

Juan Carlos y yo nos damos un beso: ¡Flash!

***

Al final de *El Mago de Oz*, ya de regreso en Kansas, Dorothy abre los ojos y reconoce en los granjeros que la rodean los rasgos del Espantapájaros, el Hombre de Hojalata y el León.

Dice Dorothy: "¡Estuve en un lugar maravilloso y allí estabas tú... y tú... y tú...!"

El momento en el que uno abre los ojos y ve qué hay y qué no hay. Pero también: el momento en el que uno reconoce a sus compañeros de ruta. Dentro y fuera. Por la pantalla del cine desfilan los créditos: "Agradezco a todos los amigos que aceptaron participar en este proyecto".

Me urge ya terminar estas páginas para irme con ellos: quiero salir, beber, ligar.

¡Flash!: Eduardo Milán, María Furia, Juan Carlos y yo paseando por un camino de ladrillos amarillos: a ambos lados se extiende un prado rojo de amapolas bajo un cielo tan azul que parece artificial. Delante de nosotros: la Ciudad Esmeralda.

¡Flash!: Eduardo Milán, María Furia, Juan Carlos y yo paseando por el Camino de los Versos, buscando, cada uno a su manera, cada uno como puede, unas cuantas palabras que nos sirvan para algo más que vivir.

Pero no hay más.

Y sin embargo, el Camino de los Versos no tiene comienzo ni tiene fin.

Y sin embargo, la poesía, que no tiene sentido, puede darle sentido a una vida.

Pero no hay más.

O quién sabe.

Delante se alza la Ciudad Esmeralda: el momento en el que uno abre los ojos sin que aún la luz haya borrado del todo las imágenes del sueño.

Socorro Venegas

◆

Todos mis secretos

I'll tell you all my secrets,
but I lie about my past.
Tom Waits

No recuerdo ningún golpe. ¿Me empujaban o el puñetazo llegaba limpio, sin aviso? Tampoco recuerdo qué podía haber hecho yo para provocar la ira de esas niñas. Era yo, y todas las demás. Yo, que no hablaba con nadie porque no tenía nada que decirles. Ni siquiera intentaba jugar con ellas. Sólo me gustaban dos cosas del Jardín de Niños: el árbol, un laurel formidable en el centro del patio, y el piano. ¿En qué momento ocurrían esas peleas que me dejaban con el uniforme blanco manchado de la sangre que me salía de la nariz? Mi madre me ponía unas regañizas tremendas, finalizaba diciendo: "Mete las manos, defiéndete, mete las manos".

Se avecinaba el final de esos tres años de *kínder*. Comenzaron los ensayos para bailar un vals en la ceremonia de clausura. Mientras las niñas rodeaban a Pepe y lo jaloneaban porque todas lo querían de pareja, yo miraba sentada desde una banca y pensaba: "Tengo que recordar este momento, ¿eso es el amor? ¿Quién me lo dirá?"

Me tocó de compañero el niño más alto del grupo. Se llamaba Andrés y recuerdo muy bien su cara. Al pobre Andrés lo tenían ensayando tiempo extra conmigo porque no nos salía uno de los pasos, era una especie de vuelta de la que no salíamos airosos. Sus manitas sudaban. Total que la maestra se hartó porque no funcionábamos. Fue un verdadero alivio que nos abandonara a nuestra suerte.

Mi madre tenía planes para ese último día, mi graduación del *kínder*. Decidió meter las manos por mí. Se dedicó en cuerpo y alma a hacer mi vestido. La noche anterior me cepilló el cabello largo y lacio, y enredó pacientemente los mechones en unos "huesitos", esos aparatitos de color rosa para hacer caireles.

Al día siguiente estaba convertida en una princesa, con un vestido largo, zapatos nuevos y caireles (¡yo que siempre traía unas colitas o unas trenzas!). El colmo de la felicidad fue que mi madre sacó de su joyero un collar que me encantaba: tenía una cadena dorada y una mariposa blanca. Me lo puso.

Durante la ceremonia me tomó muchas fotos, y al finalizar me dijo: "¡Fuiste la niña más bonita de todas!" Aún lo dice, cada vez que saca el álbum de fotos familiar.

Eso era importante para mi madre, el aspecto. Las cosas rara vez eran como ella quería. Me regañaba porque mis muñecas estaban en mal estado, porque ningún juguete sobrevivía a mi imaginación. Me decía: "Cómo no eres como tu prima Albita. Mira, ella tiene todas sus muñecas arregladas, no les saca los ojos, no les quema el cabello..." "Aprende de tu prima Albita, no juega futbol con los niños, se queda sentadita donde su mamá le dice." En casa había otros reproches: "Cómo no eres como el esposo de X, él no se desaparece, no bebe, no engaña a su mujer con otras..."

La primera vez que me casé, mi madre me confesó que siempre había creído que yo no estaba destinada a la vida conyugal. "Estabas muy chiquita –contaba– cuando comenzaste a decirme que de grande ibas a tener un hijo y que comprarías dos platitos, dos tacitas y dos cucharitas para él y para ti. Te pregunté por tu esposo. No hay esposo, me respondiste."

Cómo le asombró que yo hubiera elegido para casarme a un hombre que no se desaparecía y no me engañaba, y cuando bebía lo hacía responsablemente. Era su sueño hecho realidad.

Esta foto: hay seis niños sentados sobre el pasto. Es un jardín público. Atrás se mira el Palacio de Cortés, en Cuernavaca.

Son mis dos hermanos: Ricardo y Gabriel. Y nuestras tres amigas-vecinas: Leti, Libia y Laura. Me toca estar sentada junto a Leti, somos las mayores. Ricardo saca la lengua, enojado, desde entonces muy enojado. Y eso que la vida apenas empezaba a darle razones para estarlo. A un ladito suyo, Gabriel tiene cara de haber llorado hace poco. Una cara triste. Está calvo, es por la quimioterapia.

Nosotros, los dos hermanos sanos, no sabíamos muy bien de qué se trataba su enfermedad. Y no recuerdo haber preguntado nunca qué tenía. Una noche mis papás salieron corriendo de la casa para llevarlo al hospital porque comenzó a vomitar sangre. Los relojes, sin que lo supiéramos, comenzaron una nueva cuenta, tic tac, tic tac, cuánto tiempo vivirá, los relojes y los doctores, ¿quién ganará?

Le diagnosticaron leucemia y pronosticaron unos meses de vida. Él tenía entonces cuatro años. Ricardo, cinco. Yo, seis.

No estoy segura de que haya sido un triunfo de mi hermano haber rebasado con creces la predicción de los doctores. No estoy segura de que a alguien le sirvan para algo esas experiencias dolorosas. Salvador Millán, mi buen amigo psicoanalista, me dijo con ternura que el dolor nos enseña cosas. Le respondí sin ternura que esa experiencia, la de ver a un niño degradarse y perder el cuerpo y la vida poco a poco, no tiene nada que enseñar ni le sirve a nadie. Dijo que iba a pensarlo.

Con la enfermedad de mi hermano, la vida de todos en casa cambió, pero la de Gabriel fue radicalmente otra: en lugar de ir a la escuela ingresó a un hospital. Largos días. Mis papás iban y venían de Cuernavaca a la ciudad de México, tenían pases de visita, hacían cuentas, al gasto familiar ahora se sumaban esos viajes. A veces nos llevaban a verlo: lo único que veíamos de él era una manita lejana, saludando, allá arriba en una ventana del Hospital 20 de Noviembre.

Lo mantenían en el hospital largas temporadas y cuando lo daban de alta y volvía a casa era como un viajero que venía de sitios remotos. Desconocíamos a ese niño flaco y calvo que nos mostraba sin pudor los largos caminos de las agujas en su cuerpo. Usaba pantuflas y doblaba sus pijamas, guardaba sus juguetes con gran sentido del orden. Todos esos rituales enseñados por las trabajadoras sociales en aquel otro lugar donde vivía.

Para recibirlo, nosotros le preparábamos juegos especiales: muy en especial el del tesoro. Enterrábamos cosas y hacíamos mapas para que él las encontrara. Gravitábamos a su alrededor, lo acompañábamos en su recorrido de estrella fugaz, asombrados, siempre asombrados ante algo que se nos escapaba, que no comprendíamos. Su enfermedad.

Un día nos llevaron a visitarlo de veras. Habían conseguido que una enfermera nos pasara de contrabando; es que Gabi preguntaba tanto por sus hermanos, quería verlos. Y allá fuimos.

Fue como entrar a una cámara de tortura donde las víctimas son niños que ya no saben llorar. Tal vez habían descubierto que eso no los sacaría de allí. Mi mamá trató de llevarnos directamente al cuarto de Gabi, pero yo me detuve en otro, donde vi a una niña cubierta de tubos y aparatos. Estaba dormida. Es Lucía, dijo mi madre, es una amiga de tu hermano.

Mi hermano, Luis Gabriel Venegas Pérez, murió a los nueve años. En abril.

Y Libia y Laura, las niñas de la foto, murieron ya adultas, pero hace sólo un par de años. A Libi le disparó su novio. Laura, unos días después, se cayó de la azotea de su casa y se desnucó.

Gabriel murió lejos y solo. Quisiera que esto sonara al parte de guerra que da cuenta del fin de un combatiente. Así fue. La guerra le había quitado ya la visión de un ojo, también le había prodigado mucho dolor. Lo había vencido. Vivía sus últimos días en casa, delgadísimo, calvo, con el ojo perdido hinchadísimo. Nada que hacer. Pero mi madre no podía dejarlo ir. Lo cargó, lo llevó al hospital de nuevo. Allá tuvo que dejarlo solo, mi padre pasaba por una de esas temporadas en que desaparecía, así que ella regresó para asegurarse de que tuviéramos de comer. Cuando volvió al hospital, le dijeron que su hijo acababa de morir. Se lo dijo, mal, una enfermera estúpida, insensible. Mi madre abrazó a su niño, su cuerpo aún estaba tibio. Y conoció una de las formas de la locura, un dolor que no se asemeja a nada, que nadie debería conocer.

A mi hermano lo velaron en la casa. Su féretro ocupaba el centro de la sala, la ventanita abierta por la que se podía mirar su rostro. Me acerqué a verlo, tenía tapones de algodón en la nariz y en los oídos. Igual que Lucía. Sí, su amiga murió antes que él y mi papá me había llevado al funeral. Ser la hija mayor me daba esos privilegios: mi padre pensó que a mis once años estaba lista para mirar cara a cara a un muerto.

Por más que mire esta fotografía, que me asome a esos rostros lejanos y al mismo tiempo amados, no van a revelarme nada.

La muerte de Gabriel nos dejó, a Ricardo y a mí, huérfanos. Mi madre no podía estar en casa porque decía que le daban ganas de salir corriendo, y se buscó un trabajo. Mi padre atendía el suyo, como empleado del gobierno. Aprendimos a calentar la comida y a arreglárnoslas solos, al menos hasta que ellos aparecían.

Para colmo de males se descompuso la televisión, y mi padre consideró que si estábamos de duelo no era buena idea arreglarla. Y eso, que parecía una calamidad, fue mi salvación. Vino un tío de visita y olvidó una novela que estaba leyendo. Yo, aburrida, comencé a hojearla y no la pude soltar. Era la historia de amor entre la hija de un comerciante en sedas y el emperador francés, Napoleón. Lloré al terminar de leerla, estaba convencida de que el amor verdadero tenía que ser imposible, inalcanzable.

Me di cuenta de que en mi casa había muchos libros: enciclopedias y diccionarios. Exploré lo que había, leí mitología griega y finalmente encallé en una biografía de Abraham Lincoln. No había más, así que la leí varias veces, pregúntenme lo que quieran sobre la batalla del Potomac.

Estudiaba la secundaria cuando hice un intercambio con mis compañeras: me prestaban los libros que encontraban en sus casas y yo les contaba de qué se trataban. Ellas no perdían el tiempo leyendo, ya tenían novio, y yo era la atolondrada que prefería irse corriendo a su casa a leer. Les divertía cómo les contaba las historias y así fue que leí desde novelas de Corín Tellado (q.e.p.d.) hasta *Cien años de soledad* o *El hombre invisible*. También leí revistas de ovnis. Mucha paja, pero gracias a esa paja encontré una compañía que nunca me ha fallado.

Un día, en una revista de rock, leí algo que me pareció asombroso. Un cantante de rock citaba el *Nocturno mar* de Xavier Villaurrutia.

En el primer taller literario al que asistí conocí al joven poeta que me dio mi primer beso. Cuando se lo dije, no me creyó. Pero era cierto, aunque yo ya tenía la escandalosa edad de diecisiete años y a esas alturas todas mis amigas habían besado a más de un príncipe o sapo. El poeta y yo nos escribíamos cartas, él tomaba café y yo té negro. Él fumaba, yo nunca pude adquirir ese vicio. A la distancia, se siente como si hubiéramos pasado más tiempo del que en verdad tuvimos. En aquellos días me gustaba mucho salir a caminar sola, por una avenida poco transitada –y entonces segura–, que desembocaba en una iglesia pequeña. Me gustaba andar por ahí, a veces bajo la lluvia. También visitaba cementerios, aunque nunca aquel donde estaba mi hermano. Y muchas veces, cuando regresaba a mi casa después de mis largos paseos, ya estaba él esperándome, recargado en la oscuridad de un edificio. Lo primero que veía era la chispa de su cigarro, luego su silueta, su cabello largo. Algunas veces yo llegaba tarde a propósito. Deliberadamente me quedaba en algún café leyendo, aun cuando sabía que me esperaba. Sentía tanto amor como miedo... la verdad es que no sabía cómo estar con él.

Durante un par de años estudié Sociología en la UAM Xochimilco. No me gustaba, la mayoría de los estudiantes tenían proyectos descabellados sobre cómo ir a salvar indígenas a los montes de México. No me extrañó nada que los rumores acerca del Subcomandante Marcos indicaran que había estudiado o sido maestro de la UAM. Yo no quería salvar a nadie, conmigo misma tenía mucho quehacer. Al fin me cambié a Ciencias de la Comunicación. Nunca me decidí a mudarme al D.F., así que a diario tomaba un autobús de Cuernavaca hacia allá y por las tardes o noches volvía a casa. Además, *El Universal* creó su edición Morelos y me ofrecieron ser corresponsal de la sección de cultura.

Viajaba, hacía tareas en el autobús, iba a clases, entrevistaba a los artistas y a los escritores de Morelos que en aquella época eran casi siempre Javier Sicilia y Juan Carvajal; escribía por las tardes en la redacción del periódico, estudiaba en las noches, dormía muy poco, tomaba el autobús cuando el cielo aún estaba oscuro y contemplaba el amanecer por la ventanilla. A veces me escapaba a la Facultad de Filosofía y Letras de la UNAM para colarme al taller de Juan Villoro. Ahí hice tres excelentes amigos tabasqueños, mis mosqueteros; al terminar el taller de Villoro, de noche, tenían la caballerosidad de acompañarme hasta la terminal de autobuses en Taxqueña. Esperaban a que abordara y alguna vez, incluso, agitaron pañuelos blancos en el andén. Los tabasqueños me presentaron la poesía del gran José Carlos Becerra, y los cuentos que escribí entonces querían tener algo de esa poesía.

Fue una época muy feliz, todo palpitaba a mi alrededor. Todo me interesaba y lo que necesitaba era que el día durara más. Prácticamente llegaba a casa a dormir.

Me casé con Alan cuando tenía veinticuatro años. Y él veintisiete. Después de que murió comenzó a costarme mucho trabajo precisar las fechas. En qué año me casé, en qué año esto o aquello... Las fechas, hacia atrás, se me olvidan. Puedo suponer algunas razones, poco interesantes. Ya no veo al psicoanalista, aunque lo considero un amigo entrañable. Bueno, en todo caso un amigo entrañable al que no frecuento.

En ese tiempo ideamos, junto con un grupo de amigos, hacer una revista. Cosa heroica en un estado como Morelos, tan atrasado en su vida cultural. Por eso nombramos *Mala Vida* a la revista, y porque quisimos homenajear al grupo de rock Mano Negra. En la inauguración de una exposición vi de lejos a Ricardo Garibay. Tenía fama de ogro; aun así me acerqué a pedirle una entrevista para *Mala Vida*. Aceptó y me dijo que le llamara.

Hice la entrevista, pasé por todo el ritual que él tenía ya muy confeccionado: me puso a leer en voz alta, me dijo que no lo hacía tan mal, pero que debía leer a diario una página en voz alta. Me preguntó a qué autores leía y los hizo pedazos a todos. Me pidió que escribiera sobre algo interesante, como él, por ejemplo.

Nos hicimos amigos. La entrevista se publicó y le llevé unos cuentos míos: también los destrozó. Ya no le llevé cuentos, me aparecía por su casa y hablábamos, o él hablaba: lea esto, era su mandato expreso; me recomendaba autores, me prestaba algunos libros, yo le llevaba algunos otros que él no acostumbraba devolverme.

Cuando lo conocí ya tenía diagnosticado el cáncer. Era un Garibay dulcificado, siempre curioso, más necesitado de amar que de ser amado. "Tengo secretos, la vida me busca", decía con los ojos brillantes. Aceptó ser mi testigo cuando me casé con "aquel japonés al que parece que alguien ha estirado", como llamaba a mi novio, e hizo un discurso precioso en la ceremonia.

Me casé con Alan, que era un príncipe. Y no hablo así de él porque hoy esté muerto. Lo era. Un tipo brillante, generoso e incapaz de hacer daño. Incapaz, diría mi madre, de meter las manos para defenderse. Una vez me contó que cuando era niño en la escuela lo molestaban porque usaba anteojos. Le pegaban. Así que comenzó a llevar una bolsa de dulces para sobornar a los chamacos y evitar que siguieran molestándolo. Funcionó. ¡Cómo no se me ocurrió a mí hacer lo mismo cuando era niña!

Con Alan viajé por primera vez a Europa. Cerramos nuestro departamento y nos largamos a buscar a Kenia y Fernando que estaban viviendo en Francia. Los cuatro dormimos en parques, en trenes, en un bosque en Sintra, comimos frutos del mar en Córcega, nos emborrachamos con los cirqueros en España, acampamos a la orilla del Mediterráneo, escuchamos a Carreras en Barcelona, cruzamos una isla pidiendo aventón, comimos la mejor pizza Margarita del mundo en Génova, en París vivimos la fiesta por el Mundial de 1998... Y en las noches, antes de dormirnos, Alan me cantaba al oído *Muñequita linda*.

Como pareja, vivíamos nuestro mejor momento. Habíamos superado ya mi terror al matrimonio, aquello que me hizo posponer la boda dos veces. Aquel fuego desconocido que me traía entre manos, que no sabía controlar y que me llevó a desertar de nuestra nueva vida juntos tan sólo un mes después de habernos casado. Nunca me preguntó qué había pasado, a dónde había ido o con quién estuve durante esos tres meses en que desaparecí, ay, como hacía mi padre. Lo único que me dijo cuando volví fue: "Sólo tú sabes qué sucedió. Yo no quiero saberlo".

De esa época conservo una ceiba pintada en un cuadro de gran formato. Un óleo azul, intensamente azul como aquellos días en que fui y volví de un mundo, como diría José Alfredo, raro.

Había alguien que sí quería saberlo todo. Ricardo Garibay me escuchó sin interrupciones, me leyó en silencio. Los únicos cuentos míos que no destruyó nacieron de esos días. Garibay suspiró. "La vida la busca, a usted también", sentenció.

Aquel viaje a Europa era indispensable. Necesitábamos, Alan y yo, dejar atrás todo. Viajamos bajo los mejores auspicios, a donde fuimos tuvimos suerte. El mundo nos sonreía, nos entregamos con cuanto éramos a esa vida errante durante casi dos meses. Él tenía un plan muy claro: comeremos bien, dormiremos bien, nada de sacrificios. Cuando se acabe el dinero, nos regresamos. Así lo hicimos. Ése fue el último viaje de Alan.

Cuando volvimos corregí mi libro de cuentos *La risa de las azucenas*, Ricardo Garibay escribió la cuarta de forros. El cáncer lo acosaba, pero él era muy fuerte. Siempre confié en que viviría muchos años más, y tal vez por eso espacié mis visitas, las pospuse para más tarde, cuando él estuviera mejor o yo tuviera más tiempo. Supe que había tenido una recaída y lo llamé. Ignoraba, hasta que lo escuché, que él ya no estaba en condiciones de hablar con nadie. A cada frase mía él respondió apenas con aliento: "Escriba. Escriba. Escriba".

Poco después, en la mañana, escuché en la radio la noticia de su muerte. Pero ese amigo amado no era la única persona a la que yo perdería en mayo de 1999. A fines de ese mismo mes también se fue Alan.

En la película Chinatown hay un personaje que dice: "Uno nunca sabe cuándo va a necesitar una nueva vida". El acta de defunción de Alan dice que su muerte se debió a un accidente vascular. Lo más seguro es que haya sido un aneurisma, dijeron. Yo no permití que se hiciera la autopsia, aunque por ley debía hacerse. Pero ¿quién puede ver a la persona que más ama viva y el mismo día, horas después, mirarla tendida sobre una plancha y aceptar que tendrán que abrirla en canal para averiguar cómo llegó hasta ahí? Alguien me ayudó, movió influencias, y por inverosímil que parezca, escucharon mis argumentos: a él le aterrorizaban los médicos y las inyecciones, no lo pueden tocar. Y no lo tocaron.

Comencé a necesitar, con urgencia, una nueva vida. Aunque en ese momento era la persona menos capaz de buscarme cualquier cosa. Dejé que el mundo siguiera girando. Y claro, le hablé a mi buen amigo el doctor Millán. Volví a tomar un autobús a la ciudad de México. Prácticamente me arrastraba para llegar a su consultorio.

No siento ningún respeto por la gente que dice que si pudiera volver atrás en el tiempo no cambiaría nada de su vida. Yo, si pudiera volver atrás, cambiaría algunas cosas. Al doctor Millán le hice una lista corta de asuntos esenciales y perfectibles relacionados con mis muertos.

Aquellas sesiones sirvieron para sentir que alguien me esperaba cada semana, alguien quería escucharme, y se convirtió en mi única tarea desplazarme hasta ese lugar para hablar. Seguí viva porque no pude hacer otra cosa.

Mi amigo Rafael me leyó el I Ching: apareció la imagen del cielo en medio de la montaña y unos días después encontré un nuevo lugar para vivir. En la subida a Chalma había un gran portón negro que cuando se abría dejaba ver un gran jardín y el cielo. Al fondo había un bungalow, separado de la casa principal cuyos habitantes nunca estaban porque vivían en China. Detrás del bungalow había un cuarto de servicio, era la vivienda del jardinero y su mujer. Los tres compartíamos ese cielo en medio de la montaña.

Por las noches, lavaba los trastes a oscuras y escuchaba música. Desde la ventana podía ver las luces, a lo lejos, de Cuernavaca. Me hacía mucho bien sentirme aislada, mirar desde la montaña y sentir que, despacio, estaba cambiando. Yo estaba cambiando.

Acepté todos los trabajos que me ofrecieron y me dediqué a ellos. Hice un suplemento cultural, guiones para radio, empecé a organizar una biblioteca de artes...

Y esperaba, no sé muy bien qué. Con mi amigo Carlos bebía whisky y hablaba: yo había perdido a mi esposo, él a su mejor amigo. En mi vida el alcohol comenzó a volverse un compañero peligroso; antes lo consideraba un personaje horrible porque mi padre era adicto, y de pronto, paradójicamente, me devolvía una forma del consuelo.

Una tarde fui a comer con Claudia Hernández de Valle Arizpe al restaurante de una escritora italiana. Quiso agasajar a Claudia, que escribía una columna sobre literatura y comida: La Divina Comida. Bebimos sin mesura vino blanco. No sé cómo volví manejando hasta mi casa. En la madrugada me desperté con una taquicardia espantosa, sola en mi cielo en medio de la montaña. Salí al jardín y recuerdo la luna blanca y el silencio. Pensé que iba a morir y que no tendría un hijo. Era un razonamiento muy raro para mí: ni siquiera cuando estuve casada pensé en eso. Alan había decidido no tener hijos, algo a lo que yo me había adherido irreflexivamente. Después de esa noche, dejé de beber.

Había pasado un año, en noviembre puse una ofrenda para Alan. Le pedí a mi mamá que me ayudara a cocinar sus platos favoritos. Compré las flores de cempasúchil y las deshice en un largo camino que atravesaba el jardín y llegaba a una amplia terraza donde coloqué el altar y su foto, una muy linda donde sonríe.

Efraín había entrado en mi vida con paso suave. Vino a ver la ofrenda, trajo una calaverita de dulce y la puso en el altar. La esposa del jardinero, que ya me había preguntado para quién era la ofrenda y que conocía a Efraín porque venía a verme seguido, nos vio y se acercó, lo miró muy seria y le preguntó, señalando la foto: "¿Ya le pidió permiso?"

No sé si pidió permiso. Sé que tuve mucha suerte de encontrarlo. Me escuchó, tuvo paciencia, y después de un tiempo encontró el momento justo para pedirme que ya no hablara más de Alan con él. Acepté. ¿Era muy pronto? ¿Cuánto debe durar el luto? ¿Cuántos días hay que guardar? El dolor me había fatigado mucho. No quería pensar.

Efraín me enseñó a nadar, algo que nunca pensé que podría hacer. Dejar la certeza del suelo firme, flotar, ir sin asidero, ¿yo? Yo. Llegué a nadar tres mil metros diarios, y estoy segura de que el agua me devolvió la salud espiritual y física. Ya vivíamos juntos cuando me dieron una beca para irme dos meses al Writers Room de Nueva York.

Él me alcanzó la última semana de aquella maravillosa estancia. Mi corazón saltaba cuando me asomé desde la ventana del quinto piso en que vivía en el East Village y lo vi venir con un enorme ramo de flores. Pensé que tal vez volvería a pedirme que nos casáramos, que sería difícil evadir el tema, pero no lo hizo. Además, yo había aceptado el anillo, y él había aceptado que no había prisa para fijar una fecha.

En Nueva York me aquejó una vieja dolencia, para decirlo en forma decimonónica. Me dolía el costado derecho: la vesícula biliar. Efraín me llevó al hospital más cercano, que resultó ser el St. Vincent's, donde me enteré que murió Dylan Thomas. Ese hecho me pareció de mal agüero, y la cosa empeoró cuando supe que sólo por revisarme el médico cobraría casi mil dólares. Pensé en los libritos de The Strand que aún no compraba y preferí tragarme mi dolor, no comer nada graso y encomendarme a la buena suerte: salí huyendo del hospital y afortunadamente no tuve que volver.

Pero la vieja dolencia volvió unos meses después, ya en Cuernavaca, donde yo continuaba con mis tres mil metros diarios de natación. Además, instigada por Efraín, hice un triatlón: me sentía *superwoman*. El médico ordenó que me hiciera un ultrasonido de vías biliares. El doctor Fong, experto en ultrasonografía, me miró con el abdomen descubierto. Leyó la orden del médico. Miró mi abdomen. "Tienes un bultito, eso es un tumor o un bebé", me dijo.

Lo siguiente que vieron mis ojos en el monitor del ultrasonido fue el corazón palpitante de Marcelo.

Me casé con su padre un día cualquiera, sin fiesta ni invitados de por medio. Un día en que los testigos fueron un fotógrafo del Registro Civil y una señora que vende quesadillas por ahí cerca.

Nada del otro mundo, después de todo, eso de casarse.

José Ramón Ruisánchez

◆

Constelación

¿En qué ayer, en qué patios de Cartago,
cae también esta lluvia?

JLB

Vamos por hongos, ha dicho mi tío Fede, y por eso estamos en el bosque él y yo. Es en realidad mi tío abuelo y casi lo tengo olvidado; apenas regresa cuando me siento a escribir estas páginas que me ponen tan nervioso. En el bosque huele todo a lluvia reciente y a intrincada penumbra, se oyen arroyos por todas partes pero no los llego a ver, aunque aún no soy el miope profundo que seré con el tiempo y los libros. Mi tío Fede no habla en el bosque. Y yo, que siempre hablo, que tardé tanto en aprender a caminar pero que hablo desde siempre, en el bosque aprendo a callar.

En el bosque cargo con una canasta mientras un señor que va a morir muy poco tiempo después me señala con su puro los lugares secretos, sombras entre sombras, donde surgen casi mágicamente los *rovellons*. Antes de morir, mi tío Fede me regala un secreto que me toma toda la vida ir comprendiendo.

Regreso al bosque con mi abuela, que no se sorprende de que yo sepa buscar hongos. Regreso al bosque cada vez que como butifarra con setas. Regreso al bosque una mañana de niebla, para grabar un programa de televisión. Regreso sobre todo cuando leo que Heráclito, sorprendido en la cocina de su casa, les dice a sus huéspedes: "Aquí también hay dioses". Esto aparece en el libro de Pier Aldo Rovatti al que me ha tomado medio doctorado llegar, y me emociona. Pero años más tarde, ya soy doctor y luego de meses y meses de psicoanálisis, recuerdo y alineo los dos recuerdos, y el recuerdo de los recuerdos me emociona más.

Leo a Heráclito en Rovatti y siento una mezcla de estímulo intelectual y de enorme ternura. Estoy descubriendo algo que, al mismo tiempo, he sabido siempre; descubro en un libro algo que llevo sintiendo toda la vida, desde que voy al bosque a no hablar con mi tío abuelo y me habita, nos habita, compartimos algo que no se comparaba en nada con la vivencia aterradora de mis años de catolicismo.

Fui pagano una vez, a los tres años, en silencio.

Desde entonces el misterio me atrae más que la solución del misterio. Sé que al misterio le basta existir, que no es pregunta que espera una respuesta sino que muestra la naturaleza infinitamente decepcionante de todas las respuestas; el misterio es una luz tímida, es el sonido del agua, es cierto frío, es mi primera amistad con un muerto, es y al mismo tiempo no es, al menos no exactamente, todo lo que habré de escribir en esta vida. Y si lo que escribo vale algo, voy sabiendo muy poco a poco mediante libros y sueños y decepciones, es porque sólo me interesa ese misterio.

***

Quise creer o hasta creí fervorosamente durante mucho tiempo que me gustaba estar quedando; esa danza del enamoramiento donde prima la incertidumbre. Creía y hasta sentía que iba de amor en amor porque se me gastaba la ceguera borracha y veloz del momento irreal en que la rutina se suspendía (o en lugar de suspenderse, se iluminaba: ¿la veré?)

Después me he dado cuenta de que, como escribió Rulfo, ni tan siempre.

A veces, llega a mi vida una tristeza tan brutalmente lúcida que incluso logra asolar mis paraísos retrospectivos. Dudo entonces de todos mis amores de casi niño, de adolescente, de juventud: se convierten en ganas, en pura obediencia al melodrama que nos gobierna, en democracia sentimental. Sin embargo, estoy seguro siempre, incluso en el desencanto más hondo, de que al menos una vez estuve inmensamente enamorado.

Quise tanto tener un lugar para los dos que pedí la beca del Centro Mexicano de Escritores y me la dieron.

(Y justo en los días que escribo estas líneas ha muerto uno de mis tutores, el más duro, el más comprometido con que surgiera de nosotros una escritura de verdad: Carlos Montemayor).

Con esos dineros, me puse a buscar, a aprender de mi ciudad, a saber dónde estaban sus mil barrios y a darme cuenta de los pocos que conocía, del puñado que quería vivir con mi amor; me di cuenta de la secreta afinidad de los mapas, de ciertas calles con una novela futura.

Al final conseguí que me rentaran un cuarto grande en una casa de artistas. Era enorme, alegre, compartida, siempre en movimiento, muy cerca de las plazas de Coyoacán. Mi cuarto, por desgracia, daba al pasillo que colindaba con su patio central. Por desgracia, digo, porque sólo me di cuenta cuando ya había metido la cama enorme que me regaló mi hermana y el escritorio pequeñísimo que rescaté de mi cuarto de niño y una lámpara íntima (para salvarme de la de quirófano que lo iluminaba todo con excesos blancos) y una silla. Me di cuenta de que iba a necesitar ocultarme de todos los que pasaban y me saludaban sudoroso en el acomodo de los muebles.

Así que fui a comprar unas persianas y a esperar con ilusión a que me tocara el turno del experto instalador, que las instaló de tal modo que al abrir la puerta raspaban la pared.

La solución era un tope de puerta.

Compré uno, tornillos y taquetes y pedí un taladro prestado.

El suelo por desgracia estaba cubierto con losetas de un mármol sumamente resistente, así que después de un rato el taladro apenas había logrado un poco de avance y se calentaba tanto que me quemaba las manos, así que tenía que dejarlo en paz, salir a charlar con los compañeros de la casa, adelantar la novela de la beca, leer a Joyce.

Una tarde, con las palmas de las manos rojas y sudadas y aún con el cuerpo temblando de taladro, la llamé para decirle que todo estaba listo para ella, para nosotros.

Resultó que, entre la beca y el tope, se había aburrido de esperar y ahora estaba viviendo en Estados Unidos con un piloto.

Así logré terminar por primera vez el *Ulises*.

Así escribí *Y por qué no tenemos otro perro*.

En un cuarto donde nunca logré hacer el amor con la novia de la que seguro estuve enamorado. En un cuarto en el que no me quedé mucho tiempo porque pocos meses después se vendió la casa. Creo que ahora es una escuela de computación o la oficina local de alguna dependencia muy menor de gobierno.

Y en cuanto pongo el punto de arriba, soy otro: sé de cierto que me he enamorado otras veces, hasta la médula, y que sólo necesitaba ocultármelo para poder contar esta historia. Que la abundancia, en narrativa, es pobreza.

***

Nos llaman con una noticia vaga pero preocupante cuando estamos entrando a casa de mi padre. De inmediato volvemos a la ciudad. Lo saben antes mi hermana, que sí hablaba con ella, y mi hermano mediano, sensible, matemático: Carmina y Juan Manuel.

Yo sólo me doy cuenta cuando veo la cara de mi abuelo.

No está devastado, pero es buen actor. Afuera del hospital están el socio de mi madre y mi abuelo materno. Su cara me dice dos cosas: que el viejo es indestructible y que mi madre está muerta.

Después son horas de largo papel. Hemos pasado todo el día fuera del hospital (o en sus salas de espera, que es lo mismo: fuera). Alguien lleva el archivo de su lenta muerte: páginas y páginas de recetas, electrocardiogramas, análisis de sangre y orina, facturas médicas. El archivo sirve para eximirla de la autopsia: se murió de lo que llevaba doce años muriendo.

Supongo que comemos. No sé.

Es de noche cuando un hombre muy joven pide que alguien reconozca el cuerpo. Mi padre se ofrece a hacerlo pero yo, el débil, el que no sabía aguantar las náuseas en clase de anatomía, le digo que no. Voy yo. El muchacho trae cubreboca y guantes. Los trae puestos incluso cuando recorremos los pasillos largos hacia la parte donde el hospital ya resulta inútil. Entramos a un cuarto, donde no me parece que haga tanto frío.

Aunque el cuerpo que me muestra ya no es mi madre, asiento con la cabeza y luego digo que sí. No es a él a quien debo decirle que el desgaste de los años de diálisis, de la falsa esperanza, de dos transplantes rechazados, del dolor insoportable al final la erosionaron tanto que esta mujer empequeñecida no es mi madre. Mi madre no es este cuerpo de piel amarillenta forrado con vendas porque su última ropa viva fue cortada en el quirófano y mi hermana no ha elegido aún la ropa con la que la enterraremos.

Nueve días después del velorio regreso a la nieve de Washington a presentar los exámenes que me harán doctor.

Cinco años después, acompaño al nefrólogo a Ricardo, mi hermano más chico, que no estuvo con nosotros esa tarde, que voló en el primer avión al que lo dejaron subirse. Vamos a oír una sentencia: sus riñones también están destrozados, necesita comenzar diálisis de inmediato, necesita un transplante. Su tipo de sangre y el mío no son compatibles.

Nada termina nunca.

***

Mi padre no tiene amigos. Y no es que siempre haya sido solo. Es más bien que, en algún momento, dejó de hacer el esfuerzo necesario para conservar la amistad de quienes habían sido sus amigos y le dio pereza encontrar amigos nuevos. No es que esté solo. Tiene a su segunda esposa. Trabaja. Tiene a mis sobrinos que son unos nietos muy encantadores.

Me preocupa él y me preocupa, también, ser como él en algún momento. Me preocupa porque, poco a poco, descubro más semejanzas, manías, giros y gestos convergentes. No me odio por ejercerlos. Pero esto de verdad me inquieta. Y en muchos sentidos es un consuelo triste, porque se puede ser mucho peor que mi padre: es un héroe menor, inteligentemente triste, que sabe que podría haberse vivido diferente, pero acaso no mucho mejor. Lo admiro porque se puso a leer a los veintiún años y se atrevió no sólo a Conan Doyle y Salgari sino también a la *Crítica de la razón pura*. Comenzó a leer a los veintiún años y no paró nunca. Leyó al mismo tiempo que yo a Cortázar y a Lezama Lima. Acaso algún día olvide que ante mi entusiasmado descubrimiento de *El Llano en llamas* se sorprendió: No sabía que te gustaba el costumbrismo. Un héroe menor que se aferró a la clase media incluso en los sucesivos derrumbes de México, con dos posgrados (que terminó cuando ya habíamos nacido sus cuatro hijos), un hombre inteligente, con amplia curiosidad intelectual y sin amigos.

Acaso los temas de mi trabajo intelectual sean incluso más íntimamente autobiográficos que mis novelas, que estas páginas con las que brego contra reloj. Lo digo porque estos meses, que acaso ya se han sumado en años, trabajo poco a poco sobre la amistad. Me interesa mucho cómo se representa en literatura, lo cual me ha llevado a descubrir una hermosa manera de leer a Borges, por ejemplo, pero también explica la importancia de autores como Héctor Manjarrez y Paloma Villegas en nuestras letras: son los más precisos narradores de la amistad: de su principio fácil, del arduo trabajo de sostenerla, del dolor cuando termina. Me interesa la reflexión sobre la amistad, como el hermoso libro de Derrida que asedia, habita la queja paradójica: "Oh amigos míos, no hay ningún amigo". De este libro me interesa explorar las preguntas, porque son "indecidibles": ese tipo de pregunta que cada quien tiene que responder, cada vez que la enfrenta; cada vez y todas las veces.

Me interesa no sólo la teoría sino también la práctica cotidiana de la amistad. Me interesa, escribo, pero a veces la oración tendría que variar:

144

Me aterra la práctica cotidiana de la amistad.

Me emociona la práctica cotidiana de la amistad.

Me entristece la práctica cotidiana de la amistad.

Uno puede fallar o agotarse en su pasión pero debería poder sostener cierta fidelidad: el fuego suave de la amistad. Ejerzo algunas de las preguntas de Derrida (que por supuesto no son sino Derrida citando, o sea Derrida): ¿cuántos amigos tengo?, ¿cuántas amistades puedo mantener?, ¿quién es el amigo?

Cuando aún estaba en el ITAM, un extraordinario maestro, José Manuel Orozco, marcó la ruta de mi deseo de amistad. Dijo que sólo en Princeton había logrado vivir una verdadera cercanía con sus profesores. Así, no me importó tanto que en mi veloz carrera de Letras Hispánicas, a la que salí huyendo después del ITAM, los profesores no fueran los amigos mayores que yo soñaba. Y en la maestría que comencé en la UNAM no podía quejarme de falta de amistad, cuando era yo el que se la pasaba corriendo entre un trabajo de tiempo completo y las clases. Y al final, volé a Washington, esperé y esperé la llegada de esa cercanía intelectual pero mis profesores jóvenes estaban demasiado angustiados por las ordalías de la definitividad y los viejos eran demasiado viejos para que les interesara un estudiante más. Hubo sin embargo, al menos dos excepciones: la historiadora Mary Kay Vaughan, con quien tomé un seminario y que en muchos sentidos me mostró en qué consistía una amistad académica, y José Emilio Pacheco, cuya generosidad desbordó hasta la más refinada cortesía. Él, el más importante de la planta de profesores, fue el más humano de todos. Sin embargo, en el caso de José

Emilio, siento que yo me quedé corto: ¿puede uno ser amigo de alguien mucho más inteligente?

Hoy en día trabajo en el extraordinariamente cálido y estimulante departamento de Letras de la Ibero, donde tanto mis colegas como mis alumnos son entrañables. ¿Uno puede ser amigo de sus colegas? ¿Uno puede ser amigo de sus alumnos? Eso intento todos los días.

¿Se puede mantener una amistad escribiendo de ella? ¿No vale una cerveza más que mil caracteres?

***

Es sábado y como cada sábado vienen Paco y María Elena. Para mí no es raro que no tengan hijos. Ni siquiera puedo imaginar que eso sea un deseo incumplido. Para mí no es raro sino fascinante lo que Paco cuenta. Lee, dibuja, en algún momento se inscribió en la Facultad de Filosofía y Letras. Habla de resorteras del Japón y de calles en Florencia y lee a Shakespeare en la tina.

Esa noche anuncia que se han cumplido siete años de visitas, y que ahora las reuniones se harán allá, en su casa. Creo que yo lo sé mejor que él: ya no los veré cada semana. Poco tiempo después, María Elena queda embarazada.

(Cuando mi madre enferme, ellos serán sus amigos más fieles. En esa Semana Santa atroz en que le hacen el segundo transplante, ellos estarán en el hospital. Yo cruzaré la ciudad entera para verla los cinco minutos que se puede entrar al cuarto sin ponerla en riesgo por los inmunodepresores. Leeré *El pájaro que da cuerda al mundo*. Paco leerá a David Lodge. Entonces, cuando finalmente tenga algo que contarle (mi Murakami ha llegado de Australia y después lo mandaré a Canadá desde donde habrá de viajar a Italia) no se lo podré contar, porque en esas vacaciones, yo que hablo, no sabré cómo hablar. Antes de que mi madre muera, lo invadirá el cáncer y morirá antes que ella.)

Pienso en la casa que se hizo para albergar su biblioteca. Cuando estaba por irme a UCLA a estudiar el final de mi carrera, me invitaron a cenar y me regalaron las obras completas de Oscar Wilde. Sentimental como soy, escribí sobre Wilde para el examen de mi clase Literature and the Visual Arts. Se lo conté a mi madre y mi madre me dijo que les había dado mucha emoción a Paco y a María Elena cuando ella se lo contó.

De vez en cuando encuentro cartas de Paco para mi madre. Creo que estaba un poco enamorado de ella. Y no sé si mi madre estuvo enamorada de él.

Y mis padres también leían, pero nunca de ese modo, con la obsesión, con la delicia, con que lo hacía Paco. Entiendo lo que quiere decir la frase "lector ideal" cuando la usan los críticos, pero para mí quiere decir otra cosa, que no pasa de moda: para mí evoca a una persona querida, muerta, pero que cada vez que escribo es quien me está leyendo en una biblioteca prodigiosa, en un avión rumbo a Florencia, en una tina incansable.

(Su hijo ahora es novio de una antigua alumna mía. Lectora y brillante. Acaso Selma termine la relectura de Dostoyevski que él dejó a la mitad.)

***

Hay una voz. Es mía pero, al mismo tiempo, no es mía. Más que poder elegirla, llega. Como todo, puede simplificarse el asunto: una voz llega y me posee. También, como toda simplificación, me detengo, la examino y al examinarla la formulación nítida se cuartea. Hay una voz que me posee, que me asedia, que me habita, pero no proviene de afuera, no es la voz de alguien más, es mi voz más íntima, más emocionada. Es un fantasma pero no es el fantasma de alguien más. Es el fantasma de quien fui o, acaso, de quien nunca fui. Es la voz de la pureza.

A lo mejor si un cura hubiera accedido a esta voz en una misa, yo no sería ateo. (Oía "pero una palabra tuya bastará para sanarme" y me preguntaba por qué lo decían tan mal, cómo podían pronunciarlo sin emocionarse, si toda la poesía del mundo estaba allí –aunque yo, en esas misas no sabía que eso era la poesía y no los versos imbéciles que mi madre sabía de memoria.)

Antes de la voz, el deseo de la voz. No sé si éste es el origen. Acaso no ha habido nunca un origen, pero me gusta ahora jugar con este origen. Acaso por lo profundamente equivocado.

Al salir de la preparatoria, entro al ITAM.

He prometido hacer un pastel si me admiten, así que hago un pastel; al dar una vuelta suelto el volante porque me parece que el pastel está por caerse del asiento, naturalmente el auto acaba subido al camellón. Pero no entiendo. No oigo la advertencia en este choque. Y al final hay cosas que agradecer.

Así que curso semestre tras semestre, tengo un maestro extraordinario de matemáticas y me aburro cada vez más conforme termino las clases de historia, de filosofía, de sociología, que son casi siempre notables.

Poco a poco los inconformes, los curiosos, los demasiado creativos nos vamos uniendo. Es fácil. Pasa el tiempo y si una vez usamos traje, pronto dejamos de usarlo. En mi caso pasé por una casa de bolsa. Ni me hice rico ni hubo nada parecido a las películas sobre casas de bolsa. El día más lindo no tiene nada que ver con el mercado: hay un eclipse casi total. Casi somos amigos durante siete minutos y cincuenta y pocos segundos. Pero falta más de una década para el siguiente eclipse. Así que renuncio y me voy a Nueva York con una novia que no durmió conmigo. Otra novia.

Pero ahora lo que importa es cómo nos juntamos los inconformes y logramos hacer una revista, dos, un taller literario.

En el momento que quiero recordar, estamos juntos, ya amigos, y se leen poemas. No son poemas nuestros. Pero son los poemas que nos van a llevar a escribir. Muy pronto, de manera imitativa, torpe, pero al mismo tiempo irreversible.

Es la primera vez que oigo algo de Neruda, que oigo algo de Sabines, que oigo algo de Oliverio Girondo. No tengo el papel. Tengo a los amigos y a sus libros. Libros que en mi casa no están. Mis amigos: Pati, Diego, Toro, Mónica leen maravillosamente. Y ése es mi deseo de la voz.

No se trata de leer bien.

Fui al Colegio Madrid: me enseñaron a leer bien. A lo mejor necesito reaprender cálculo en el ITAM pero leer bien sé. Esto, lo que sucede entre cinco muchachos que comienzan a ser diferentes, es otra cosa.

La voz de Mónica, de Toro, de Diego, de Pati no sólo dice cada una de las palabras sino que se detiene y subraya la imposibilidad de que se agoten. Antes de saber nada de lingüística, en un salón triste y semivacío, en el pasto breve de esa universidad tecnológica, en las gradas de cemento de su patio central, aprendo que cuando están en un verso, las palabras se multiplican: son abismos.

Años después bajo al Pozzo de San Patrizio, en Orvieto, labrado en la piedra viva de una roca, y me emociono enormemente porque, ahora lo sé, no es un pozo sino el monumento secreto a la poesía: para mí es el pozo del significante, el pozo de la función poética, el pozo del eje metafórico. Importa menos que en 1527 tras el Sacco de Roma, el Papa Clemente VII se refugia en Orvieto, sobre su roca inexpugnable, pero se da cuenta que la ciudad puede ser rendida por la sed, así que exige un pozo que no verá terminado nunca; cavado en roca viva bajo la dirección de Antonio da Sangallo el joven, sus escaleras helicoidales, en forma de adn pues, permiten que una mula descienda y otra ascienda sin cruzarse nunca en el camino: las mulas o los fantasmas de las mulas que bajan y suben sin agotar el agua purísima que se llama san Zeno son el sentido.

Pero decía de la voz. Quería decir aún más de la voz. Sabiendo que es imposible decirla, no importa, no renuncio y cuento. O porque éste es el espacio de lo imposible, cuento:

La voz es la que me sucede cuando leo literatura en voz alta, a veces, no siempre; o cuando doy clase sobre literatura y sobre ese misterio oculto tras el nombre insuficiente (o sobre todo desgastado) de teoría crítica (etimológicamente estaría muy bien). La voz es lo que me sucedió cuando empecé a dar clases y acaso es su causa secreta. Quise ser para otros lo que Diego, Mónica, Toro, Pati habían sido para mí. Y leí una vez y otra "Piedra de sol" en un salón de clases. Y leí partes de *En la masmédula*. Y leí casi completo *Altazor*. Estoy hablando de salones de secundaria, de preparatoria. Salones donde los alumnos estaban lejos de querer estudiar letras. Pero a veces sucedía: la voz me poseía y compartíamos algo importante.

Luego me pasó en algunas lecturas de poesía sumamente afortunadas, con poemas que había escrito y que supe cómo leer. Mis pocos, secretos poemas. Recuerdo una tarde de mucha lluvia en que tres amigos de siempre nos presentamos en un bar. Llueve tanto que sólo elijo poemas de agua. Poemas de agua ligeramente borroneados por las gotas gordas de la lluvia que me ayuda a leer.

Me pasó una tarde muy hermosa de otoño en una universidad en Virginia al leer el cuento que he escrito en inglés. Un cuento que acaso fue lo más importante que hice en los seis meses que viví en Los Ángeles. En el cuento un californiano llega a México y es feliz más o menos los mismos meses que yo fui triste en Los Ángeles. Mientras yo patinaba junto al mar, él toma el metro y se sienta en la muralla del Espacio Escultórico. Los dos éramos pobres.

Me pasó la primavera pasada, en Harvard, por primera vez con un ensayo académico. Quiero pensar que por primera vez, que no es la única vez que mi pasión intelectual logra ser mi carne, mi fantasma, mi verdad. Me escuchan los amigos nuevos, los amigos que he ido haciendo en el circuito académico pero que no son colegas. No están Diego, Toro, Mónica ni Pati. Están Sarah, Oswaldo, Tamara, Nacho. Y acaso ellos son quienes crean la posibilidad de esta voz, la crean de nuevo.

Me pasa, de vez en cuando, en mis clases de posgrado cuando estoy hablando y llego al punto en que deseo muchísimo que alguien pudiera escribir lo que sé que es imposible de escribir porque es una pura voz.

***

Al principio resulta encantador. No hay en su idioma una sola palabra que se pueda aislar, incluso resulta difícil encontrar las cesuras que marquen el final de una palabra y el inicio de la siguiente. En muchos momentos parece que cantaran, que estuvieran a punto de cantar. Es una charla que es un juego que es un fluir sin nombre que habita entre muchas posibilidades cuyo borde no tiene nombre entre una y otra. Al principio y en el recuerdo es hermoso. Pero no están juntos. Y dura horas. Ha comenzado en Ámsterdam y conforme rodamos hacia París, donde yo tengo una presentación mañana en la Casa de México, el asunto va perdiendo gozo, va convirtiéndose en una especie de música del insomnio forzado.

Quizá a la una y media de la mañana un belga tími-do les pide con enorme amabilidad que por favor se callen. Hay un momento de expectativa. Pero al final no sólo mandan a la mierda al belga. Su charla o su canción se reanuda con más potencia, con crueldad rítmica.

Pero a veces la tinta es más poderosa que la lengua:

En una parada de descanso, los dos han bajado, su-pongo que a tomar agua para que sus gargantas sigan funcionando y a drogarse un poco más con lo que han comprado en Holanda y llevan a vender a París.

Me doy cuenta que uno ha dejado su chamarra aban-donada en su lugar. Y como en un sueño arranco con los dientes la punta de mi bolígrafo y deslizo el repues-to decapitado en el bolsillo. Soy invisible. O acaso todos me ven y nadie dice nada porque soy la continuación del belga.

Al llegar a París el tipo se pone la chamarra y para mi enorme gozo mete de inmediato la mano en el bol-sillo. Si yo tuviera una cámara. Y los huevos para usarla en un momento como éste. La tinta le produce miedo y asco y sorpresa. Nos mira a todos con cara de asesino y no logra adivinarme. Tampoco ha visto nunca *Fuen-teovejuna*. Así que me libro de su navaja o de sus puños. Acaso no de su maldición:

Al llegar al lindo departamento que me presta Jorge Volpi encuentro mucha música, películas por las que me doy cuenta de la notable coincidencia de nuestros gustos y desde luego muchísimos libros, incluyendo algunas ediciones que le envidio. Todo parece estar muy bien, pero no hay agua caliente.

Y hay historias que uno trata de contar, pero nunca lo logra. Acaso porque son demasiado perfectas.

***

Y éstas son las historias que no puedo contar de otra manera. Las que no puedo convertir en literatura o al menos no aún; acaso por haberlas escrito aquí ya nunca serán ficción. O sí, pero tendrán que sufrir otra forma del olvido y del recuerdo.

Hay algo en estos fragmentos que habla hondamente de mí; los convierte en la constelación que rebasa las definiciones. Dije constelación porque es la figura que vendrá, la que hay que componer, pero al mismo tiempo porque yo, dentro de sus coordenadas, nunca veré desde la misma paralaje que tú.

Digo constelación y escribo fragmentariamente porque deseo dejar una huella de la manera en que leo en este momento. Dije constelación en el título y pienso en el arco que va de Mallarmé a Drucilla Cornell, en todos los que saben que ninguna cosa cabe siquiera en la mejor formulación, que los recuerdos, las pasiones, la vida rebasa los intentos por capturarla pero no hay otra manera de intentarlo que así, en estos fracasos. La constelación marca las posiciones desde donde intentamos fallidamente capturar lo inapresable.

Guadalupe Nettel

◆

El cuerpo en que nací

1.

Nací con un lunar blanco, o lo que otros llaman una mancha de nacimiento, sobre la córnea de mi ojo derecho. No habría tenido ninguna relevancia de no haber sido porque la mácula en cuestión estaba en pleno centro del iris, es decir justo sobre la pupila por la que debe entrar la luz hasta el fondo del cerebro. En esa época, no se practicaban aún los transplantes de córnea en niños recién nacidos: el lunar estaba condenado a permanecer ahí durante varios años. La obstrucción de la pupila favoreció el desarrollo paulatino de una catarata, de la misma manera en que un túnel sin ventilación se va llenando de moho. El único consuelo que los médicos pudieron dar a mis padres en aquel momento fue la espera. Seguramente, cuando su hija terminara de crecer, la medicina habría avanzado lo suficiente para ofrecer la solución que entonces les faltaba. Mientras tanto, les aconsejaron someterme a una serie de ejercicios fastidiosos para que desarrollara, en la medida de lo posible, el ojo deficiente. Esto se hacía con movimientos oculares semejantes a los que propone Aldous Huxley en

El arte de ver pero también –y esto es lo que más recuerdo– por medio de un parche que me tapaba el ojo izquierdo durante la mitad del día. Se trataba de un pedazo de tela con las orillas adhesivas semejantes a las de una calcomanía. El parche era color carne y ocultaba desde la parte superior del párpado hasta el principio del pómulo. A primera vista, daba la impresión de que en lugar de globo ocular sólo tenía una superficie lisa. Llevarlo me causaba una sensación opresiva y de injusticia. Era difícil aceptar que me lo pusieran cada mañana y que no había escondite o llanto que pudiera liberarme de aquel suplicio. Creo que no hubo un solo día en que no me resistiera. Habría sido tan fácil esperar a que me dejaran en la puerta de la escuela para quitármelo de un tirón, con el mismo gesto despreocupado con el que solía arrancarme las costras de las rodillas. Sin embargo, por una razón que aún no logro comprender, una vez colocado nunca intenté despegarlo.

Con ese parche yo debía ir a la escuela, reconocer a mi maestra y las formas de mis útiles escolares, volver a casa, comer y jugar durante una parte de la tarde. Alrededor de las cinco, alguien se acercaba a mí para avisarme que era hora de desprenderlo y, con esas palabras, me devolvía al mundo de la claridad y de las formas nítidas. Los objetos y la gente con los que me había relacionado hasta ese momento aparecían de una manera distinta. Podía ver a distancia y deslumbrarme con la copa de los árboles y la infinidad de hojas que la conformaba, el contorno de las nubes en el cielo, los matices de las flores, el trazado tan preciso de mis huellas digitales. Mi vida se dividía así entre dos clases de universo: el matinal, constituido sobre todo por sonidos y estímulos olfativos, pero también por colores nebulosos; y el vespertino, siempre liberador y a la vez desconcertante.

El colegio era, en tales circunstancias, un lugar aún más inhóspito de lo que suelen ser esas instituciones. Veía poco, pero lo suficiente como para saber cómo manejarme dentro de aquel laberinto de pasillos, bardas y jardines. Me gustaba subir a los árboles, mi sentido del tacto súper desarrollado me permitía distinguir con facilidad las ramas sólidas de las enclenques y saber en qué grietas del tronco se insertaba mejor el zapato. El problema no era el espacio, sino los demás niños. Ellos y yo sabíamos que entre nosotros había varias diferencias y nos segregábamos mutuamente. Mis compañeros de clase se preguntaban con suspicacia qué ocultaba detrás del parche –debía ser algo aterrador para tener que cubrirlo– y, en cuanto me distraía, acercaban sus manitas llenas de tierra intentando tocarlo. El ojo derecho, el que sí estaba a la vista, les causaba curiosidad y desconcierto. De adulta, en algunas ocasiones, ya sea en un consultorio o en la banca de algún parque, vuelvo a coincidir con uno de esos niños parchados y reconozco en ellos esa misma ansiedad tan característica de mi infancia que les impide estarse quietos. Para mí, se trata de una inconformidad ante el peligro y la prueba de que tienen un gran instinto de supervivencia. Son inquietos porque no soportan la idea de que ese mundo nebuloso se les escape de las manos. Deben explorar, encontrar la manera de apropiarse de él. No había otros niños así en mi colegio, pero tenía compañeros con otro tipo de anormalidades. Recuerdo a una chica muy dulce que era paralítica, un enano, una rubia de labio leporino, un niño con leucemia que nos abandonó antes de terminar la primaria. Todos nosotros compartíamos la certeza de que no éramos como los demás y de que conocíamos mejor esta vida que aquella horda de inocentes que, en su corta existencia, aún no habían enfrentado ninguna desgracia.

Mis padres y yo visitamos oftalmólogos en las ciudades de Nueva York, Los Ángeles y Boston pero también Barcelona y Bogotá, donde oficiaban los célebres hermanos Barraquer. En cada uno de esos lugares, resonaba el mismo diagnóstico como un eco macabro que se repite a si mismo, postergando la solución a un hipotético futuro. Un verano finalmente, el doctor John Pentley del hospital oftalmológico de San Diego, anunció que podíamos dejar atrás el uso cotidiano del parche. Según él, mi nervio óptico se había desarrollado hasta el máximo de su capacidad. Sólo quedaba esperar a que terminara de crecer para poder operarme. Aunque han pasado ya casi treinta años desde entonces, no he olvidado ese momento. Era una mañana fresca iluminada por el sol. Mis padres, mi hermano y yo salimos de la clínica tomados de la mano. Muy cerca de allí había un parque al que fuimos a pasear en busca de un helado, como la familia normal que seríamos –o al menos eso soñábamos– a partir de ese momento. Podíamos felicitarnos: habíamos ganado la batalla por resistencia.

Por esas fechas –yo debía estar comenzando la primaria– empecé a adquirir el hábito de la lectura. Había empezado a leer un par de años atrás pero dado que ahora tenía acceso continuo al universo nítido al que pertenecían las letras y los dibujos de los libros infantiles, decidí aprovecharlo. El paso a la escritura se hizo naturalmente. En mis cuadernos a rayas, de forma francesa, apuntaba historias donde los protagonistas eran mis compañeros de clase que paseaban por países remotos donde les sucedían toda clase de calamidades. Aquellos relatos eran mi oportunidad de venganza y no podía desperdiciarla. La maestra no tardó en darse cuenta y, movida por una extraña solidaridad, decidió organizar una tertulia literaria para que pudiera expresarme. No acepté leer en público sin antes asegurarme de que algún adulto se quedaría a mi lado esa tarde hasta que mis padres vinieran a buscarme, pues era probable que a más de uno de mis compañeros le diera por ajustar cuentas a la salida de clases. Sin embargo, las cosas ocurrieron de forma distinta a como yo esperaba: al terminar la lectura de un relato en el que seis compañeritos morían trágicamente mientras intentaban escapar de una pirámide egipcia, los niños de mi salón aplaudieron emocionados. Quienes habían protagonizado la historia se aproximaron satisfechos a felicitarme y quienes no, me suplicaron que los hiciera partícipes del próximo cuento. Así fue como poco a poco adquirí un lugar particular dentro de la escuela. No había dejado de ser marginal, pero esa marginalidad ya no era opresiva.

***

No mucho tiempo después, a la edad de diez años, mi madre, mi hermano y yo nos fuimos a vivir al sur de Francia. Pasamos casi cinco años en Aix-en-Provence, una ciudad con ruinas romanas que conoció su apogeo en el siglo XV, cuando fue la corte del rey René. La ciudad es conocida como una de las más burguesas y esnobs de ese país. Sin embargo, a pocos kilómetros del centro, existen también uno o dos barrios considerados de alta delincuencia y era ahí donde nosotros teníamos nuestra casa. El barrio llamado *Les Hippocampes* está en una zona considerada de urbanización regional y consiste en un conjunto de edificios organizados alrededor de un estacionamiento en el que cada semana sus habitantes queman autos robados por las noches. El departamento en el que nosotros vivíamos tenía una buena vista, era luminoso, y se podría decir que tenía cierto encanto de no haber estado rodeado de personas conflictivas –con todas las razones del mundo para serlo pero conflictivas al fin– y, la verdad sea dicha, bastante sucias. La mayoría de ellas eran de origen magrebí pero también había africanos negros, portugueses, asiáticos y gitanos asentados. Conservo algunas imágenes duras de aquella época, como la tarde en que me encontré a una joven esposa gravemente golpeada, en las escaleras que daban al segundo piso. Al principio, mi hermano y yo asistíamos a una escuela activa seguidora del método Freinet, con alumnos de diferentes clases sociales pero después, al terminar la primaria, entramos al colegio del barrio. Ahí los profesores ya no eran progresistas sino todo lo opuesto. Trataban de imponer a toda costa una disciplina, para mitigar el ambiente violento y de insolencia que reinaba entre los estudiantes. Yo tenía entonces trece años. No acababa de asimilar las metamorfosis a las que se había sometido mi cuerpo. Mi ropa era anticuada y mi corte de pelo más parecido al de Spike Lee que al de Madonna (el modelo de belleza que seguían las chicas de mi clase), usaba unos lentes de pasta enormes color rosa, hablaba francés con acento latino y tenía un nombre impronunciable. Ni los *nerds* se me acercaban. Otra vez había vuelto a ser una *outsider* –si es que alguna vez había dejado de serlo. Para sobrevivir en semejante entorno, tuve que adaptar mi vocabulario al argot que se hablaba a mi alrededor (una mezcla de árabe con francés del sur) y mis modales a los que imperaban en el comedor del colegio. Cuando por fin estaba logrando integrarme a ese ámbito social, mi madre nos anunció a mi hermano y a mí que íbamos a regresar a México. Nuestros compañeros no serían nunca más los chicos de la *banlieue* sino los hijos de los empresarios, de los diplomáticos y de los franceses radicados en nuestro país que como nosotros estaban inscritos en el Liceo Franco-Mexicano.

2.

El objetivo del Amar es acabar con el Amor. Lo logramos
a través de una serie de amores infelices o, sin el estertor
de la muerte, gracias a uno que es feliz.

Ciryl Connolly

Después de varios amores imposibles que viví durante
la infancia, conocí el romance correspondido a la edad
de dieciséis años. Por aquellas fechas, yo solía frecuen-
tar el barrio de Coyoacán los fines de semana y también las pocas tardes en las que no asistía al Liceo. Me
identificaba mucho más con los mimos y los artesanos
del Jardín Hidalgo que con los otros adolescentes de
mi escuela a los que despreciaba por superficiales. R
tenía cinco años más que yo y no sentía ningún remor-
dimiento por salir con una menor de edad. Vivía en la
avenida Miguel Ángel de Quevedo, era alto y delgado y
de temperamento lánguido. Escribía unos poemas pa-
cianos que a mí me parecían estupendos. Sus padres
tenían la peligrosa virtud de practicar una moral tole-
rante y permitían que nos encerráramos durante horas
en su habitación en la que terminé perdiendo la virgi-
nidad de una manera poco memorable. No me enamoré de R. Me gustaba su universo de estudiante de
Letras en el que los versos de Vallejo convivían con las
canciones de Led Zeppelin y de Bob Dylan. Al principio, la diferencia de edad le confería un aire protector
pero un par de años después terminé convenciéndo-
me de que su naturaleza era más frágil que la mía y
su exacerbada susceptibilidad acabó por ahuyentarme.
Recuerdo que fue una noche, en el patio de la Casa de

la Cultura Jesús Reyes Heroles, cuando le hice saber con la mayor delicadeza de la que fui capaz en ese momento –y que probablemente haya sido ínfima– que había decidido recuperar la soltería. Él reaccionó con bastante dignidad. Me dijo que lo había visto venir y que lo comprendía perfectamente. Dejamos de vernos durante algunos meses en los que apenas hablamos por teléfono para no perder el contacto. En ningún momento R me sugirió que reconsiderara mi decisión. Tampoco me dio a entender que estuviera sufriendo. Poco tiempo después, recibí una llamada de su madre pidiéndome que fuera a visitarlo porque estaba enfermo. No fue sino al entrar a su habitación cuando me enteré de que dos semanas antes había intentado suicidarse saltando del cerro del Tepozteco. La persona que encontré sobre esa cama estaba fracturada tanto por dentro como por fuera –había pasado varias semanas en el hospital antes de que pudieran darlo de alta. No sólo su piel lastimada impedía enyesarlo, también hubo que esperar a que cerraran las heridas de algunos órganos internos y, lo que casi era peor, él, sus padres y todos sus amigos me hacían responsable de los daños y perjuicios. No sé cómo hubiera sobrevivido al horror y a la culpa naturales en una situación como aquélla de no haber estado totalmente anestesiada por la marihuana que consumía regularmente en esa época. Le prometí a sus padres que regresaría a visitarlo pero la verdad es que nunca volví a poner un pie en ese departamento. Salí de su casa sin derramar una lágrima. Sin embargo, tengo la certeza de que esa entrada poco triunfal a la vida amorosa determinó mi futuro con una culpa inexpugnable que aún se manifiesta en mis sueños.

Para ese entonces, yo ya era novia de T de quien sí me enamoré con la fuerza y la credulidad que suele tener el primer amor. T no era poeta sino narrador y su inteligencia era muy superior a la de R. A diferencia de mí, bailaba maravillosamente, comentaba con fervor las noticias de los diarios, escuchaba a Bob Marley, a Silvio Rodríguez y a Juan Luis Guerra. Presumía de haber alfabetizado en la sierra de Puebla y también de haber trabajado en Los Ángeles en la pizca de la uva, junto a cientos de braceros mexicanos indocumentados. Al contrario de lo que ocurría con R, sus padres estaban separados y para su madre habría sido la peor de las afrentas que pernoctara en su casa, de modo que debíamos ingeniárnoslas para encontrar un lugar donde estar solos y saciar aquella voracidad caníbal que sentíamos el uno por el otro. La clandestinidad volvió nuestro noviazgo aún más emocionante.

Al terminar el bachillerato, me inscribí en la carrera de Filosofía en la universidad de Clermont Ferrand. La elección se debió a que la familia de Georges, mi reciente padrastro, tenía una casa en el centro de Francia y me ofrecía prestarme el chalet de los invitados para que pudiera realizar mis estudios en Europa. Châtel Guyon, el pueblo al que T y yo fuimos a dar, no era precisamente París y tampoco se parecía a Aix. Tenía cuatro mil habitantes y su único atractivo era un balneario de aguas termales que sólo abría los veranos, visitado principalmente por vecinos de la región.

Ese otoño duró muy poco tiempo para dejar su lugar a un invierno particularmente frío. Mientras yo estudiaba en la Universidad Blaise Pascal, T acudía a clases de francés para extranjeros, gracias a las cuales había conseguido el permiso de residencia. Todas las mañanas, debíamos salir a la autopista para correr detrás del autobús que nos llevaba a la ciudad. La mayoría de las veces, no lo alcanzábamos y entonces nos veíamos obligados a esperar bajo la lluvia que algún coche se apiadara de nosotros. Poco a poco, conforme aumentó el frío, mi interés por la filosofía fue disminuyendo. A T le pasó lo mismo con las clases de francés. En vez de perseguir el autobús empezamos a quedarnos en casa donde escuchábamos los discos de Billie Holiday, Thelonious Monk, Charlie Parker y todos los músicos que aparecieran citados en *Rayuela,* nuestro libro de culto de aquel entonces. Con una vieja máquina de escribir, T avanzaba en la escritura de una novela. Vivimos así durante esos meses hasta la noche en que recibí una noticia inesperada: había ganado un concurso de cuento en el que me inscribí poco antes de salir de México. La premiación iba a celebrarse en Benin, un país que nunca antes había escuchado mencionar y al que debería viajar en menos de dos semanas.

3.

Lo que yo sabía de África negra en ese momento se limitaba a las escenas de hambruna en Etiopía o del SIDA en Zaire que mostraba la televisión. Imaginaba el lugar que estaba a punto de conocer como una planicie desértica, poblada de algunas tiendas y caravanas de primeros auxilios de la ONU. No lograba comprender por qué a los de Radio France se les había ocurrido organizar la premiación en ese lugar al que seguramente nadie viajaba como destino turístico. Le supliqué a T que me acompañara, no sólo porque no quería separarme de él, también porque, en el fondo, me angustiaba viajar sola a ese continente. Pero se negó. Hermético como era, nunca me dio sus razones.

Aterricé en Cotonou una tarde a finales de noviembre de 1992. Los del grupo éramos tres: Driss, un marroquí diminuto y escuálido que había obtenido el premio de teatro, Nicole, una cincuentona francesa, ignorante de toda cuestión editorial y hasta literaria, que sin embargo había logrado escribir un buen cuento, y yo, ganadora en la categoría de países no francófonos. Un taxi pasó a recogernos al aeropuerto y nos llevó al hotel donde nos hospedamos los cinco días que duraba el Festival de la Francofonía.

Este último incluía, además de las lecturas literarias, funciones de teatro, danza y conciertos al aire libre. El segundo día, asistí a la puesta en escena de una obra escrita por un joven dramaturgo beninés. El texto me sorprendió muchísimo por su habilidad para provocar y al mismo tiempo conmover a la gente. Pocas horas más tarde, durante la comida que siguió al espectáculo, tuve la oportunidad de volver a ver a ese escritor. Se llamaba Camille Adébah Amouro, era autor de varias obras de teatro y de dos poemarios en lengua francesa, aunque su idioma materno era el fon –ése era también el nombre de la tribu a la que pertenecía. Pero no

fue de esto ni de su propia producción de lo que me
habló esa tarde, sino de literatura mexicana. Con una
familiaridad sorprendente, mencionó a Fernando del
Paso, a Jorge Ibargüengoitia y a Emilio Carballido. Yo,
en cambio, ignoraba hasta el nombre del mejor autor
de su país. Mientras hablaba, no conseguía quitar la
vista de sus pies desnudos sobre unas chanclas de plástico medio rotas, también observé su pantalón gasta-
do bajo el cual se insinuaban unos muslos poderosos;
miré con detenimiento su piel negra donde no atisba-
ba ni la sombra de un gene que no fuera africano; es-
cudriñé sus ojos amarillentos y me dejé invadir por esa
sensación vertiginosa que aquella tarde no sabía nombrar pero que ahora reconozco sin problemas como
admiración-erótica-en-contexto-inapropiado. Durante
el resto del viaje, Driss, Nicole y yo dejamos de intere-
sarnos por los espectáculos del festival y acompañamos
a Camille, quien estaba decidido a mostrarnos el lado
menos glamoroso de su país. Nos subimos con él a los
taxis y a los autobuses del pueblo, comimos sin repa-
ros las patas y las uñas de los bueyes, los caracoles de
tierra, los aguacates gigantes e insípidos comparados
con los de mi país. Conducidos por Camille, caminamos por los mercados de comida y de artesanías, los de
hierbas, los de brujería. Probamos la nuez acuminata
que quita el sueño y confiere más energía que el café,
acudimos a bares donde el suelo era de tierra y el jazz
el mejor que había escuchado en vivo hasta entonces.
A Camille le importaba mucho que viéramos las condiciones en las que vive la gente en la ciudad y también
en las afueras de su país. Si pensábamos que Cotonou

era semejante a una gran villa miseria, cambiamos de opinión cuando nos llevó a los barrios bajos, los que se extienden junto al pantano, donde casi toda la gente, incluidos los niños y los ancianos, incuban el virus del paludismo y caminan titiritantes, con la mirada febril y la sonrisa en la boca. Los que ya no podían ni salir esperaban en el suelo de sus covachas, cubiertos por un púdico e inservible mosquitero, la llegada liberadora de la muerte. En todos esos lugares, Camille me tomaba de la mano. Así permaneció durante el resto del viaje: ni más cerca ni más lejos de mí que la distancia establecida por nuestros brazos y nuestras muñecas.

Regresé a Châtel pero ya no pude volver a la vida de antes. Recuerdo ese invierno como una larga noche sin pausas ni interrupciones y, eso sí, con muchísimos e incómodos silencios. T nunca me creyó que le había sido fiel. Siguió conmigo pero ya no de la misma manera. Aquello que había cambiado nos impidió seguir viviendo en ese lugar. Regresamos a México. A pesar de mi insistencia, no volvimos a vivir juntos.

Al final de 1993 viajé con unos amigos a una playa de Guerrero. T apareció el 31 de diciembre. Pasamos la noche barajando recuerdos junto a una fogata. Al día siguiente me desperté a las seis de la mañana y, todavía adormilada entré al mar. Quería que el baño fuera una limpia espiritual de todo lo que necesitaba dejar atrás en ese momento. Frente a las olas apacibles de un océano que por una vez hacía honor a su nombre, invoqué a las fuerzas superiores –fueran cuales fueran– y les pedí un giro inmenso que me sacara del pozo en el que estaba viviendo. A esa misma hora, muchos kilómetros más al sur en la República Mexicana, se levantaba en armas el EZLN, pero yo no lo supe sino un par de días más tarde, cuando salí de esa playa semi-desierta y volví a la civilización.

4.

Aquella coincidencia fue capital. La interpreté como un signo del destino o de esas instancias a las que había pedido auxilio. Por eso me uní sin ninguna reserva a los grupos de estudiantes que en ese entonces se organizaban para llevar ayuda humanitaria a los indígenas de Chiapas. Estuve vinculada al movimiento estudiantil desde la primera caravana, que intitulamos Ricardo Pozas, hasta la tercera que ya no tenía ningún nombre. En el mes de marzo de 1994 decidí vivir unos meses en San Cristóbal de Las Casas para ayudar en la curia de Samuel Ruiz. Mi trabajo consistía en clasificar medicamentos y en algunas tareas de oficina en el dispensario. Con mucha frecuencia pasaba por ahí Celso Santajuliana, un amigo escritor que preparaba una novela acerca del Ejército Zapatista. Celso me propuso que lo acompañara a la selva. Una persona cercana al movimiento, y al tanto de ese viaje, me encargó que transportara una impresora que el Subcomandante Marcos estaba requiriendo. No recuerdo bien si subimos en autobús o en coche hasta San Miguel Ocosingo –creo que fue en la camioneta de una asociación de ayuda humanitaria–, lo que sí recuerdo claramente es que cruzamos la frontera entre el estado de Chiapas y el territorio Zapatista de noche, como quien atraviesa el umbral entre un mundo cotidiano y otro extraordinario y sorprendente. Ese trayecto lo hicimos en el Volkswagen de una periodista de *La Jornada* quien –lo supimos meses después– resultó ser la novia del Sub. Desde ese momento, la presencia de indígenas jovencitos vestidos de milicianos, cubiertos con el emblemático pasamontañas, empezó a ser muy notoria. El coche se detuvo en un viejo granero. Dos zapatistas nos informaron que pasaríamos la noche ahí, mientras llegaba el permiso para que siguiéramos avanzando. Recuerdo muy bien la sensación aprensiva que tuve al tenderme en aquella choza, con la bolsa de dormir sobre un suelo de tierra. A mis espaldas, un costal de maíz donde se escuchaba con claridad la presencia de varias ratas. Pero el cansancio era tan grande que me dormí de inmediato. Debían de ser las dos o tres de la mañana cuando me despertó la luz de una linterna que apuntaba directamente hacia mis párpados. Una voz masculina me preguntó "¿Eres tú la ceuísta?" Abrí los ojos. El hombre que me había despertado llevaba un reloj en cada mano y estaba a punto de encender su inconfundible pipa. Las otras personas que dormían en el granero se fueron incorporando. Dos de ellas se identificaron como periodistas estadounidenses de un diario de San Francisco. El Subcomandante Marcos me hizo varias preguntas acerca de las intenciones de los estudiantes: hasta dónde estábamos dispuestos a llegar, qué pensábamos de la situación política en el país y cuál era nuestra posición ante el EZLN. Era difícil responder en nombre de los estudiantes. Algunas personas simplistas sospechan que, como muchas jóvenes de aquel entonces, me enamoré del Subcomandante. Se equivocan. Mi admiración era más que nada humanitaria, intelectual, política si se quiere, pero no literaria y mucho menos sexual. Después de un momento de charla, le pregunté si había escuchado el disco que Silvio Rodríguez había lanzado recientemente. Como no lo conocía, le propuse cantarle una canción, aquella que para mí sigue constituyendo el *sound track* de toda esa época y que lleva por título "El necio". Marcos escuchó atentamente y sin interrumpir. Volví a ver al *Sub* después de varios meses, cuando bajo una lluvia torrencial, se celebró en Aguascalientes, Chiapas, la Convención Nacional Democrática que Juan Villoro reseñó estupendamente en un texto titulado "Los convidados de agosto".

Al terminar la convención, cuatro amigas –compañeras, decíamos en ese entonces– y yo permanecimos en Aguascalientes, para desarrollar un proyecto que los zapatistas nos habían encomendado: la biblioteca de la selva. Meses atrás habíamos recolectado toneladas de libros en casas de diversos intelectuales y en instituciones públicas y privadas, así como un par de mesas, anaqueles, archiveros y sillas de oficina. Había llegado el momento de instalar ese material y sobre todo de organizar los libros. Debo reconocer que nuestro trabajo una vez *in situ* fue bastante deficiente. Supongo que ninguna de nosotras tenía idea de cómo levantar una biblioteca.

A pesar de todo ese furor militante, mi interés por la literatura no había mermado. Es verdad que entonces leía mucho más de lo que era capaz de escribir pero seguía pensando que tarde o temprano iba a tener la oportunidad de sentarme a hacerlo. Durante un viaje a la ciudad de México me atreví a solicitar una beca de Jóvenes Creadores. Me la dieron. Como sucede cada año, los resultados de esos estímulos se publicaron en los diarios nacionales y fue de esa manera que la comandancia del EZLN se enteró de esa beca antes de mi regreso a Chiapas. A penas puse un pie en Aguascalientes, el Sub me hizo saber que alguien vinculado de cerca con el EZLN no podía recibir un apoyo del gobierno. Le dije que el estímulo se pagaba con el dinero de los impuestos mexicanos al igual que mi educación en la UNAM. ¿Cómo podía estar de acuerdo con una y no con otra? Su explicación me resultó incomprensible. Después de intentar en vano contestar a la pregunta más vertiginosa que se le puede hacer a una persona de veinte años: "¿Cuál es exactamente tu proyecto de vida?", acordamos que volvería a México para pensarlo. Me pidió que saliera en ese mismo momento de Aguascalientes y que esperara en Guadalupe Tepeyac la llegada del autobús que me llevaría a San Cristobal.

Vladímir Nabokov describe su paso del ruso al inglés como una hazaña comparable a la de quien, en mitad de la noche, camina de un pueblo a otro alumbrado únicamente por una miserable vela. Esa noche, la más oscura que he visto en mi vida, los zapatistas me impusieron un extraño *rituel de passage*. Tuve que cruzar el cerro ayudada con una pequeña linterna. A mi alrededor, los ruidos de todos los animales de la selva y alguna que otra pisada. Cuando llegué, descubrí que

Marcos había caminado conmigo hasta la comunidad, quizás pensando que me perdería. Se despidió a lo lejos sin decir nada más.

Pasé más de 30 horas en Guadalupe Tepeyac esperando el autobús en cuestión. Los amigos que tenía ahí me recibieron con gusto y aligeraron mi espera. Llevaba pocos días en el DF cuando los noticieros de la televisión anunciaron un despliegue militar en esa parte del estado. Fue un golpe muy bajo. Lo que fulminó mi ánimo no fue que se publicara la identidad del Subcomandante, sino la destrucción de cada casa, cada granero, cada letrina, cada salón de clases y cada cama de hospital de aquella comunidad amiga que antes llevaba un nombre similar al mío y hoy ya no figura en ningún mapa. ¿Dónde estará esa gente?, ¿habrá sobrevivido a la entrada del ejército?, ¿habrán logrado construir otro pueblo? No tengo la menor idea. Desde ese momento, el EZLN se replegó estratégicamente. Nunca volví a pisar el territorio zapatista. Me sigo preguntando si su existencia es realmente geográfica o si es algo que se lleva por dentro, como un sueño recurrente o una existencia paralela.

***

Pasé todo el año de 1996 en Montreal. Mi mente estaba llena de experiencias chiapanecas aún sin asimilar y fue en esas condiciones que empecé la redacción del primer borrador de *El huésped*, que en aquel entonces llevaba por título de trabajo *La cosa nostra*. La euforia militante o la zapaterapia, como algunos la llamaban, había quedado atrás y en su lugar volvieron a instalarse la tristeza y la decepción de antes.

5.

Gracias a una beca del gobierno francés, por fin logré trasladarme a París. Conseguir un departamento ahí es algo sumamente difícil y cuando por fin encontré uno que se ajustaba a mi presupuesto, lo alquilé sin la menor vacilación. Tuve suerte: el lugar tenía dos ambientes además de una cocineta y un baño. Se encontraba en el Boulevard de Ménilmontant, justo enfrente del cementerio Père Lachaise.

Pasé una primera etapa de romance con la ciudad, sus librerías y sus fiestas reencontrándome con otros ex alumnos del Liceo con quienes hice una buena mistad. Sin embargo, pasados algunos meses se me agotó el entusiasmo por mi nueva vida. Empecé a pasar más tiempo en el departamento. Lo único que llamaba mi atención genuinamente era el espectáculo que me ofrecía la ventana: el bulevar, sus coches, las escenas familiares o los pleitos de los borrachos. Con el paso del tiempo, el cementerio se fue convirtiendo en mi mayor fuente de distracción y también de aprendizaje. Los domingos o los sábados por la mañana, me sentaba a tomar café y a mirar los entierros desde mi ventana. Aquel paisaje, aunado a la depresión que llevaba encima desde hacía varios años, acabó por producir un efecto asfixiante. No conseguía dormir correctamente. Salir a la calle me resultaba cada vez más amenazador. Tenía la certeza de que tanto en las banquetas como en la universidad, en el metro y en el supermercado todos los franceses me juzgaban y, a pesar de mis esfuerzos, yo no lograba aprobar el escrutinio de nadie. Una timidez galopante se fue apoderando de mi persona y, lo que es peor, terminé interiorizando a esos jueces imaginarios de modo que ni siquiera en casa podía liberarme de ellos. No veía a casi nadie a menos de que fuera necesario. Estudiar en semejantes condiciones era casi imposible. La angustia con la que despertaba cada mañana me llevó a pensar muy en serio, y en más de una ocasión, en saltar por la ventana y mudarme al barrio de enfrente. Una tarde, llamó por teléfono una antigua conocida. Me contó que estaba viviendo en Montpellier y que debía ir a París para resolver un trámite migratorio. Llamaba para pedirme hospedaje. No sé por qué acepté recibirla. Su visita coincidió con la fecha de mi cumpleaños, ella no lo supo nunca pero me ofreció el único regalo que recibí en esa ocasión. Se trataba de un libro tibetano sobre el arte de morir.

El budismo me atrajo de inmediato. Gracias a esa filosofía, la vida empezó a parecerme si no digna de disfrutar, al menos más soportable. Rápidamente, las lecturas del budismo y sus prácticas se convirtieron en mi principal tema de interés. Invertí todo mi dinero en viajar a diferentes ciudades en busca de conferencias, cursos, enseñanzas de lamas vinculados con occidente. Hice un largo viaje a la India y me volví afecta a un centro de retiro en el sur de Francia habitado por monjes y otras personas que han decidido apartarse del mundo. Cuando volvía a París caía presa de un cuestionamiento incesante. Después de dudarlo mucho, decidí abandonar mis estudios. Fue como tirar una bomba en la casa familiar. Mi madre y su marido se escandalizaron y lo mismo ocurrió con mi director de tesis. Para ellos era la confirmación de que había perdido definitivamente la cabeza y que estaba decidida a escapar de la realidad por la vía enajenante de la religión y el misticismo. Fue en medio de esa incertidumbre que empecé a escribir un nuevo cuento, como para demostrarme que todavía era capaz de hacerlo. Me aferré a él como quien busca en la escritura automática las claves de su existencia. Lo titulé "Bonsái".

Había leído pocas semanas antes la biografía de Allen Ginsberg y me sentía particularmente inspirada por unas líneas que escribió justo antes de decidirse a dejar su trabajo de publicista y a enfrentar que estaba enamorado de Peter Orlovsky:

> *Yes, yes*
> > *that's what*
> *I wanted,*
> > *I always wanted,*
> *I always wanted*
> > *to return*
> *to the body*
> > *where I was born*

Yo también quería salir, aceptarme a mí misma, aunque en ese entonces aún no sabía con exactitud cuál era el clóset que quería abandonar.

Brenda Lozano

◆

Mi hermano

Acabábamos de desayunar. Era sábado, teníamos que lavar los platos, hacer la tarea antes de que mi madre volviera. Diego llevó los platos y las cucharas al fregadero, yo guardé la caja de cereal en la alacena. Era un acuerdo tácito. Los cuatro años que le aventajo a mi hermano, ese día, como tantos otros, me hacían creer que debía protegerlo: yo subía a un banco para guardar el cereal en lo alto de la alacena. Diego me pidió que bajara los popotes de una repisa. Cogí la bolsa al tiempo que él sacaba una jarra del refrigerador. En lugar de hacer lo que mi madre había pedido, entre los dos sacamos los popotes, uno a uno, de las envolturas, lo hacíamos de tal modo que resultaban unos gusanos de papel. Con un dedo tapábamos un extremo del popote, vertíamos unas gotas de limonada. La pasábamos bien haciendo eso, observábamos, hechizados, cómo se estiraban, cómo tomaban otra forma los gusanos de papel.

Sé que esta estampa es como cualquier otra, sé que nuestras fotografías son como las de cualquier álbum, que ésta es una historia común y corriente. Aquí no hay tragedias: hay gusanos de papel que cambian de forma. No hay grandes anécdotas, no hay hazañas, no hay sorpresas. Soy alguien a quien le parece que en la mesa de una cocina pasan más cosas que en una guerra. Aquí comparto a un niño en pijama que muestra el espacio que tiene entre los dientes frontales cada que un gusano de papel cambia de forma. Éste es mi hermano. Ahora que hablo sobre él en la mesa de la cocina me doy cuenta de que busco lo mismo que aquella mañana: pasarla bien en esta silla como entonces la pasábamos bien. Ahora creo que todo lo que hago se reduce a eso. Y todo lo que aquí anote será lo mismo que verter limonada sobre un gusano de papel: el pasado dejará de ser lo que era, la historia tomará otra forma.

Mis padres tuvieron dos hijos. Tenían unos meses de casados, mi madre no quería ser madre, mi padre sí quería ser padre. Mi padre la convenció. Ella tenía veintidós años, él tenía veintiséis. Ella estudiaba en la Facultad de Filosofía y Letras de la UNAM cuando se enteró de que estaba embarazada. Dejó la carrera, pero no por su embarazo. Cuando adolescente le pregunté por qué había dejado de estudiar. Fumando un cigarro mentolado, me respondió que admiraba mucho a un profesor. Una tarde caminaron juntos por los pasillos de la facultad, siguieron conversando hasta la calle, se despidieron, ella observó que su profesor subía al transporte público. ¡A un camión!, dijo mi madre. ¿Y eso qué, mamá? Iba a ser madre, me di cuenta que no quería subir a mis hijos a un camión. ¿Y eso qué tiene? Cuando le dije que estudiaría Literatura ella me dejó de hablar antes que mi padre. Durante varios años no hablé con ninguno de los dos. Mi elección no tenía vuelta atrás. Diego se fue a vivir a Londres a los dieciocho años. Tan pronto le fue posible dejar la patria que le habían escogido, se fue a otra, a una que él había elegido. En ese tiempo quedó claro: Diego era un aliado que además era mi hermano. Tan pronto nos fue posible elegir, les dimos la espalda. Mis padres tuvieron dos hijos: no y no.

Diego tiene veinticinco años. Dedica sus días a las computadoras. Cuando habla de los proyectos que desarrolla muestra continuamente el espacio que tiene entre los dientes. Cuando habla de su trabajo, de programación, de computación, de matemáticas, de física, el espacio entre los dientes frontales es su bandera. No hay nadie que comprenda menos lo que hace y no hay nadie que admire más la dedicación con la que trabaja. Su idea del trabajo, el lugar protagónico que tiene en su vida. Lleva una existencia productiva, activa, vive y trabaja como si fuera diez años mayor, pero las cosas que lo rodean recuerdan su edad. Los discos, los videojuegos, los *gadgets*. Tiene todos los juguetes. Yo poseo lo que un peatón nada extraordinario: un celular y una computadora vieja. No me interesan las novedades. Por otro lado, los llamados *gadgets* literarios me parecen extraños. Entiendo tanto una alfombra voladora como el celular de mi hermano. A él le gusta la tecnología, le impresiona lo que producen los números binarios. El invento que a mí más me ha impresionado es el libro. Me parece que es un buen invento, cualquiera puede usarlo, cualquiera puede abrirlo. La misma cosa decora interiores, traba puertas, pisa papeles. La misma cosa se ofrece como regalo de cumpleaños y la misma cosa sirve para golpear a alguien. Tengo algunos de estos artefactos y tengo veintinueve años.

Mi actividad principal consiste en subrayar libros. Subrayo libros de izquierda a derecha. Aunque, si estoy inspirada, trazo mis líneas de derecha a izquierda. Antes requería los servicios de una regla de plástico de quince centímetros, pero he ido perfeccionando mi técnica al grado que puedo subrayar horizontalmente y verticalmente con óptimos resultados. Soy capaz de hacer líneas rectas a mano. Tengo la certeza de haber subrayado párrafos que son los acontecimientos más importantes de mi vida y he subrayado frases que me parecen más bellas que la vida. A veces anoto en los márgenes de las páginas. Mis apuntes, quejas y sugerencias viven cómodamente en los márgenes. No podría describir el placer que me da usar mi lápiz. Hacer una línea recta a lápiz, bajo una frase, me ha parecido un suelo más sólido que el piso que ahora tocan las suelas de mis zapatos.

Otra de mis actividades consiste en hacer otro tipo de líneas. Anoto frases simples en un cuaderno. Esta actividad es consecuencia de mis subrayados a lápiz. Camino por la calle, observo algo, lo subrayo mentalmente. A quien le apasiona leer sabe que el alma nunca suelta el libro. Una conversación al teléfono o una calle toman el formato de un libro. Leer y subrayar desde el margen de las banquetas es otra de mis actividades cotidianas. Por ejemplo, observo a un adolescente que con un dedo escarba la comida de una muela o a un anciano atándose los cordones de unos tenis blancos y ahí está mi lápiz imaginario subrayándolo, mi lápiz anotándolo en un cuaderno. El otro día observé a una mujer corriendo la cortina, mirando a través de la ventana de su departamento. ¿No es fascinante? Una historia completa se despliega ante el peatón.

Esto para decir que hago líneas y que soy peatón. Todo esto para decir que en mi condición de peatón he llegado a una conclusión ordinaria: un detalle dice más de una persona que su vida entera. Hablo más de mi hermano si digo que bebe diez tazas de té al día que si revelo su historia completa. Esto será, de hecho, lo último que diré sobre él. Tengo sesenta mil palabras sobre mi hermano, pero usaré seis: bebe té negro todo el día.

Mentira. Sigo escribiendo sobre mi hermano y lo seguiré haciendo. Él es todo lo que no soy. Sin embargo, hablo de mi cómplice. Trato de comprender a alguien por quien doy la vida. Ni modo, las frases como son. Hablo de alguien a quien amo: hablo de quien no soy.

Diego gana mucho dinero; yo, en todo caso, gasto palabras. Mi hermano vive, diariamente, en los temas del día: el trabajo, el dinero, las computadoras. Yo vivo en los temas del pasado. Él cree en los grandes temas. Yo sólo creo en los temas secundarios. Él cree en la importancia de las grandes ciudades, a mí me da igual anotar esto a unas cuadras de donde nací. A él le importa vivir en un país con una economía fuerte. Diego tiene, desde hace años, una historia de amor sólida. Hace poco, mientras comía cereales al otro lado de la línea, me dijo que, a pesar de que no lo haría pronto, estaba preparado para tener hijos. Que estaba listo para darles una buena vida, una escolaridad, un seguro, un patrimonio, una buena vida inglesa. Es cierto, está hecho para ser padre desde niño. No he dicho que los papeles se han intercambiado varias veces. La diferencia de géneros, creo, a él lo ha hecho tomar el papel del hermano mayor. Una función protectora, paternal. Muchas veces me ha parecido que yo lo protejo, de niña siempre creí que así era, pero lo más justo que puedo decir es que esto es falso. Él ha sido mi hermano mayor, el que le muestra al más joven cómo deben hacerse las cosas. A pesar de que nunca aprenderé, aunque quisiera aprender todo de él.

Dejé a mi primer novio en la primaria porque no sabía pronunciar mi nombre. Porque su nombre tiene una erre, porque mi nombre tiene una erre y porque ésa era la letra que él no podía pronunciar. Fui honesta: no sabes hablar. Un niño mimado, dijo mi abuelo cuando le conté, hiciste bien en dejarlo. La primera novia de mi hermano era una niña italiana. Todavía me acuerdo cuando me dijo en el asiento trasero del coche, bajando y subiendo el cierre de su sudadera, que le encantaba lo mal que ella hablaba español. Su novia actual, con la que lleva cinco o seis años, ha aprendido español, algunas frases sueltas, por él. Ha construido su relación en inglés, que es la lengua materna de ella. Diego tiene un lunar en forma de corazón en el dorso de la mano derecha. Yo creo que esto dice todo sobre su vida amorosa. Yo, en todo caso, tengo palabras.

La primera vez que dije te quiero fue en la preparatoria. Teníamos dieciséis años y teníamos discos. Nos gustaba escuchar música juntos. Escuchábamos música en su cuarto como si la preparatoria fuera un pretexto para que llegara la tarde. Escuchábamos Mano Negra, The Cure, Babasónicos, Beastie Boys, Soda Stereo, Joy

Division. Imitábamos el baile epiléptico de Ian Curtis, cantábamos *Love Will Tear Us Apart* sin saber que era una profecía.

Caminábamos de su casa al Espacio Escultórico de la Ciudad Universitaria. Él andaba en patineta, yo lo observaba. Le gustaba que mirara sus trucos. *Flip, kick flip, nose slide, tail slide.* Me enseñaba el nombre de los saltos y vueltas de camino a la Biblioteca Central. Leíamos los mismos libros y descubríamos que nos gustaba lo mismo. En las mesas de madera comprimida descubrimos *Las batallas en el desierto, El guardián entre el centeno, Historias de cronopios y de famas, Cien años de soledad.* Ahora mismo me parece verlo a él, en la silla de enfrente. Me parece ver a los estudiantes en las mesas contiguas, las mochilas en el piso, sobre las sillas, los libros apilados, las fotocopias sobre las mesas, los ventanales, la luz de la tarde entrando, los rayos rebotando en las patas metálicas de las mesas, ese calor de la tarde en la Biblioteca Central, ese halo de luz que, entre las pelusas flotando sin dirección, me dejaba verlo a él leyendo *Las batallas en el desierto.*

Hacíamos, antes de salir, una rigurosa parada en el garrafón de agua. Tomando agua de nuestros conos de papel planeábamos si cenaríamos en su casa o en la mía. Él quería a Diego, se caían bien, lo trataba como a un hermano. Él era hijo único, le gustaba pasar tiempo en mi casa, pero ahora sé que yo disfrutaba más pasar las tardes en su casa. Yo no conocí a su madre. Sus padres estaban divorciados, ella se había vuelto a casar. Era profesora, se había ido a vivir a Massachusetts, impartía clases en el MIT. Su padre no se había vuelto a casar, había criado solo a su hijo. Era padre y madre a la vez, un hipocampo orgulloso. Tenía un cargo directivo en el Instituto de Física de la UNAM, era profesor, era daltónico. Las cortinas de la cocina, la sala, el comedor y las escaleras que daban a la segunda planta eran amarillas. En la casa amarilla vivían el padre, él y una mujer michoacana que nos preparaba de cenar quesadillas y agua de limón. Tortillas de maíz hechas a mano, queso Oaxaca volteado al sartén, una costra de queso quemado. Una salsa cocida de tomates verdes. La señora, como la llamaba su padre, hervía los tomates por la tarde, los licuaba por la noche. Nos preparaba el agua de limón con azúcar mascabado. Servía el agua en los vasos de las veladoras que se habían consumido en un altar que tenía en su cuarto. Unos vasos largos, angostos, con la virgen de Guadalupe impresa. Pronto los vasos de la virgen de Guadalupe, llenos de agua de limón café, se convirtieron en una casa para mí.

Éramos amigos. Él usaba Vans y yo Converse que, en esos tiempos, era señal de que éramos las dos caras de una misma moneda. Íbamos a conciertos de rock e íbamos a conciertos de música clásica los domingos al mediodía en la Sala Nezahualcóyotl. Comprábamos abonos para la temporada, comprábamos abonos para las muestras en la Cineteca Nacional. Caminábamos de la Cineteca a una cafetería, el Jarocho; comprábamos una dona de chocolate para él, una dona de maple para mí, tomábamos café de olla en vasos de unicel mientras caminábamos. Regresábamos a su casa. Descubríamos, asombrados, entre los VHS de su padre, el cine de Godard, Truffaut, Wenders y Fellini. Es decir, descubríamos el mundo.

Él me ayudaba con las tareas de Física y Química, yo con las de Historia y Español. Pero esto es sólo un decir. Vuelvo: nos gustaba escuchar música juntos. Hablábamos de música, de películas, de los amigos que teníamos, de los apodos que les poníamos, subíamos y bajábamos el volumen del estéreo y repetíamos un disco antes de abrir un cuaderno. Una noche cenábamos quesadillas y agua de limón en el comedor de su casa con intenciones de abrir los cuadernos. Pero antes pusimos un disco. Nos echamos en un sillón amarillo de piel. Me pidió que escuchara la letra de una canción al tiempo que cruzaba las manos detrás de la nuca apoyándose en el respaldo. Se acercó poco a poco, lenta y torpemente recargó su cabeza sobre mis piernas. Giró, me dio la espalda, pero su cabeza estaba en mis rodillas. Explotaron las preguntas. Le acaricié, nerviosa, el pelo, los chinos negros. ¿Qué significaba eso? Me temblaban las manos. Tomó mi mano, mi dedo índice. ¿Dónde estaban su papá y la señora? Él estaba, también, nervioso. Me acariciaba, suave, tembloroso, la mano. ¿Lo planeó? Se fue deslizando, levantando, impulsándose con los codos. ¿Había imaginado él, como yo, que esto podía pasar? Nos besamos. ¿Cuándo se llevó una pastilla tictac a la boca? Me acuerdo que me abrazó, que me dijo que llevaba tiempo queriéndome abrazar así y que yo me acabé su tictac de naranja. Recuerdo que cuando regresé a la casa a mi hermano lo iluminaba la pantalla de su computadora.

185

Mientras Diego pasaba las tardes frente a un monitor, yo gastaba el tiempo leyendo. Algo verdaderamente importante me sucedió cuando leí un poema de Fernando Pessoa y algo ordinario terminó con mi primer amor. Mi hermano y yo vivimos esos años exiliados de la vida real, como mi madre solía decirnos. Vivíamos un exilio privado en cuartos contiguos. Más de una vez entró a mi cuarto intentando explicarme lo que hacía en la computadora, así como más de una vez intenté que leyera alguno de los libros que tenía en la cajonera al lado de la cama. Nada: era lo mismo que hablar en lenguas distintas. Aun así pasábamos mucho tiempo conversando.

Mis padres se habían divorciado entonces. Nunca sabré con precisión cuándo. Se conocieron cuando ella tenía trece años, él diecisiete, era una historia larga. El punto final no fue claro. O quizá sí lo fue y sólo estoy hablando de un tiempo nebuloso para mí. Me acuerdo bien que vivimos, los cuatro, una temporada larga en Estados Unidos. Que dejamos un departamento pequeño en Estados Unidos para vivir en una casa grande en la ciudad de México. Que esa mudanza trajo dos cambios: cuartos separados para nosotros, una separación para ellos. En esa casa vivimos mi hermano y yo con mi madre. Ver a mi padre, en ese tiempo, era complicado. No conozco las razones de esa separación ni las preguntaré. De ese divorcio sólo diré lo importante: a mi hermano le sudaban las manos.

Una maestra mandó llamar a mi madre porque su hijo entregaba húmedos los ejercicios de clase. Los ejercicios, los exámenes, las esquinas superiores de las hojas de sus cuadernos terminaban mojadas. Ondulados los bordes de las hojas al final del día. A la hora de la comida dejaba la servilleta hecha trizas. Una noche que mi hermano se quedó dormido con la televisión encendida noté que tenía los puños cerrados. Lo desperté para que se fuera a su cama, empezó a llorar. No quiso decirme qué le pasaba, me pidió que me quedara al lado de su cama hasta que se volviera a dormir. Las manos le sudaban también cuando dormía.

En esos días llegó a la casa un refrigerador nuevo con algo que sería importante en nuestras vidas: una caja de cartón inmensa. Dentro de esa caja de cartón, que ahora mismo me parece oler, pasé mucho tiempo conversando con mi hermano. A pesar de la obsesión de mi madre por la limpieza, logramos convencerla de que la caja se quedara en la casa, en el cuarto de la televisión. Mi hermano pasaba más tiempo adentro de la caja que en su cuarto. Dentro hacía ejercicios de matemáticas, comía cereales y pan dulce. Ingenió un sistema de iluminación con unas linternas, recortó una ventana minúscula para ventilarla. Yo entraba varias veces al día para platicar con él. Puedo decir que el tono de nuestras conversaciones cambiaba drásticamente en esa caja. Ahora creo que esa caja de cartón marcó nuestras conversaciones, que por teléfono o cenando volvemos a ese tono que descubrimos sentados adentro de la caja de un refrigerador.

El primer cuento que escribí estaba dirigido a mi hermano. Hice un libro con cartulinas blancas y tapas duras. Dibujé una portada. Las palabras y los dibujos querían que le dejaran de sudar las manos a él, que saliera de su caja de cartón. No sirvió. Fue con varios psicólogos. Las conclusiones siempre eran las mismas. Una inteligencia superior a la de los niños de su edad, un descontrol emocional de un niño varios años menor que él. El desfase, que era evidente en la vida diaria, tuvo manifestaciones que ahora dejaré de lado. Diré que un día tiró la caja de cartón a la basura. Que a partir de cierto punto decidió dejar la historia atrás. Y que años después decidió salirse de la historia. Salirse, vivir en otro lugar, en otro idioma.

El año pasado fui a verlo, me quedé en su departamento. Un sábado bebimos hasta que amaneció. Esa madrugada, poniéndolo al tanto de algunas historias familiares, me dijo que prefería vivirlas así, como historias que yo le contaba. De lejos, como un espectador. Que de niño prefería estar frente a una computadora que frente a la vida. Tú mejor que nadie sabes que no era fácil tratar con mamá y con papá peor, dijo. Ahora que escribo esto me parece que mi hermano es el único que comprende por qué era necesario encontrar formas de habitar una casa y una historia común y corriente. Por qué las puertas cerradas, por qué abrirlas para hablar entre nosotros, por qué nuestra relación horizontal era necesaria.

Del carácter de mis padres no hablaré yo, será mi hermano quien les dedique unas palabras. Antes de que se fuera a vivir a Londres, me llamó por teléfono una noche. Entonces yo ya no vivía en casa de mi madre, vivía en un departamento que compartía con dos amigas. Mientras guardaba cosas en su mochila, se desvió revisando cajones de su clóset. Se quedó hasta tarde examinando papeles, manuales, encontró un álbum fotográfico, me llamó. No sabes qué acabo de encontrar, hermana. Una foto en blanco y negro de mi papá, cuando niño, tocando el piano. Es una de esas fotos que no viajaron a Estados Unidos, una que nunca figuró en los álbumes que husmeábamos. No sé de dónde la saqué o a quién se la robamos, pero es impresionante, tienes que verla. Se ve feliz, un pez en el agua, como quien dice. No lo reconocerías. Está feliz, sonriente, tocando un piano de cola. Ya sé que cuando se entere que me fui a Londres me va a dejar de hablar. ¿Y sabes qué?, cuando me vuelva a hablar le voy a enseñar esta foto al hijo de puta.

Pasaron muchos años antes de que yo volviera a hablar con mi padre. El silencio era una forma de castigo. Descubrimos que nos llamó, a los dos, el mismo día. Ha dicho perdón de distintas maneras sin usar esa palabra. Ahora, aquel que nos daba miedo, pánico, cuando se enojaba, aquel al que le dimos la espalda con merecido encono es el mismo hombre que suele hablarnos, escuchando música de fondo, para decirnos que nos quiere. Hemos descubierto que nos llama a los dos en el lapso que dura la misma canción que escucha en el coche mientras está atascado en el tráfico. Nos pregunta cómo estamos, qué hacemos. Nos desea un buen día. Dice te quiero, hija, hijo, como obedeciendo un impulso que se ha convertido en costumbre. La música de fondo, el piano que suele acompañar las palabras de mi padre, es algo que mi hermano no olvida.

Mi madre rompió el silencio fundando categorías que mi hermano y yo hemos comentado por teléfono. Sus categorías cuentan con dos ramas radicales: lo que le gusta y lo que no entiende. Son categorías oficiales, definitivas para ella. Las artes visuales son: un cuadro como Dios manda o una pared blanca. No importa que no haya una pared blanca frente a ella. El cine se divide en: una buena película y una película de chinos mirando el techo. Fundó esta categoría cuando le regalé una película de Wong Kar-wai. Alguna vez que le regalé una colección de cine europeo, hizo un anexo: polacos recolectando papas. La música clásica o la que escuchan sus hijos. Naturalmente no importa que mi hermano y yo no escuchemos el tipo de música a la que se refiere. Su idea de la arquitectura se sostiene sobre dos pilares: una casa o la caja de zapatos que llaman *loft*. Después de estudiar Literatura, cuando reanudé la relación con mi madre, me animé a regalarle algunos libros que me gustaban, de modo que añadió una nueva categoría a su lista: las novelas en que hablan los muertos. Para mi madre la danza, sencillamente, debe ser exiliada de las bellas artes, pero sólo Dios y ella saben por qué.

Mi madre, en este sentido, tiene la imparcialidad de un dios, no comprende por igual ninguna de las cosas que nos rodean. Con su belleza española, con su ocasional humildad lusitana, suele engancharnos comenzando las frases así: tú, mi amor, que te gustan los libros, ¿podrías leerme en voz alta las indicaciones en esta caja de medicinas? Tú, chiquito, que te gustan las computadoras, ¿puedes explicarme por qué no sirve el control remoto? Por no mencionar que ella, además de exponerme sus categorías sobre el arte, le ha dedicado a mi hermano otras clasificaciones en las que todo lo que le apasiona queda reducido al tamaño de una pila.

La dureza de mi padre y el cinismo de mi madre confluyen en el lado insoportable de mi hermano. Peor que una suma, una multiplicación. Esto explotó cuando él llevaba poco tiempo fuera. Mi hermano se cepillaba los dientes cuando me contó, por teléfono, que le habían ofrecido un trabajo. Le ofrecían demasiado dinero. Estaba contento, muy contento con la oferta. No estudiaría una carrera, trabajaría en el puesto que habría querido tener saliendo de la universidad. Esto es lo mejor, decía. Decía que en Londres la pasta de dientes sabía mejor, que podía beber el agua con la que se lavaba los dientes. Londres, al cabo de un año, se había convertido en la cota alta con la que comparaba a la ciudad de México.

El sistema de transporte, la seguridad en las calles, la limpieza, la retícula de las calles, las construcciones victorianas, los parques, la libra y su gran formato, la cerveza y su espesor, la lluvia y los paraguas. Cualquier cosa era mejor en Londres. Para él un paraguas inglés era mejor que uno mexicano. Se abren más rápido, te quitan menos tiempo, me decía al teléfono, con el cepillo de dientes en la boca. Todo es tan ineficiente allá, decía al tiempo que escupía pasta de dientes, en México hasta los paraguas se abren hasta el lunes, después de que llovió el fin de semana. ¿Sabes? Descubrí cuál es el problema, dijo. Si en México el clima fuera más hostil, otra sería la economía del país.

Hablábamos todos los domingos. Los primeros meses en ese trabajo lo hicieron cada vez más insoportable. Al otro lado de la línea, elaboraba tesis descabelladas sobre la economía inglesa y la superioridad de la libra ante el peso mexicano, fundando sus teorías en el uso del paraguas. Se ufanaba de usar un paraguas todos los días como si fuese parte de la civilización que había tallado la lanza, una cultura que aventajaba a la ciudad chabacana donde yo estaba, al otro lado de la línea. Que si el color gris es más imponente que los colores de una tarde en la ciudad de México, que si la lluvia vertical obligaba al trabajo vertical, que si la comida sobria es mejor que el sazón mexicano, que si el temperamento inglés es más elegante que el mexicano, que si la idea de la puntualidad le daba dirección a los números de un país. La sobrepoblación se debe a la impuntualidad, decía mi hermano, pues nadie tiene noción de que hay un tiempo para todo. Tener hijos no es una cuestión de, uy, pasó y que Dios nos ayude. Hay minutos para todo. Si tan sólo todos fueran puntuales en México, gente comprometida con su reloj, decía mi hermano mexicano. En otras palabras, a Diego le parecía que por cada inglés que cargaba un paraguas había un mexicano cargando una hamaca.

Mientras yo dedicaba mis días a actividades secundarias, él se vanagloriaba de vivir en el Primer Mundo, con su trabajo, ganando demasiado dinero, paraguas en mano. Estaba insoportable. Dejé de responder sus llamadas de todos los domingos que, predeciblemente, insoportablemente recibía con una puntualidad inglesa.

Era un suplicio escucharlo, una tortura. Dejé de hablar con él. No había ido a verlo. Tampoco quería. Me irritaba cada vez más esa melodía inglesa que tenía al hablar español, por natural que fuera, por mucho que, en efecto, él hubiera aprendido inglés antes que español. Me desagradaba su obstinación, su necedad, su necesidad de demostrar que él hacía lo correcto. Yo no tengo nada que demostrar, no estaba dispuesta a escucharlo.

El fondo de nuestras discusiones posteriores ha sido siempre el mismo. Nos peleamos, físicamente, una sola vez, cuando niños. Le aventé un control remoto, me dio una patada. Iba a clases de karate, no fue cualquier patada. Mi padre lo golpeó. Quedó claro que nuestro contacto sería sólo a través de las palabras. Esas que usaríamos para discutir y esas que, al fin de la cuenta, nos reconciliarían. Pero cuando su lado terco sale a flote, hundiendo toda su sensatez, cuando quiere demostrar que él tiene la verdad, no hay nadie más intransigente que él. Nada lo destraba de una discusión hasta que se cree vencedor. Su interlocutor puede callar. Él seguirá lanzando pelotas contra la pared. Uno puede despedirse con un pretexto, colgar el teléfono. Él volverá a llamar para continuar el soliloquio.

Luego de la única temporada que dejamos de hablar, llegó al buzón del edificio un sobre de parte de mi hermano. No sé si hasta ahora he mencionado que él no escribe cartas, pero tiene un modo particular de hacerlas. Ése fue el primero de tantos videos que me ha enviado de Londres. Una cámara digital, la voz de mi hermano. Hola, hermana, te presento mi cuarto.

Aquí duermo desde hace dos años. Tengo el cuarto más grande del departamento, mira qué chico es. Ésta es mi cama individual, mi colcha azul, ¿no parece una nube? Si abro la cortina, la ventana al lado de la cama, hay un anuncio de neón. Ahora no está prendido, pero por las noches todo aquí se ilumina de azul. Sam y Mark dicen que parece *table dance*, pero cuando regreso de trabajar me parece un paraíso. Hay un restaurante tailandés justo aquí abajo. Ahí están mi televisión y mi Play Station. Ah, toda esa ropa que ves en el piso no la tiré yo. Éste es uno de los fenómenos paranormales del departamento. Guardas la ropa en los cajones y una mano peluda la tira al piso mientras duermo. No te fijes. Aquí al lado está el cuarto de Sam, ¿quieres ver su debilidad? Mira adentro de estos cajones. Podríamos abrir el museo del calcetín, mira éstos. De colores, de cuadros, de rombos, lisos, de caricaturas. Mira éstos de robots, ¿no son increíbles? Yo se los regalé. Mira cuántos lentes tiene, es un fanático de los armazones. Sam es el tipo de persona que los ordena por colores, yo creo que es un asesino serial en potencia, pero él dice que es diseñador. ¿Y ves este cuadro? Ajá, no es un cuadro, es una foto, mírala bien. Es el castillo que tiene su padre en Escocia, es impresionante. Han filmado varias películas allí, algún día iremos juntos.

El cuarto de Mark. Vamos a despertarlo. Ah, está cerrado con llave. No te pierdes de nada. Vamos a la cocina. Este bote de Marmite es de Sam. Los botecitos de especias son también de Sam, ¿quién compra azafrán en el mundo además de Sam? Todo lo que aquí hay es de él. Vamos afuera. Mira, estas estampas que pegamos en la puerta las hizo Sam para una marca de patinetas, ¿están buenas, no? Vamos tarde, hermana.

Apréndete bien esto: Goswell Street. Ahora vamos a caminar por donde diario camino hasta la estación Barbican. El estacionamiento de aquí al lado está siempre vacío. Aquí, hasta mi jefe, que gana millones de libras al año, toma el metro todos los días. Mira, en este pub atiende un viejo que me cae muy bien, cuando joven fue a Cancún y varias veces me ha contado la misma historia. Allá al lado está el bar que más me gusta de la zona. He llevado a todos los mexicanos que conozco a ese bar, allí venden cerveza Pacífico. Unas calles abajo está el mejor lugar para desayunar los domingos. Smithfield, anótalo. Los mejores huevos con salchicha, la mejor papa rallada. Y una limonada perfecta: limones frescos, licuados junto con los hielos. Adivinanza: ¿cuántas cafeterías caben en una esquina? Respuesta: esta esquina. Este hombre sí que lleva prisa, mira cómo corre. Las tiendas, el Barbican Centre. Tengo que llevarte ahí. No puedes negar que los autobuses rojos son más agradables a la vista que los peseros, por no mencionar que los conductores aprecian un poco más tu vida. Llegamos, la estación Barbican, la línea marrón, acuérdate, la marrón, no la café. Bueno, hermana, es hora de mi truco de magia: me ves entrar a la estación, ves mi tarjeta Oyster, sigues viendo mi tarjeta Oyster azul y ya estamos en la estación Picadilly. En menos de un segundo. El metro aquí es tan rápido que no me viste entrar y salir de los vagones.

Abrí mi cuenta de banco en ese HSBC que ves allí, ¿pero te digo ya o me espero? Yo creo que Uniqlo te gustaría mucho, he comprado aquí mucha ropa, es una tienda japonesa, ropa bastante sencilla. ¿Y qué ves aquí? Waterstones, mira todos estos libros. Pero no me vas a hacer entrar allí, cuando vengas te esperaré afuera. Mira, ¿ves esa esquina?, en ese pub me puse la peor borrachera de mi vida. Amanecí en casa de un amigo con un solo zapato. Me dijeron que en el bar empecé a regalar toda mi ropa, nos corrieron. Yo no sé, pero amanecí con ropa que me quedaba grande y con un solo zapato.

Hay algo que quiero que veas en esta tienda de muebles, siempre que paso por aquí me acuerdo de ti, mira, fíjate bien en este librero. ¿Qué tiene de raro? Ajá, los libros son falsos. Fíjate bien, están huecos, son de cartón, pero aparentan ser libros antiguos. ¿Ves el doblez de la caja? Una vez entré a preguntar cuánto costaban, me dijeron que no estaban a la venta. Quería mandártelos por correo, pensé que podrías adornar la mesa de tu sala con estos libros falsos, así la gente pensaría que lees mucho. Vamos a tiempo, acompáñame por mi té. Ah, la fila. Saluda a la mujer que diario me atiende, se llama Hannah; Hannah, te presento a mi hermana, salúdala.

Es muy importante que guardes este video para mis hijos, si me muero antes de darles esta lección prométeme que les vas a enseñar esto: tomo un sobre de azúcar, un poco de leche, mira, uno de estos popotes para revolver y ninguna servilleta, ¿ves? No tomo nada extra, nada de esta mesita. No soy el tipo de persona que se aprovecha de las cosas gratuitas. Voy a apagar la cámara un minuto, tengo que apurarme.

El hombre que entra al edificio, ¿ves la suela de su zapato? Te acerco, tiene un cuadro de papel de baño pegado a la suela. Qué situación, Dios Santo, no va a poder justificar su tardanza en la junta, todos van a saber por qué se tardó. Ésta es la recepción. Te presento a Thomas y a Joyce, Thomas, saluda a mi hermana. Sí, de México, vive en la ciudad de México. Vamos al elevador. Este botón, piso siete.

Otra recepción. Buenos días. El reloj de la recepción, ¿ves que puntual soy? Cinco para las ocho, cuando entre a mi oficina puedes ajustar tu reloj a las ocho menos siete horas. ¿Ya te he dicho que no soporto la impuntualidad mexicana? Mira, el que entró al baño es Nick. Vamos a tocarle la puerta. No, Nick, no abras la puerta, pero saluda a mi hermana. No, no está aquí afuera, pero salúdala.

Ésta es la oficina de Bill, mi jefe y mi ser humano favorito. ¿Te conté lo que hizo hace poco por mí? Me pagó un curso de *snow boarding* en Davos, Suiza. boletos de viaje redondo, tabla, ropa, todo. Lo que siempre había querido hacer. ¿Te acuerdas que papá no quería llevarme a patinar en la pista de hielo de ese centro comercial en Estados Unidos sólo porque no le gustaba la idea? Pues pasé varias noches en la oficina, trabajando en un proyecto que no me correspondía, que a él le importaba mucho, y cuando terminé, luego de cinco días de dormir en la oficina, llegó con la sorpresa. El año pasado, después de un proyecto que me dio y que le hizo ganar mucho dinero a la compañía, me mandó a Tokio a la junta de entrega. Me invitó una semana extra allá. ¿Sabes por qué hizo eso? Porque le dije que me encantaba el Wagamama que está a unas cuadras de aquí. El mejor pastel de queso con jengibre que he probado en mi vida. Vamos a tocar su puerta. Bill, me complace presentarte a mi hermana.

Ésta es mi oficina. Stefan, Nam, y éste es Adam. Éste es mi reloj, el segundero está a punto de cruzar, uno, dos, listo, ocho en punto. Esto es lo que quería enseñarte, este bote con clips. Llevo dos años acá, no has venido a verme, y no es un reclamo, pero, en serio, te necesito. Quiero platicar contigo, te quiero llevar a muchos lugares, yo te invito una temporada acá, el boleto, todo lo que necesites. Mira cuántos clips tengo en este bote. Si vienes nadie te lo va a agradecer con tantos clips como yo, hermana.

Obviamente lo fui a ver, pero no permití que él pagara el boleto ni mi estancia. Cuando es así de evidente su generosidad no permito que los papeles se intercambien. Es mi hermano menor y punto. Su máxima virtud, la generosidad, ilumina su trabajo y sus palabras. Yo, sin más, admiro esta forma de ser, pero hay momentos en los que nunca permitiré que se inviertan los papeles. Me gusta que él pueda recurrir a mí. Prefiero ser un apoyo, una compañía para él. Después de esa primera visita empezaron las costumbres propias de vivir en países distintos. Las llamadas frecuentes, los viajes. Haciendo más claro con cada viaje, con cada llamada, que nos unen las palabras y las historias que forman.

Mientras escribo esto mi hermano pasa una breve temporada en la ciudad de México. Vino unos meses, regresa a Londres el próximo mes. Pidió un descanso en el trabajo. Era demasiado, me contaba mientras desayunábamos un sábado. Se dio cuenta de que rebasó límites. Los últimos meses en Londres se quedaba dormido en el sillón de su oficina. Las últimas semanas, antes de pedir unos meses de descanso, un amigo lo cargaba al taxi y el taxista lo arrastraba a las escaleras de su edificio. Había dejado de tomar el metro porque tenía que caminar, era tiempo de sueño que perdía. Desayunaba, comía y cenaba al lado de la computadora. Necesitaba un descanso. Aun así sigue trabajando para la misma compañía. Su jefe contrató a dos personas para sustituirlo. Su jefe le envía correos, le pide que vuelva, le dice que le espera un aumento de sueldo. En estos meses ha reforzado la idea que tiene de vivir allá. No quiere regresar a México. Detesta, compara, refrenda.

En los seis meses que lleva aquí se ha hecho evidente que es a él a quien busco cuando algo pasa. Por ordinario que sea, busco las palabras de mi hermano. No conté aquí las tres historias de amor que siguieron a la primera, sus finales y sus vueltas. A mi hermano le he contado todos los detalles. Aquí no conté las pérdidas ni las muertes. No conté las enfermedades. No he dicho ni diré quién tiene epilepsia y quién esquizofrenia. No diré cuántas veces ni por qué razones hemos tomado café de máquina en la sala de espera de un hospital. Tampoco conté las confesiones dolorosas. Las veces que hemos llorado me las guardo. No están aquí las veces que nos hemos puesto borrachos. No conté el viaje en coche que hicimos hace poco al mar. Que revienten nuestras confesiones. Que nuestras risas, como olas, choquen entre sí. No conté que no lee y que no leerá que no tengo palabras para decir cuánto lo quiero. No conté nada de esto. Que se corran las cortinas del porvenir.

Agustín Goenaga

◆

Autobiografía del cráneo

That was also the day
he began his autobiography. In this work Geryon set down all inside things
particularly his own heroism
and early death much to the despair of the community. He coolly omitted
*all outside things.**

Anne Carson, Autobiography of Red

Un oficial de migración subió al autobús y se puso a hablar con el chofer y con el guía del grupo. Yo viajaba en la parte trasera. Durante esa semana en Rusia procuré salir del hotel tanto como podía pero aun así guardo escasos recuerdos del viaje: el tren de Helsinki a Moscú llevaba el nombre de Tolstói; la ominosa pequeñez de Lenin en su féretro de vidrio; una función de *Carmen* con Svetlana Zakharova –entonces no sabía de quién se trataba, pero al volver de Finlandia salí por un tiempo con una bailarina que me enseñó una o dos cosas sobre la danza y sobre el cuerpo (cuando pienso en ella, de hecho, pienso en

* Ése fue también el día/ en que comenzó su autobiografía. En esa obra Gerión anotó todas las cosas de adentro/ en particular su propio heroísmo/ y su muerte prematura para gran desesperación de la comunidad. Tranquilamente omitió/ todas las cosas de afuera. [Trad. de Tedi López Mills.]

un par de piernas muy largas y en los músculos que el entrenamiento ha vuelto felinos), desde entonces he poblado el recuerdo con nuevos inventos pero una cosa es cierta: al llegar al último piso, tarde y con un boleto comprado en la calle a un revendedor, una de las acomodadoras me tomó del brazo y me hizo esperar detrás de una columna, unos minutos más tarde volvió para indicar dónde podía sentarme, señaló una fila de asientos en ebullición donde había hecho que la gente se moviera para dejar libre un lugar en la orilla–; San Petersburgo como la capital de un imperio abandonado durante la noche y que poco a poco se ha vuelto a poblar con gente como yo, enfermos, lisiados, ladrones. Pasé algunas noches agobiantes cuando la fiebre escaló por arriba de los 40 grados. Iba y venía del baño con botellas de agua fría que abrazaba encima de las cobijas.

El oficial bajó del autobús y el guía comenzó a rebuscar entre sus papeles hasta encontrar la lista de pasajeros y leyó nuestros nombres en voz alta. La italiana que yo había seguido hasta allí dormía en su asiento un par de filas más adelante. Durante uno de los ataques de tos, antes de llegar a la frontera, me ofreció un poco de agua. Seguirla había sido una idea estúpida, pero antes del viaje me había envalentonado, había pensado que si me daban un par de horas con ella podría mostrarle, con una rabia y mezquindad inesperadas, que al irse con aquel tipo había perdido más de lo que pensaba. Por supuesto, no acepté el agua. El guía repitió mi nombre un par de veces y me pidió que me acercara. Los demás podían pasar su pasaporte al frente y permanecer en sus lugares, pero yo, por no tener nacionalidad europea, debía bajar, presentarme ante el oficial de migración, obtener los sellos correspondientes y después caminar unos metros hasta el otro lado de la frontera donde podría volver a abordar el autobús. Ésa es la última parte del viaje que recuerdo. El resto son los días en el hospital de Meilahti, en Helsinki, las visitas, el letargo. Sería la primera vez que regresaba a un hospital desde mi nacimiento. Ahora he contaminado la imagen con mis propias fantasías. Sé que no ocurrió así, sin embargo así es como el recuerdo ha permanecido: yo camino por el centro de la autopista, trozos de hielo se descongelan a ambos lados, la llegada de la primavera parece inminente. Ha oscurecido casi por completo y camino muy despacio, sosteniendo mi brazo derecho con el izquierdo y apretándolo contra las costillas. El autobús avanza detrás de mí, escupiendo sus luces contra mi figura que deja una sombra larga en el pavimento.

Imposible narrar esto en primera persona. La primera persona que nace con la conciencia todavía no existía. El niño está dormido en una incubadora en la ciudad de México. Los padres deben abandonar el hospital por la noche. Las enfermeras les aseguran que cuidarán de él, al igual que la noche anterior y la noche anterior a ésa. Estirar la mano y casi tocar las paredes de un útero de cristal. Mirar a los extraños que pueblan el nuevo mundo. A los padres les habían advertido que por su edad sería un embarazo de riesgo. El niño podría nacer con problemas, con alguna forma de retraso. Sin embargo el pediatra dijo que el niño había nacido bien, antes de tiempo, pero había llegado completo–como si dijera "regresó completo", como si yo hubiera partido a una guerra dios-sabe-dónde y regresara fatigado, hambriento, ávido, pero completo, a salvo. Todas las partes están en su sitio. Todavía. Sólo era cuestión de dormir la resaca, de terminar de llegar.

Pasaron veintitantos años antes de que volviera a un hospital.

No he sufrido ninguna de las enfermedades de la infancia. No me he roto ningún hueso.

Unos días antes de tomar el tren a Moscú recibí un correo electrónico de Marcelo Uribe. El manuscrito que había enviado un par de años atrás a la editorial que Marcelo dirige había sido aceptado para publicarse. Algo tendría ahora para sustentar la cantaleta con que había empujado a la italiana fuera de la cama. Los amaneramientos, las poses, las falsas indignaciones, la megalomanía, los sentimentalismos, las mistificaciones de la carne, el esnobismo y las irredentas ínfulas de intelectual que hasta a mí me aburrían tendrían ahora una prueba, un respaldo, una justificación. Era una idea estúpida. Pero las seguí –a la idea y a la italiana– hasta Rusia para que ella se diera cuenta. (Aún no termino de entender de qué debía darse cuenta.) Y entonces la mezquindad se convirtió en neumonía. Está de más, sin embargo, el dramatismo: me había emborrachado la noche anterior y regresé a pie durante una madrugada demasiado fría. Por eso desperté tarde aquella mañana y encontré el mensaje de Marcelo en mi computadora. El resto, creo, es verdad.

Viajábamos de regreso a Guadalajara. Mi padre conducía y yo iba sentado en el asiento del acompañante. A quinientos metros o un kilómetro de la primera caseta en la salida hacia Toluca, un hilo de humo se estiraba desde el vado que flanquea la autopista. Algunas personas que volvían a la ciudad de México habían orillado sus coches y desde una colina nos hacían señas para que nos detuviéramos. Mi padre bajó la velocidad y vimos a un muchacho que intentaba salir del vado trepando por los zacates. Cuando bajamos del auto para ofrecer ayuda él ya corría hacia nosotros. Una mancha de sangre había empapado la espalda de su camiseta blanca. Tendría más o menos mi edad, diecisiete o dieciocho años. Subió al coche sin decir nada y ordenó a mi padre que condujera. En los treinta segundos que tardamos en llegar hasta la caseta nos explicó que viajaba con su familia, el auto se había salido de la carretera y había rodado cuesta abajo por el vado. Decía que los demás todavía estaban atrapados entre la lámina. En la caseta empezamos a llamar a gritos a los federales para que fueran a ayudar.

Hace poco recibí otro correo de Marcelo invitándome a escribir este texto, tres años después de que iniciáramos comunicaciones. No es de extrañar que comience por donde he comenzado, rascando el cofre de tesoros para poner sobre la mesa un montón de botones, un par de monedas extranjeras, una horquilla que, vista de determinada manera, me recuerda las piernas de la bailarina, un legajo de notas, recortes de una revista para adultos.

Hay algo más: las coincidencias. Me he puesto a re-buscar entre mis libros algo que me ayudara a escribir sobre los botones, la horquilla y las notas. Encontré *Autobiography of Red*, de Anne Carson, una edición en inglés que compré en una tienda de libros usados en Fredericton, Nueva Brunswick. En la página 59, la abuela de Herakles cuenta la historia de Lava Man, el único sobreviviente de la erupción de un volcán en los años veinte. Ella había fotografiado desde la distancia la lluvia de rocas y fuego:

Ma'am? Yes. Can I ask you something? Certainly. I want
to know about Lava Man.
Ah.
I want to know what he was like. He was badly burned. But
he didn't die?
Not in the jail.
And then what? And then he joined with Barnum you
know the Barnum Circus
he toured United States made a lot
of money I saw the show in Mexico City when I was twelve.
Was it a good show?
Pretty good Freud would have called it
unconscious metaphysics but at twelve I was not cynical I
had a good time.
So what did he do? He gave out
souvenir pumice and showed where the incandescence had
brushed him
I am a drop of gold he would say
I am molten matter returned from the core of earth to tell you
interior things—

Look! he would prick his thumb
and press out ocher-colored drops that sizzled when they hit
the plate–
Volcano blood! Claimed
the temperature of his body was a continuous 130 degrees
and let people
touch his skin for 75 cents
at the back of the tent. So you touched him? She paused.
*Let's say–****

Dejé el libro y busqué en la computadora las notas de la novela que final y fortuitamente me mandó a Rusia y al hospital y a la constante vigilancia de mi propio cuerpo. Encontré el pasaje que tenía en mente, las primeras líneas que escribí, hace casi diez años, sobre los dos hermanos, Barnum y Galen. En la novela, Barnum es uno de los personajes secundarios. Un muerto que

---

** *¿Señora? Qué. ¿Puedo preguntarle algo? Claro. Quiero saber acerca del Hombre de Lava./ Ah./ Quiero saber cómo era. Se quemó horriblemente. ¿Pero no murió?/ No en la cárcel./ ¿Y luego qué? Y luego se metió al Barnum sabes el Circo Barnum/ hizo giras por Estados Unidos y ganó mucho/ dinero vi el espectáculo en la ciudad de México a los doce años. ¿Era un buen espectáculo?/ Bastante bueno Freud lo habría llamado/ metafísica inconsciente pero a los doce yo no era cínica la pasé muy bien./ ¿Qué hacía él?*

Repartía/ piedra pómez de recuerdo y mostraba dónde lo había rozado la incandescencia/ soy una gota de oro decía/ soy materia derretida he vuelto del centro de la Tierra para contarles cosas interiores./ ¡Miren! Se punzaba el pulgar/ y al presionarlo salían gotas color ocre que chisporroteaban cuando caían en el plato./ ¡Sangre volcánica! Alegaba/ que la temperatura de su cuerpo era siempre de 130 grados y permitía que la gente/ le tocara la piel por 75 centavos/ en la parte trasera de la carpa. ¿Así que usted lo tocó? Ella hizo una pausa./ Digamos... [Fragmento de *Autobiografía de Rojo*, de Anne Carson, traducción de Tedi López Mills, Editorial Calamus, 2009.]

trabaja como pescador al otro lado del mar. No estoy seguro cómo es que di con ese nombre. Tengo la impresión de que lo armé con sílabas de otros nombres, pero es posible que también esto lo haya inventado. Carson se refiere al fundador del *Ringling Brothers and Barnum & Bailey Circus*. A lo mejor de ahí se me ocurrió el nombre. No importa, de todos modos se trata de otro Barnum. Las fechas no cuadran, ni siquiera en la historia de Carson, porque Lava Man conoció a ese tal Barnum después de la erupción del volcán en 1923 y para entonces Phineas Barnum, el fundador del famoso circo, ya había muerto, dejando atrás una multitud de monstruos y su propio tren para transportarlos de una ciudad a otra. No importa. Se trata de un impostor, otro Barnum distinto. En todo caso, reproduzco esas dos o tres páginas que nunca llegaron a formar parte de la novela:

—Te doy mi parte.

Barnum no respondió. Su hermano apenas podía verlo en la noche, sentado sobre las mantas. La escasa luz de afuera le pegaba en la cara. Se frotaba los ojos con una mano. Tenía las uñas negras y las manos vendadas.

—Mañana que salgamos te daré mi parte —repitió.

—Vamos a acabar en el infierno.

—Nosotros no lo matamos, no sé por qué sigues con lo mismo.

—Cállate, Galen, igual vamos a acabar en el infierno.

—¿Cómo sabes?

—Esas cosas siempre se saben, se saben aquí.

Barnum se tocó la nuca.

–*Te ofrezco mi parte del dinero.*

–*También se saben aquí –tenía la mano en la entrepierna–.*
A lo mejor si pensara menos no acabaría en el infierno.
A veces siento que se mueven ahí adentro, millones de
personas, que hablan y que rasguñan mi piel y que tratan
de salir. Otras veces me despierto en la noche y siento una
lechuza metida en el cuerpo y la lechuza maúlla y a veces
chilla como un niño y luego se calla y es como si no pudiera
chillar más y tuviera el pico lleno de algodón.

–*El dinero está donde lo dejamos. Te doy mi mitad, nada*
más tienes que ir por ella y es tuya. ¿Qué dices? Con todo
ese dinero vas a poder tomar hasta ahogar a ese maldito
pájaro.

Barnum levantó la cabeza, tenía la cara cubierta de
sombras. Torcía los labios en una mueca de miedo.

–*¿Quieres que te la deje, verdad?*

–*¿Qué? ¿A quién?*

Barnum se puso de pie con el puño en alto. Su voz era
sonora, afuera se empezaba a oír ajetreo. Iba a descargar
el golpe sobre la cabeza de su hermano pero se detuvo y se
volvió a sentar en el catre.

–*Te ofrezco mi parte, es mucho dinero, ninguna mujer*
vale eso.

–*No.*

–*Sólo una noche. Mañana. Después vuelves a las*
andadas si quieres.

***

Y luego se quedó dormido. Cuando despertó, Barnum estaba
parado sobre su catre y trataba de mirar por la ventana. Era

un cuadro de veinte por treinta centímetros, atravesado por tres barrotes gruesos como las muñecas de un niño. Afuera se oían gritos. A alguien le pegaban una golpiza. Barnum tosió. Tosía mucho en esos días. El otro acababa de despertar y aún no amanecía.

—Qué bueno que te despiertas. Lo quieren matar.

—¿Cómo supiste que estaba despierto?

—Por tu respiración. Lo quieren matar a golpes.

—¿Cómo que por mi respiración? ¿A quién, a quién quieren matar a golpes?

—A ese tipo. Creo que acaba de entrar. Cuando duermes parece que no respiras y cuando estás despierto bufas como un becerro.

—¿Cuál tipo?

—Ven, asómate para que lo veas.

—No, a mí sí me da asco.

Afuera se oía el murmullo del centinela que rezaba indiferente a la conversación. Barnum volteó, tenía un gesto de horror en la cara. Los antebrazos estaban cubiertos de llagas vivas y temblaba como un loco. Su voz, gris y peluda, era apenas audible.

—Hay que amarrarles las patas a la trompa porque si no te muerden —dijo—. Luego hay que colgarlas de cabeza, amarrándolas con las patas traseras a unas argollas en el techo. Hay que cortarles las cerdas de esa zona con las tijeras, a veces son duras como alambres y además el animal se está retorciendo. Se corta la piel de un solo tajo, apenas sale sangre. Luego abres la herida y tienes que sacar los órganos y mientras tanto la cerda está tratando de patear y tiene los ojos llenos de tierra y mueve el hocico como queriendo saber qué pasa. Y luego los nudos, uno, dos y

*listo. Y metes todo otra vez, que todo quede adentro, y luego
coses lo mejor que puedes. Y ya le metimos todo nuestro odio
y nuestra frustración y es como si estuviera muerta. Puedes
desamarrarle la trompa y ni siquiera va a chillar, ni se va
a mover, espera a que la sutures y después la desatas y cae
con un golpe seco sobre el polvo y se levanta y las patas le
tiemblan y se va otra vez a las porquerizas y cuando los
lechones se abalanzan sobre sus pezones para mamar, ella
los aleja a mordiscos y los aplasta con su cuerpo y les tira
patadas con sus pezuñas.*

–¿Por qué me dices eso? Yo sé cómo castrar un cerdo.

*–Al macho es más rápido. Sólo se agarra por los genitales
con las pinzas y se corta la circulación, se abre la piel y se
aplastan los testículos y se le ponen sulfas o algo de violeta
de genciana en la herida.*

*–¿Por qué me dices eso? Todo eso ya lo sé. ¿Sigue en pie
lo que acordamos?*

*Barnum volvió a asomarse por la ventana pero inme-
diatamente tuvo que bajarse del catre para vomitar en el
balde de metal.*

Así que la abuela de Herakles también conocía la
historia de Barnum. Ella sabía lo que pasó con él entre
aquella noche en prisión y la noche en que un automóvil los mandó –a él y a Alia, la guapa pelirroja que su
hermano anhelaba– a morar en un puerto de pescadores. Habría que escribir ahora esa parte de su vida. El
crimen, la cárcel, el circo. Conocer a Lava Man el día
que llegó a trabajar en el circo raquítico que Barnum
había montado, motivado por el ilustre linaje circen-
se de su nombre. A lo mejor se conocían de antes. En

la cárcel. Barnum salió antes de que el volcán hiciera erupción. Lava Man lo buscó cuando el fuego lo dejó libre. El olor de la piel quemada. El olor del sudor sobre la piel quemada. A lo mejor, algún día.

Mencioné antes la constante vigilancia de mi propio cuerpo. Suelo pensar que comenzó durante los días en el hospital de Meilahti o más bien durante el viaje a Rusia, cuando andaba por las calles esperando que se terminara de romper lo que se estaba rasgando en mis pulmones o en mi garganta. Quizá sea verdad, pero no estoy seguro, creo que la vigilancia había comenzado mucho antes. Por eso la historia de la incubadora es, me parece, pertinente.

Aquel muchacho trepa por la pendiente de tierra y rocas mientras los coches pasan zumbando por la autopista. Se sujeta de las hierbas que oponen resistencia y crispan las raíces dentro del suelo. La camiseta se le pega a la espalda.

Supongo que no me escapo de la acusación de hipocondríaco, aunque creo que no es tan sencillo. Insisto en que hay algo más que miedo detrás de esa permanente vigilancia –por lo menos eso quiero pensar–, es más bien una especie de ansiedad por lo que el cuerpo humano tiene de objeto, de cosa que se puede romper con un crujido. Una escena de *Historia americana X* siempre regresa cuando pienso en estos asuntos: el personaje de Ed Norton apunta con una pistola a uno de los sujetos que han entrado a su casa para robar el coche de su difunto padre. Obliga al sujeto a ponerse de rodillas y morder el filo de la banqueta. Después patea su nuca y un *crack* hace que la cámara mire hacia otra parte. En ese *crack* –que en mi memoria retumba como una explosión aunque en la película es apenas un golpe sofocado– la fragilidad del cuerpo se vuelve pavorosa. W. G. Sebald, en sus soliloquios sobre la culpa y la memoria, con frecuencia traía a la superficie ese aspecto de la carne como objeto, las leyes físicas que gobiernan los cuerpos en llamas. Tal vez a eso se refería cuando hablaba de la historia natural de la destrucción, porque a final de cuentas no hay tal cosa como una destrucción descarnada; la última destrucción, la más definitiva, ocurre al nivel de la carne. El rompimiento de la materia vuelve insignificantes nuestros mundos imaginarios. La descripción que hace Sebald de la Operación Gomorra –el bombardeo de Hamburgo por parte de los Aliados durante la Segunda Guerra Mundial– resulta estremecedora precisamente por eso. Sebald cuenta cómo, cuando las cuadrillas de prisioneros comenzaron a limpiar los escombros, en agosto de 1943, encontraron cadáveres sentados ante la mesa del comedor o recargados contra los muros. Sin embargo lo terrible venía después: los pedazos de carne que se había cocinado con el agua hirviendo de los calentadores, los cuerpos achicharrados, reducidos a un tercio de su tamaño, que nadaban en los charcos de su propia grasa derretida. No hay nombres, no hay fantasías, no hay posicionamientos políticos o sentimientos de culpa, sólo charcos de grasa que en algunos casos ha vuelto a cuajar.

Hacia el final de *Austerlitz*, Sebald habla de los salones de la *École Vétérinaire* en París. Por obvias razones, la fotografía que aparece en esas páginas se me ha quedado grabada. Los bronquios preservados en formaldehído de algún mamífero mayor, un rumiante o algo por el estilo (para mí, antes de volver a buscar esa fotografía en estos días, se trataba de unos pulmones humanos), aparecen retratados como un árbol de coral –otra vez, con la forma de una horquilla– que extiende unos brazos cubiertos de infinitas ramificaciones. Sebald ya había sugerido la idea de pasearse por las cámaras de los museos de horrores –cuerpos deformes, órganos elefantiásicos, anatomías malparidas– en *Los anillos de Saturno*, cuando el narrador, encerrado en un hospital, piensa en Sir Thomas Browne, en su colección de monstruos y en las peregrinaciones de su cráneo durante más de trescientos años. Hay quienes le llevan la cuenta a dios o, en todo caso, documentan los errores de la naturaleza como quien nunca pierde de vista el marcador. (Robert Graves, en una de sus novelas menores sobre la Guerra de Independencia en Estados Unidos, describió un grupo de soldados que, atrapado en una cabaña durante el invierno, había reservado una habitación para guardar los cuerpos de los caídos. Dejaban la ventana abierta y las bajas temperaturas protegían a sus compañeros de la descomposición. Para evitar que los muertos se aburrieran, uno de los soldados había acomodado algunos de los cadáveres alrededor de la mesa, mientras los otros miraban la partida reclinados contra los muros o de rodillas trataban de elevar plegarias que se congelaban antes de ser proferidas. No hace mucho, Francisco González-Crussí escribía sobre el anatomista holandés Frederik Ruysch y su colección de cadáveres disecados como un jardín de esculturas hiperrealistas.)

Durante unos cuantos meses, la mitad de un ciclo escolar, di clases de creación literaria en una escuela preparatoria de Guadalajara –quizá no debería confesar que así fue como conocí a la bailarina. En una de aquellas tardes leímos el fragmento donde Sebald refiere los hechos ocurridos en enero de 1632 en el Waaggebouw de Ámsterdam –hoy convertido, con deliciosa ironía, en restaurante–, cuando el doctor Nicolaas Tulp llevó a cabo una autopsia pública –es decir, para quienes pagaron el boleto de entrada– de un ladrón de poca monta, Adriaan Adriaanszoon, también conocido como Aris Kindt. Lo interesante de aquella función había sido, por un lado, la audiencia, entre quienes estaban –o al menos eso supone Sebald–, además de Sir Thomas Browne, Rembrandt y René Descartes, quien al parecer guardaba cierta afición por la anatomía. En otras palabras, entre el público se encontraba el consejo de ancianos que insistiría en que el proceso civilizatorio siguiera una migración hacia el interior de los cráneos, donde las paredes óseas servirían de fortaleza para nuestros mundos imaginarios. *Crack.* Quizá no es cierto que Descartes estuvo presente en la autopsia, pues habría cambiado de opinión. La duda cartesiana del sujeto y la pretensiosa afirmación del *yo-existo* se rompían en la carne de Aris Kindt conforme los escalpelos abrían la piel. De acuerdo con Kojin Karatani, durante los años posteriores, cuando Descartes se sentaba a pensar, la única existencia que demostraba era la suya propia y sólo la probaba ante sí mismo, nada que la horca no pudiera resolver con un *clic* y un quejido. Aris Kindt llegó a una conclusión semejante en el siglo XVII pero no alcanzó a decírselo a nadie.

El otro aspecto interesante de la lección de anatomía del doctor Tulp es el cuadro del mismo nombre, donde Rembrandt pinta la obsesión por la mano del ahorcado en su tránsito de la superstición hacia la ciencia. (Por favor, permítanme sólo una referencia más y después contaré la historia de la carne que, en todo caso, es el objeto real de mis ansiedades y fascinaciones.) La mano de Aris Kindt ocupa el centro de la pintura. Según Sebald, no sólo aparece hipertrofiada y con un juego erróneo de tendones, sino que resulta sospechoso que la autopsia de un ladrón comience por el brazo y no por la cavidad abdominal. Tal vez es cierto que el cuadro sugiere un acto punitivo y el castigo del cuerpo comienza por el miembro que cometió el crimen. Yo prefiero leer el cuadro como si se tratara de una fotografía instantánea de la mudanza hacia los reinos imaginarios que en ese momento se construían. La mirada de los doctores, fija en el manual de anatomía que tienen enfrente, rehúye el cuerpo de Aris Kindt. Con discreción pero con espanto, los doctores guardan las formas pero sus narices apretadas los traicionan. No soportan la presencia de ese cuerpo inerte frente a ellos.

Una veintena de años antes de la autopsia de Kindt, un cura milanés, Francesco Maria Guazzo, publicaba el *Compendium Maleficarum*, donde relataba la práctica, común entre ladrones, de utilizar la mano de un ahorcado para hechizar a los habitantes de una casa sumergiéndolos en un sueño similar al de la muerte.

Los manuales de hechicería que volverían a estar de moda en el siglo XVIII solían hablar con detalle sobre la mano de gloria. El *Petit Albert*, que sería reimpreso poco antes de los disturbios en París, por ejemplo, daba instrucciones precisas, junto con otras decenas de consejos caseros, sobre cómo obtener una de estas manos, encurtirla en salmuera y preparar la grasa para prenderle fuego y usarla como antorcha. Sir James George Frazer menciona prácticas semejantes entre ladrones y salteadores de distintas partes del mundo: rutenos, eslovenos, javaneses. La mano de gloria, convertida en candelabro para salteadores, mantenía las fantasías atadas a la materia. Antes la carne resultaba aterradora por lo que podía hacer en su calidad de objeto, por sus poderes mágicos. Mientras el doctor Tulp abría el antebrazo de Aris Kindt bajo la mirada maravillada de Browne, de Descartes (quizá) y de Rembrandt, todos los presentes intentaban con desesperación escapar de la carne. Para los doctores, para la audiencia, para nosotros –o al menos para mí–, la carne resulta aterradora porque no puede hacer nada, por su impotencia, porque un *clic* y un quejido bastan para que todo se venga abajo.

Fue a través de la mano de gloria y de Sir James George Frazer que me acerqué a la literatura. Había tenido algunos escarceos, había leído a Cortázar y a Sábato y a alguno que otro más. Tenía catorce o quince años y acabábamos de dejar la ciudad de México para establecernos en Guadalajara. Por una maravillosa casualidad, que tal vez marcaría mi vida más que ninguna otra, di con un grupo de personas que se reunían –y todavía lo hacen– cada jueves para hablar de libros y comentar los escritos propios y ajenos. El Taller Literario Luis Patiño, así nombrado en honor de un profesor de preparatoria a quien nunca conocí pero cuya leyenda pesaba sobre todos los que nos reuníamos bajo su signo, hablaba por aquellas fechas de mitología griega y autores japoneses, de William Faulkner y del arquetipo del héroe. Ellos me enseñaron a leer y escucharon línea por línea la gestación de mi novela. Una de las primeras ideas que se me ocurrieron para aquella historia había nacido precisamente de la mano de gloria. Quería narrar la trama bajo la sombra de un enorme árbol que crecía, como una gigantesca mano, afuera de la casa de mis personajes. Llovía y con cada relámpago una rama distinta se iluminaba por un instante y un nuevo personaje aparecía en escena, como si despertara de su letargo o, por el contrario, como si cayera dormido y comenzara a soñar su propia historia. Al final, ni el árbol, ni la mano, ni la casa, ni aquellos personajes formaron parte de la novela.

Hace casi diez años Sebald se mató en un accidente automovilístico. De cuando en cuando, la materia se impone sobre los mundos que construimos. Sólo bastan un *clic* y un quejido.

En una entrevista para la CBS, George Tenet, quien fuera director de la CIA durante los ataques del once de septiembre y durante las invasiones de Afganistán e Irak, hablaba con vehemencia sobre el riesgo de que Al-Qaeda obtuviese armas nucleares. Con el gesto adusto y una voz que dejaba traslucir un profundo miedo, Tenet explicaba que si esto sucediera las implicaciones serían terribles: una organización terrorista adquiriría estatus de superpotencia militar sin ser un Estado, sin estar atada a un territorio, a un grupo de edificios, a un montón de huesos, músculos y cerebros. Los millares de armas del ejército estadounidense resultarían fútiles para prevenir un ataque. Sin embargo su miedo no es nada nuevo, no es más que la ansiedad del doctor Tulp ante la fragilidad de la materia. Ése es el pestañeo que nos pone en alerta, la revelación de que los mundos que habitamos son excrecencias de la imaginación que crecen encima de la materia para disfrazarla, para decorarla, para enterrarla en el sótano o esconderla en el armario.

Más o menos al mismo tiempo que Guazzo daba a conocer el *Compendium Maleficarum,* el inquisidor dominico Sebastien Michaelis publicaba en Avignon, en 1613, los resultados de sus investigaciones sobre demonología: *Histoire Admirable de la Possession et Conversion d'une Pénitente, Séduite par un Magicien.* En aquellas páginas, Michaelis presentaba una clasificación de las distintas jerarquías de demonios según le había sido revelada en un exorcismo. Entre los espíritus malignos de primer rango aparecía el Leviatán, un príncipe de los serafines expulsados del paraíso, con el poder de tentar la fe de los creyentes, empujarlos hacia la herejía y hacerlos dudar de la autoridad de la Iglesia de San Pedro. Cuatro décadas más tarde, los acuerdos de Westfalia y el final de las guerras religiosas en Europa comenzaban a crear el sistema de Estados nacionales y la Iglesia replegaba sus huestes. En Inglaterra, en medio de una guerra civil, Thomas Hobbes escribía el *Leviathan or The Matter, Forme and Power of a Common Wealth Ecclesiasticall and Civill.* Ésa era la migración que Rembrandt había retratado en la mano de Aris Kindt: el tránsito de un mundo imaginario al siguiente para maquillar el terror que nos produce la siempre presente posibilidad de que la materia se rompa con el *clic* de una horca o un detonador.

Crecí en un hogar de adultos. Mi padre tenía cincuenta años cuando nací; mi madre algunos menos. Crecí como el hijo único de ese matrimonio. Primero vivimos por unos meses con mi abuela. Después mis padres rentaron un departamento pequeño en la colonia Roma. El terremoto de 1985 ocurrió un día antes de mi primer cumpleaños. Mi padre tenía programado un viaje de negocios a Irapuato y Mamá insistió en que nos llevara con él. No tengo recuerdos ni fotografías de ese departamento. Lava Man.

Las autobiografías son ejercicios psicoanalíticos. Uno lanza el superego al frente y es el id, el instinto, el *gut-feeling*, lo que termina saliéndose por todos los orificios del cuerpo.

No me interesa fingir falsa valentía. Tampoco se trata de tomar precauciones, en eso Tenet se equivoca. El sórdido miedo a lo fortuito, al accidente, a la posibilidad de caer muerto en cualquier momento y, lo que es peor, a que conmigo caigan los demás, es una sombra cosida a mis talones: el *clic* y el quejido, el *crack*, el automóvil volcado en una zanja y el terremoto y el volcán. *Hibakusha*: los que sobrevivieron a la bomba y ahora caminan con la radiación en la sangre. Lava Man.

Mi infancia transcurrió al sur de la ciudad de México, en un conjunto de edificios rodeados de áreas verdes. Un ejército de niños jugábamos en esos jardines todas las tardes. Siempre hubo cierta distancia entre ellos y yo. En algunos casos, aunque no con frecuencia, la distancia se volvía evidente. La mayor parte del tiempo, sin embargo, yo era el único que parecía notarla –o al menos eso es lo que me dicen los demás, incluso ahora, cuando pregunto al respecto. Después de jugar por un par de horas, volvía al departamento. Cenaba con mis padres y buscaba el solaz de mi habitación. El río Magdalena fluía afuera de mi ventana con un rugido perenne y sordo. Comenzaba a hablar solo. Ésa era la manera de jugar y hacer amigos. Me sentaba en el suelo, con la espalda recargada contra la cama, y hacía que mis juguetes conversaran entre ellos. Poco a poco esos diálogos se hicieron más largos y más complejos, poco a poco invadieron el monólogo interior con que daba sentido a lo que ocurría afuera. Todavía lo hago. Con frecuencia me sorprendo justificándome ante una audiencia invisible, explicando mis razones, ensayando conversaciones futuras. No mantengo contacto con ningún amigo de la infancia. El puñado de amigos entrañables empezó a formarse en la adolescencia: la maestra que ha sido guía constante, el jesuita arrepentido que hoy sabe hincarse ante sus dos hijas, el donjuán que ha hecho del deseo su única dirección permanente, la bellísima noruega que hace una semana decidió no abandonar a su marido, el asturiano que cuidó de mí cuando mis pulmones comenzaron a inflamarse, el flautista que me enseñó a andar en bicicleta, los turcos que me acompañan a escuchar a la orquesta sinfónica de vez en cuando, algunos más, pocos.

El miedo a que el cuerpo se rompiera no nació como una preocupación por el cuerpo mismo, sino por lo que eso significaría para los mundos que vivían detrás de las murallas de la carne. Para aquel niño, dentro del cráneo radicaba la única amistad posible.

Hay otra cosa a la que le tengo miedo: la locura. A la vigilancia constante del cuerpo la acompaño con la desconfianza hacia lo que pienso y lo que digo, hacia lo que siento y, con frecuencia, hacia lo que escribo. Supongo que tampoco me escapo de la acusación de neurótico. De eso hablaré en otro momento. Cuando uno se convierte en geografía, en territorio, más vale permanecer alerta.

Me equivoco, sin embargo, cuando digo que la carne no puede hacer nada, que es un objeto inerme y frágil. La ansiedad que genera la arrastro a todas partes, sí, pero también con frecuencia la olvido. Es la carne misma la que me hace olvidarla. Por eso digo que no es un objeto inerme. Es frágil, pero no inerme. El deseo es lo que mantiene las ansiedades y los miedos a raya.

El descubrimiento del deseo fue en mi caso, como supongo que ha sido para muchos, frente a la pantalla de una televisión. El descubrimiento del cuerpo ajeno, en cambio, fue otro cantar. Lo digo literalmente: el descubrimiento de un cantar distinto, de una voz distinta, de otro planeta poblado por seres imaginarios, de otro reino protegido detrás de una fragilísima muralla de piel.

Por eso estas páginas no deberían haber comenzado con el correo de Marcelo, aquella mañana, hace tres años. (A veces son los botones, la horquilla, las monedas, las notas y los recortes. A veces es la imagen del cofre abierto.) Esa mañana desperté tarde, en la habitación diminuta de un departamento que compartía con otros dos estudiantes extranjeros. La noche anterior me había emborrachado y decidí caminar a casa. El frío se había metido debajo de la piel. El cuadro de Rembrandt me parece sugerente cuando pienso en esa sensación del frío empujando la piel desde adentro, como si envidiara la incisión en el antebrazo, muy superficial, sólo lo necesario para abrir una hendidura por donde saliera el frío. Pero el frío era lo de menos. Me había emborrachado aquella noche porque en el bar había conocido a una mujer por primera vez desde que la italiana amaneció en la cama de otro sujeto. Las manos y la lengua habían comenzado a desentumirse. Por alguna razón no podíamos pasar esa noche juntos. Prometimos vernos pronto. Pero me fui a Rusia y caí enfermo. Los primeros días en el hospital fueron un desfile de sombras, un coro de voces que no podía descifrar. Poco a poco las formas y los colores fueron regresando a los cuerpos y las siluetas. Dormí durante días enteros. Por las noches alguien entraba a extraer muestras de sangre o a hacerme tomar los antibióticos. Compartí el cuarto con dos ancianos, uno tenía cáncer en los pulmones y cuando despertaba me hacía preguntas en inglés sobre México. El otro nunca habló en los diez días que estuve con ellos. Salí poco antes de Vappu, la fiesta del primero de mayo cuando todo el mundo sale a las calles de Helsinki, la versión finlandesa de la noche de Walpurgis. Le hablé a la mujer que había conocido en el bar tres semanas atrás, aunque ahora parecía una vida distinta, tanto había cambiado, tanto había visto. Quedamos en encontrarnos durante la noche de los festejos. Era más guapa de lo que recordaba, pero, vaya, es lo de menos, el deseo no era la carne sino el espacio vacío, las fantasías en la cama del hotel, abrazando la botella de agua que se calentaba de inmediato, en la cama del hospital, esforzándome por no dejar que la tos –mía y ajena– rompiera la concentración. Me preguntó por mi viaje y le conté lo que había pasado. Ella no parecía sorprendida, no dijo mucho al respecto. Los amigos y conocidos que nos habían acompañado negociaban por su propia cuenta la inexorable noche que vendría cuando cerraran el lugar.

–Tendrás que disculpar mi memoria –dije–, porque supongo que ya te había preguntado esto, pero ¿en qué trabajas?

–Soy enfermera.

–¿Enfermera?

–Sí, enfermera. En el hospital de Meilahti. Neumología.

Pasamos juntos esa noche y las siguientes hasta que dejé Finlandia. No he vuelto a saber de ella salvo por un par de correos electrónicos que intercambiamos al principio. (He buscado también las dos fotografías que tengo de la enfermera para escribir estas líneas. No recuerdo quién tomó una de la noche de Vappu. Ella aparece en primer plano con una sonrisa satisfecha y genuina. La mitad de mi rostro se asoma detrás. Me veo exhausto pero contento. La otra es una fotografía que ella me envió al poco tiempo. Se ve mucho más guapa de lo que la recordaba, pero, vaya, el deseo no es la carne sino el espacio vacío, la memoria y la distancia. Ella no mira a la cámara, tiene la vista gacha, fija en un cachorro recién nacido que cabe en la palma de su mano. Las uñas de sus dedos son delicadísimas. Lleva puesta una sudadera gris y una bufanda verde anudada alrededor del cuello.) A veces es el cofre abierto, como una boca abierta, como un par de labios que se despegan en el sueño.

Primero fue el descubrimiento del cuerpo ajeno, la sensualidad, el deseo. Después fue la literatura, la migración hacia otros mundos posibles. Desde hace unos años me he interesado por el pensamiento político, por los mundos imaginarios que creamos día a día para proteger los cuerpos. Todo es parte de lo mismo: el erotismo que nos permite atar de nuevo la materia a nuestras fantasías, pero en vez de disfrazar y maquillar la carne, de hundirla bajo la tierra, la exhibe, la disfruta, la protege a toda costa.

Para ustedes, los que continuaron leyendo hasta este punto, es decir, quienes no siguieron a la italiana fuera de la cama, empujados por mis pretensiones, poses y amaneramientos, aquí está la historia de la carne: nací y crecí, todavía no me reproduzco y todavía no me muero. Ahora vivo en Canadá donde estudio teoría política. Vine hasta acá buscando la cabaña de Malcolm Lowry en Dollarton. Viví muy cerca de ahí durante el primer año, cuando tomaba un bote todos los días para ir a la universidad. Hace ya varios meses dejé la habitación que rentaba en la parte norte de la ciudad y ahora vivo en el sótano de una mansión. Recibe poca luz pero es espacioso. Tengo una novia que acaba de comprar un perro. La veré por la noche, cuando termine de escribir, cuando ambos decidamos abrir las puertas de nuestros reinos interiores para que el viento fresco de la intemperie ventile áticos y buhardillas. En unas horas, Lava Man y la abuela de Herakles, Barnum, su hermano y Alia, la guapa pelirroja que perdió un ojo en el accidente, Aris Kindt y el doctor Tulp, George Tenet, Sebastien Michaelis, la penitente posesa y su amante, el filósofo Kojin Karatani y el sujeto que recibió la patada de Ed Norton, Svetlana Zakharova, la italiana, la bailarina y la enfermera, se sentarán a platicar con quienes ella traiga consigo, los moradores de sus intersticios y arrugas, los que habitan debajo de su lengua y entre sus dedos, en la saliva y en el orgasmo.

Juan José Rodríguez

◆

La chinesca sombra de la tinta

Nací en Mazatlán, un puerto que recibe en su clima y sus mapas el firme latigazo del Trópico de Cáncer, el domingo 8 de marzo de 1970 al filo del mediodía. Un día antes, un eclipse total de sol ensombreció los ánimos de las precavidas mujeres embarazadas, aunque mi madre se negó a colocarse una banda roja con una llave de bronce para librarme del cataclismo celeste, rasgo muy suyo, ya que siempre ha reaccionado con la misma firmeza ante cualquier asomo de superchería. Pocas semanas antes, el huracán *Jennifer* visitó con estruendo la ciudad y aportó su cuota de calamidades. Quizás la desgracia que me tocó a mí en esa temporada flamígera fue el don de la palabra encabritada, tremendo potro impaciente que caracolea en mi dicción a cada frase y que, a su debido tiempo, llegó a semejarse a mi escritura. Mi familia dice que desde los tres años comencé a hablar y jamás he podido dejar de hacerlo.

Mi padre fue el mayor de quince hermanos y mamá la primera de doce. Vivieron tiempos difíciles: uno en la necesidad de ayudar al sustento diario desde los años cuarenta y la otra con una infancia entre montañas y arroyos indómitos, ya que mi abuelo materno era un legendario gambusino cuya mayor riqueza fue su familia. En ocasiones, quizás fueron padre y madre de emergencia y a esa misión dedicaron varios años de su vida y de ahí ganaron sabiduría, paciencia y buen humor. Cuando mis padres formaron su propia familia, ambos estaban entrenados en el difícil arte de criar muchachos y sacarlos adelante. Fuimos cuatro hijos, yo el segundo y con tres hermanas. Como otros matrimonios de la época, mis padres durante muchos años fueron muy felices a través de sus hijos.

Pertenezco a esas familias multitudinarias de la antigüedad, en peligro de extinción, llenas de personajes y caracteres como las historias de la Biblia. Crecí entre decenas de primos, tíos joviales y obsequiosas tías, además de una profusión de parientes en segundo y tercer grado que aparecían y desaparecían constantemente. Como vivíamos en el primer cuadro de la ciudad, cerca del mar y de todo, a cada momento estuve en contacto con las dos familias, que se frecuentaban con afecto, tardé buen rato en ver la diferencia entre los tíos políticos y hasta entre los hermanos de mis padres, ya que ante mi eran un mismo núcleo intercambiable y reiterado en celebraciones y coincidencias públicas. A la fecha tengo los suficientes primos para formar una liga de beisbol y disputar un torneo entre seis equipos diferentes.

Mi padre desde muy niño conoció la calle y con mucho orgullo habló siempre de los oficios que había desempeñado y esa madurez temprana le dio grandes habilidades, pero ninguna tan noble como su hábil conversación, el alegre tono de su canto y la desatinada obsesión de hacer siempre lo correcto, virtudes que olvidó incluir en el desordenado alfabeto de mi genes. Nació en una casa de madera de la calle Cruz, cerca de los muelles y la antigua Aduana Marítima. Su acta de nacimiento y las de sus siguientes hermanos no incluye número porque ni siquiera existía, como tampoco ya dicha casa, alguna vez derribada por un huracán en 1943 y vuelta a rehacer por los que nacieron y vivieron en ella. Ayudó a sus hermanos que cursaron estudios en la ciudad de México y ellos nunca olvidaron esa generosa entrega.

Mi madre es descendiente de españoles que vinieron a buscar oro en las estribaciones de la Sierra Madre Occidental. A la fecha recuerda los procedimientos para sacar pepitas de la corriente de un arroyo y su memoria ha poblado la mía con imágenes de esas corrientes, las cuales yo he querido atrapar en un instante con estas palabras a la manera de dichos guijarros fugitivos. Hay un pueblo abandonado llamado El Arco del que sólo persisten muros heridos por gruesas raíces y las tumbas de mis bisabuelos en un cementerio por donde sólo transitan traficantes y algún arriero perdido, que bien puede ser mi tío Agustín llevándole flores a la tumba de su mamá, primera esposa de mi abuelo Donaciano Ramos Chiquete. Cierta vez lo acompañé un Día de Muertos y atravesamos dos pueblos perdidos, tres veces el mismo río y dos plantíos de mariguana ocultos bajo el sol de noviembre, el último de ellos con una garra puesta sobre las cruces de don Elisandro Ramos y su esposa… Alguien me sugirió interrogar a esas plantas a través del fuego para develar, eventualmente, algún recuerdo de mis antepasados adormecidos bajo sus raíces, posibilidad no muy al alcance de quienes no tengan un cementerio familiar. Pero en verdad no necesito de ese conjuro para comprobar y demostrarme a mí mismo que mis bisabuelos estuvieron hechos de la misma materia que los sueños y sus historias pueden llegar a mí por otras imprevisible rutas. Aún así, fue divertido encontrar esa planta con forma de mano humana fertilizada con el sagrado mineral de mis ancestros.

La mejor herencia que me dejaron mis padres fue la infancia. No hay nada como ella. Recuperarla es un milagro indómito que aparece y se va, una estatua de sal que se deshace y reconstruye a cada oleaje del olvido. Mi recuerdo más profundo es un paseo por el mar ante una roca con juguetones lobos marinos y una gran cantidad de hombres felices en la veloz canoa motorizada. Mi padre aparece cerca de la proa con un pantalón blanco y su pierna enyesada de un tono diferente, apoyada sobre una de sus muletas, y sujetando su sombrero de palma. Tal vez esas dos imágenes tan distintas, unidas por el océano Pacífico, contribuyeron a que el recuerdo se cincelara tan nítido en mi memoria, junto a una visión más borrosa de un hospital con monjas de albísimos hábitos ante la cama convaleciente de mi padre. Regresaba a comer a casa un sábado a mediodía, montado en una motocicleta, cuando un camión de mudanzas ignoró una señal de alto, y en la Cruz Roja propusieron cortarle la pierna, mas una tía que era estudiante de enfermería y se había subido a la ambulancia logró impedirlo y llamar a un cirujano.

Por eso en mi más recóndito recuerdo él aparece con muletas y el blanco yeso balanceante a cada caminata hasta la casa de mis abuelos, santuario fraternal donde tuvimos que vivir varios meses después de la calamidad.

La escuela: un cuaderno para todo

Mi educación fue interrumpida por los estudios escolares, los cuales sobrellevé en mi ciudad natal con menos fortuna que el anterior ocio de las calles y las largas caminatas en la arena. De niño tuve un cuaderno que era para todo, destinado a registrar por orden de aparición aquellas maravillas del mundo que reclamaban espacio en mi memoria y un escenario especial dentro de mi conciencia gráfica. Esto incluía tanto a las emanaciones del mundo irreal como el metódico esquema educativo propuesto por la escuela primaria. En vez de varios aburridos cuadernos, asignados en rigor a cada materia, yo era feliz con un solo volumen donde la instrucción y la destrucción podían ser la misma ante el vuelo provocativo de mi pluma. Ese cuaderno era para escribir, dibujar y también para caricaturizar.

La primera hoja de mi cuaderno podría ser de Matemáticas. La segunda de Español; la tercera de Ciencias Sociales, con un dibujo integrado a media hoja sobre la película vista en la tele el día anterior o algún novedoso diseño de naves espaciales... en fin, todas las posibilidades que otorgan el infinito, el absurdo y la perfecta libertad del pensamiento.

Claro que me criticaron por eso. Incluso mis compañeros de reclusión. De cierto la maestra aludió a ello sin referirse a mi caso. Ya antes se había topado con niños con esa innata propensión hacia el caos y consideraba un deber regresarlos al redil de lo correcto.

El caso es que tener ese cuaderno, luego de haberme confirmado que yo no era algo positivo ante los demás, se volvió para mí un toque de auténtica rebeldía. Yo ya aprendía que era un ser diferente… pero esta posesión lo confirmaba aún más al saberme señalado en público por eso.

Ese cuaderno tenía otra particularidad adicional. Iniciaba en cualquier parte y no requería continuismo: yo nomás lo abría al azar, cuidando que fuese en las primeras páginas y allí transcribía lo dicho por la maestra. (Lo bueno de eso es que hoy leo libros sin necesidad de separador; mi mano ha sido educada para recordar al tacto donde se quedó la última vez.) Si luego no encontraba el texto en mi *Cuaderno de Todo*, no había problema; al cabo yo nunca estudiaba y, cuando se trataba de la tarea, tampoco me afectaba el conflicto porque casi nunca me preocupaba por cumplir con ella.

Yo era un niño muy participativo que captaba y asimilaba todo en clase, pero a pesar de mi elocuencia y conocimientos adquiridos en casa, jamás pude sacar dieces o diplomas a lo largo de mi tambaleante y nunca rutinaria trayectoria académica. Mis maestros de seguro me recuerdan con una sonrisa cómplice. Me encantaban los exámenes de complementación porque podían resolverse a base de lógica y sentido común, sin necesidad de estudiar horas y horas en la mesa del comedor. ¿Por qué eran tan tontos mis compañeros? No se necesitaba estudiar, tan sólo pasarla bien. Si me aburría, pues ahí estaba el cuaderno y a ponerme a dibujar.

Al ingresar a la secundaria, esta anarquía tuvo que acabarse. Tantas materias y voces de diferentes maestros confundían mi mundo propio y la manera en que yo asimilaba la educación formal... No pude ser el amo de lo que entraba y salía de mi mente. Todo tenía que llegar a mí en bloques previos, cuadrados, a los que ya no podría moldear a mi manera, ni siquiera a la hora de verterlos en mi cuaderno. Ni modo. Fue necesario cargar con varias libretas. Irme en cuaderna vía rumbo al conocimiento a la manera de un viejo *scholar*. Ahora, si me aburría en esta faceta, mejor observaba las formas que realzaban la silueta de mis compañeritas de aula.

Ya en la facultad, atrapado en la carrera de Ciencias de la Comunicación, el cinismo y la libertad volvieron a mí. Sobre todo cuando la licenciatura me desencantó. En el tercer año, ya siendo escritor, comencé a llevarme a la escuela un cuaderno pequeño, de un valor comercial ínfimo, ilustrado con un dibujo infantil, comprado en la tienda de abarrotes de la esquina de mi casa. Creo que la marca era Polito.

Volvía al tiempo feliz de la primera infancia. Un solo receptáculo para todas las odiosas materias de la escuela.

(También había un cuaderno llamado "Juanito", al igual que yo, y de niño me encantaba completar el logotipo escribiendo mis apellidos, integrando así el diseño y la manufactura industrial a mi propia individualidad imaginativa. Éramos el objeto y yo uno solo en el nombre; un ensayo de lo que algún día sucedería con mi primer libro editado. Confieso que donde venía la palabra *Nombre*, acompañada de una larga línea recta para escribirlo, gustaba yo de escribir "Steve Austin", ya que así se llamaba *El Hombre Nuclear*, a pesar de que arriba del cuaderno ya estaba escrita mi verdadera identidad terrestre. Quizás ahí nació el deseo que tenemos todos los autores de convertirnos en otra persona, gracias a nuestros escritos, sin dejar tampoco de ser los mismos mortales que bostezan a diario detrás de su pupitre, la vida normal o el simple matrimonio.)

En esa etapa yo convivía más con los maestros que con mis compañeros de clase. Algunos eran mis amigos desde la preparatoria, cuando nos encontrábamos en los acontecimientos culturales de una incipiente República de las Artes. Más cervezas me tomé con mis profesores que ante los miembros de mi generación. Los amigos maestros reían del tipo de cuaderno que impunemente me llevaba a la escuela, que ponía en la mesa del bar, lejos de la cerveza para no mojarlo, protegiendo de esa misma amenaza algún libro de Lawrence Durrell colocado encima del cuaderno de cinco pesos. Así servía para algo *útil* el único de mis *útiles* escolares. Incluso, fuera de ese contexto cantinesco, mi material de estudio parecía más un puño de servilletas arrugadas que una eficiente bitácora académica.

Esto también afectaba a mis compañeros. Cada vez que teníamos examen, yo les pedía una hoja a mis condiscípulos porque a mi cuaderno, barato y horizontal, no podía desprendérsele una página sin que se deshiciera del todo.

¡Ya cómprate un cuaderno bueno!... Era el reclamo mientras escuchaba el escándalo de hojas arrancadas y el profesor en turno se atragantaba de la risa.

Cuando a los 32 años estudié italiano, me compré una libreta de buena clase, marca Levis, con falsa portada de mezclilla, y así íbamos y veníamos yo y el cuaderno, reencontrándonos con la escritura y el dibujo furtivo, mientras el maestro hablaba, hablaba y yo hacía como que medio lo escuchaba. Fue sano para mí volver al origen primigenio de la escritura. Abandonar el teclado silencioso y la pantalla parpadeante. Sentir la escritura correr entre los dedos, los cuales –si se trataba de una pluma fuente, como ya era mi costumbre– quedaban marcados por la chinesca sombra de la tinta. En ese tiempo, vivía una juventud creciente a un siglo cada vez más menguante.

Primeros libros

El primer libro que fue bendecido por un Papa fue Ben Hur. También fue el primero en desagradarme. Quizás usted vio la película con Charlton Heston. Yo lo leí en la prepa y se me hizo muy cursi el capítulo inicial. El narrador usaba un tono de película de los años cincuenta… antes de los años cincuenta. "Ahora imaginemos una barca avanzando por el Mediterráneo. No es cualquier barca. En ella viajan los más altos dignatarios que Roma ha enviado, etcétera."

El primer libro que yo leí de un tirón fue uno de magia que decoraba una casa a la que íbamos hartas veces de visita. Todavía me sé varios trucos con barajas y monedas. Mi mamá se preocupaba imaginándome un porvenir de mago callejero. No le faltaba razón en su angustia. A veces, cuando preguntan a qué me dedico, respondo que soy encantador de serpientes. Buena manera de decir que soy escritor o conferencista ante adolescentes somnolientos.

El segundo libro que leí fue uno de Julio Verne que venía mitad monitos y mitad letritas. Mi papá me lo compró en la desaparecida Agencia Carrasco, de Mazatlán, cuando no encontramos una enciclopedia anunciada con insistencia por Topo Gigio en la tele. Era *20 000 leguas de viaje submarino* y en un día me devoré la sección gráfica. Después leí la parte sin dibujitos y descubrí más y mejores detalles.

Para mi sorpresa, no me aburrí. A veces me devolvía a la parte ilustrada a la caza de algún error del dibujante al recrear las descripciones. Pero no, la mayoría de los grabados eran correctos. Mi asombro fue descubrir que un libro tan gordo podía encontrar su final en menos de dos noches.

Cuando vi la película, me sorprendió que la novela fuese casi idéntica a como la había imaginado. Mi don de clarividencia me aterrorizó. Luego me cayó el veinte de que el ilustrador de *20 000 leguas* seguramente se había basado en la versión cinematográfica. Era difícil que mi imaginación hubiese creado un Ned Land –el arponero canadiense de la historia– idéntico a Kirk Douglas.

El primer libro que me leyeron fue una parte de *El Principito*. Por supuesto me aburrió: nunca fue un texto para niños, sino para adultos renuentes a serlo. Me lo leyó mi hermana Betty en la Ciudad de México vacacionando con unos tíos. Lo abandonamos después del dibujo de la boa devoradora de elefantes. Jamás imaginé que un día caminaría por el desierto de Saint-Exupéry y vería los baobabs dibujados por él en la costa del Río de Oro, frente a Mauritania.

El primer libro que me robé fue *El halcón maltés*. Estaba en la casa de un niño que se llevó un camión de volteo de puro fierro, sustraído de mi casa aprovechando el caos posterior a una piñata. El camión era propiedad de un primo que lo había llevado desde temprano para jugar junto con el mío, una grúa Jumbo Thor color rojo.

El delincuente lo había echado al carro de sus jefes. Semanas después, cuando fuimos mi primo y yo a casa del infractor a denunciarlo, la mamá nos dijo que el juguete ya se había perdido, lo cual era falso. El peso de nuestras mochilas aumentó tristemente al volver a casa. Al regresar yo a esa cueva de ladrones, requerido para un festejo similar, decidí hacer justicia por mano propia ante la incapacidad adulta.

El libro que elegí era mucho más barato que el juguete. Yo creía que el Halcón Maltés era un superhéroe, así que me lo traje sin decirle nada a nadie. Primo Marcos: fuiste vengado en su momento

(El papá del niño me había dicho que me llevara el libro que quisiese, al cabo ahí nadie leía. Yo cometí el crimen al caer en la desidia de no devolverlo. La verdad jamás volví a quedarme con libros ajenos.)

Prefiero perder una amistad a sufrir la pérdida de buen libro. Si alguien nos hace eso, no merece ser nuestro amigo. Va en serio. Quien roba un libro, nos robará todo. Yo cuando presto un libro, le advierto al depositario que un volumen que sale de mi biblioteca es como una hija que sale a una fiesta: debe volver igual que como se fue. La frase que más me gusta de Shakespeare es aquella que dice "Quien presta dinero a un amigo, pierde el dinero y el amigo", así que por eso siempre he valorado la amistad por encima de todas las riquezas, ¿o no será siempre eso lo correcto?

Padre, abuelo, calle...

Todavía en los años sesenta la gente de ciudad calzaba sombrero. Calzar es la palabra correcta para describir el hecho, aunque para nosotros, hijos de la vida moderna y el triunfo de la informalidad, el verbo ofrece resonancias inmediatas a las extremidades contrarias a la cabeza. Calzar. El verbo es más descriptivo al aplicarse a un turbante, un penacho o el velo de una fulgurante odalisca.

Usar sombrero fue parte de la corrección en cuanto a vestimenta social, sobre todo si el tipo se consideraba un caballero elegante o *de pipa y guante,* para decirlo de una frase doblemente arcaica. A nadie veremos hoy con esas dos prendas, salvo que el valiente individuo en cuestión fuese un artista con ínfulas de lord inglés o, más bien, un mago de cine de segunda corrida.

El sombrero no sólo era signo de distinción, sino también una ineludible formalidad. Según el clima, podía proteger del calor o el frío, además de dar alivio a los calvos y discreción a los despeinados. Llevar sombrero era parte de la hombría y también de nuestra cultura.

Mi padre y mi abuelo pertenecieron a esa generación. Eran contratistas y dieron altura a muchos muros en la ciudad y vida a no pocos solares. Mazatleco viejo, mi abuelo lucía en invierno un sombrero de fieltro de buena clase comprado en la casa Tardán. Todavía hay quien recuerda el anuncio: "De Sonora a Yucatán, todo México usa sombreros Tardán".

En verano, usaba otro que ya era parte de su personalidad. Un legítimo panamá de palma con infaltable cinta negra. El panamá le confería una elegancia jamás perdida al dirigir a sus albañiles, caminar entre los escombros o revisar el plano con don Isaac Coppel al levantar el edificio de la Jabonería San Vicente. Además era un regalo de sus hijos en el día su cumpleaños.

***

Viví buena parte de mi infancia en las faldas del cerro de la Nevería en Mazatlán. Una niñez plena en luz solar, peripecias dentro de un laberinto de barriadas y personajes pintorescos. La aventura principal era la calle y el escape principal la matiné del Cine Reforma. Al fondo fulguraba, cegador, el destello del océano Pacífico.

Las calles Luis Zúñiga, Genaro Estrada y Morelos se repartieron el paraíso perdido de mi niñez. Conozco muchas azoteas de aquel tiempo y algunos árboles que me ayudaron a ascenderlas en plena libertad. Recorrer las salientes del cerro fue una aventura que me preparó para otras expediciones, un poco más metafísicas, en la vida adulta.

Vecinas todas esas calles por unos cuantos pasos: la primera sólo a una cuadra del mar y la de mis abuelos casi en la cima de un colina por la que subían y bajaban pescadores de remo al hombro, hombres de diversos oficios que requerían llevar sus propias herramientas, mujeres encanastadas y decenas de niños correteando carretas de marchantes.

Vendedores de pan, lisas tatemadas, ceviche, "picones", nieve con chabacano y plátanos enmielados de ferrocarrilesco vehículo. Cada cuarto de hora pasaba un vendedor diferente. Hasta "El Guto", singular personaje del puerto que por un problema de salud se desplazaba a gatas, hacía estación a la sombra de la calle, salpicada aún de brisa.

Parte de ese escenario era una capilla a la Virgen de Guadalupe que surgía incrustada en la calle Morelos, justo donde esta vía se convierte en un farallón con casas encaramadas, banquetas con escaleras náuticas y árboles arrebatados por la brisa.

Allá, en esa época, el santuario era un laberinto de blancos corredores y escaleras, muy útiles para jugar a los balazos. Debo decir que eso lo hacíamos con el tácito permiso de los seminaristas que impartían la doctrina. La única prohibición era la de cortar las flores, cosa difícil de acatar: una variedad del sitio tenía la facultad de producir minúsculas gotas de miel en la corola.

El 12 de diciembre, el barrio se llenaba de banderas multicolores de papel picado a manera de guirnalda. Fiesta popular, cada quien sacaba su mesa a la banqueta, cánticos y alabanzas. A la fecha, si ando por el centro esa noche, hago una anónima visita, con la grata noticia de que siempre hay alguien que me reconoce.

De repente mi padre nos cambió la vida. Había conseguido un lote en una nueva colonia a la que él llamaba "El Parachut" y cada domingo íbamos para allá en excursión, a veces con albañiles amigos suyos y grandes ollas de pozole hecho por mi madre. Nosotros éramos felices en la inmensidad del baldío que tenía una gran ventaja: era lo mismo naturaleza viva, con presencia de plantas, huellas de vacas y cientos de pájaros, así como un desordenado jardín de cachivaches que podríamos llamar, sin ninguna falsedad, un basurero.

A mis siete años, emigramos a una marisma en plena colonización, hoy relativamente céntrica, pero que en aquella época parecía el fin del mundo.

Los niños que ya vivían ahí tenían el terreno dominado. En la marisma recogían cientos de objetos que servían para jugar. Lo mismo una cocina de petróleo que se transformaba en tablero de nave espacial o algún colchón que, luego de ser arrastrado en entusiasta comitiva, podía ser depositado junto a la última casa de la invasión para volverse un excelente ring de lucha libre.

Mi padre trabajaba de sobrestante en un residencial que hoy es Lomas de Mazatlán. Tenía a su cargo una cuadrilla de más de treinta hombres y manejaba un Safari azul del cual fui copiloto. Yo convivía libremente entre ingenieros, operadores de trascavo, albañiles y peones que hablaban el español atravesado con mixteco.

En una de ésas, presenciaron el movimiento social que le dio vida a mi colonia. Fito Mendoza, nombre del líder de la invasión, le ofreció a mi jefe y su gente un lote a cada uno a cambio de que trazaran y dieran forma a las calles. Topógrafos y operadores se entregaron a la tarea.

La casa creció rápido y abandonamos el barrio mazatleco, cien por ciento ligado al mar y al casco antiguo. Dejé de ver a mi tío Che con su remo al hombro, a los vendedores de lisas y a mis amigos huyendo en estampida a la playa de Los Pinos, descalzos, en short, sin camisa y sin permiso. Ir a la playa era dar la vuelta a la esquina y jamás nos aconteció ninguna desgracia.

Ahora estábamos en un campamento colectivo, con vendedores de leche bronca en estruendosas camionetas, donde el agua potable era ofrecida en carretas jaladas por mulas. Gente afable de sombrero y niños que nunca iban a la matiné, ni a la playa, pero que no se perdían los bailes en La Noria o Las Tinajas, ni sus jocosas o trágicas infidencias. Intervenían y se interesaban en las charlas de los adultos sin que eso pareciese fuera de lugar. A mis amigos del centro para nada les interesaba el mundo de la gente grande.

En ese nuevo mundo, entre casas a medio construir, me encontré de golpe en otra existencia. Sin que yo lo supiera, junto a mí nacía otra parte de Mazatlán,

La gente tenía puercos y gallinas en sus casas; venían de pueblos agrestes y al parecer muy peculiares, por la forma dicharachera de ser y la facilidad con que se decían mentadas de madre, sin ofenderse, incluso entre padres e hijos. A la fecha yo no puedo decir una mala palabra en mi casa, a pesar de que existan circunstancias atenuantes para mi furia.

Aquí pululaban otro tipo de vendedores, pero más que antojos, su producto era material de sobrevivencia. Petróleo lila, carbón, o simple agua en barricas que se trasladaban en carretas de caballos que levantaban nubes de polvo. Las casas tenían afuera dos tambos que se llenaban con las barricas y de ahí la gente administraba su consumo. El agua usada para lavar platos o ropa se arrojaba luego al exterior, en una ingrata labor para los niños, dejando un aire de frescura por las tardes y una película jabonosa en la arcilla de la calle. Gracias a Dios, mi padre había hecho un aljibe de diez mil litros.

Al jugar en la calle, era más práctico tomar agua de esos tambos, sumergiendo a veces la cabeza toda sudada, atrevimiento que despertaba la ira de los propietarios, que no dudaban en subrayar su estado de ánimo acudiendo a los gritos y a las piedras.

En tiempo de lluvia surgían lagunas que se llenaban de tildíos y patos buzos. Hasta camarones de río llegamos a pescar ahí. Hoy uno de esos humedales resucita en verano y se llama Avenida de la Marina. Y a dos cuadras de mi casa se alzaban las lonas de un cine de gitanos, por lo que no extrañamos la matiné del centro, aunque este cine solo funcionaba de noche. Acampaban en coloridos entoldados, extendidos entre los camiones, tintineantes al caminar o recostados en largas esteras a la hora del calor.

Mi abuelo Juan nos visitaba los domingos. Ya tenía más de sesenta años y no podía manejar, así que tomaba un camión que lo dejaba a varias cuadras de casa, por lo que adivinábamos su silueta inconfundible a lo lejos: pantalón de vestir, camisa blanca y largos tirantes negros, que subrayaban su cuerpo delgado y fuerte, la palma del sombrero que coronaba su sonrisa cuando mis hermanas y yo lo encontrábamos en el camino. Una estampa del viejo Mazatlán trasladada a un terregal que se volvía lodo vivo y con el tiempo un sitio habitable y sano.

Hasta tiempo después, entendí que el nombre de nuestro barrio no era "El Parachut", como sonrientemente decía mi padre. Era una comunidad de gente caída del cielo, a la que los medios de entonces llamaban "paracaidistas" y hoy se le nombra "invasores". Por eso el apodo aerodinámico que mi padre empleaba para referirnos a nuestra condición de familia en caída libre asistida; una forma diferente de volar, vuelo que ayuda a tocar y conocer la tierra, otra tierra incógnita que era a la vez el incierto futuro y la firmeza.

El asunto era al revés: a todos los que recalamos ahí, la tierra era la que nos había caído del cielo. A veces entraba con demasiada insistencia en nuestros nacientes hogares, pero ya tenía dueños.

Y un día, camino a la tortillería, descubrí en mi calle una choza sin paredes, pero que, en lo alto de una improvisada pirámide de rocas, ostentaba una imagen de la Virgen de Guadalupe, muy similar a la que nos vigilaba en el cerro de la Nevería.

Hoy esa choza es una iglesia y en diciembre, al despertarme las procesiones por la madrugada –redobles de campana, cohetes y plegarias– vuelvo a sentir que vivo donde antes y Mazatlán, entre gotas de brisa en los cristales o los hombros abrigados de las mujeres, es el mismo sueño surgido en la siempre luminosa casa de mi infancia.

***

Yo nunca pisé una guardería. Siempre en la calle con mi padre. Construyendo o moviendo cosas, presenciando acción sin rutina y miríadas de gente en torno. Durante años creí que mi papá conocía a todo Mazatlán porque donde quiera era bien recibido y hacía valer su voluntad.

En mi infancia, él me traía vestido como hombre. Pantalón de mezclilla, botas de trabajo y camisas vaqueras, nada de dibujitos infantiles. Conocí albañiles, a niños que trabajaban, ingenieros o todo tipo de vendedores ambulantes y marisqueros. Mamá dice que yo hervía de parásitos en esa época porque seguido comía almejas, camarones, aunque jamás las amibiásicas "patas de mula".

Trepé a camionetas diesel, máquinas Caterpillar y recuerdo un Safari azul con el que recorrimos un lodazal que luego sería un sitio residencial de postín. Mi jefe dominaba aspectos de la construcción, la topografía, la mecánica automotriz, la electricidad y la plomería. Tuvo camiones de volteo y yo de niño atravesé con él la neblina del río Presidio, cargados de arena y madrugada.

Otra cualidad que no le heredé fue la fuerza física. Una vez rompió una lata con un solo gesto y me dijo que él también era un hombre nuclear, serie de televisión que veíamos juntos. En realidad tiene más coincidencias con otro superhombre.

Mi padre tuvo la misma edad que Supermán. Ambos nacieron en junio de 1938. Por ahí conseguí la portada de la primera revista y se la regalé cuando ambos super-hombres cumplieron sesenta años y la broma cronológica hacía que los imagináramos seres baldados.

Caímos en cuenta de esa coincidencia cuando, al cumplir Supermán 50 años, la portada del *Uno Más Uno* lo dibujó soplando hacia los cielos un pastel con medio centenar de velitas. El personaje de la viñeta era calvo e iracundo. Coincidieron mis hermanas en que a mi padre le había ido mejor en la vida.

Tiempos duros y momentos rudos, las aventuras de mi viejo no le piden nada a las de aquel hombre de papel. Contratista en su juventud y profesor de tecnología en la madurez, su existencia no estuvo exenta de desafíos y calamidades vencidas airosamente. Sin ser un hombre descuidado, con buen ojo para los riesgos y atento a las precauciones, dio a su osamenta un trato digno del verdadero Hombre de Acero.

De niño cayó de lo alto del cerro del Vigía y su último accidente fue fracturarse una pierna en el foso de un taller. Siendo yo un infante sobrevivió al accidente en motocicleta, donde pudo perder una pierna, arrollado por un camión de mudanzas. A los doce años, lo vi caer desde un andamio y romperse varias costillas, cosa que se repitió a mis veintitantos, al reparar una pared en la casa, nada más que aquí se quebró la otra pierna, que mantenía incólume.

Una vez fue asaltado en la calle y le abrieron el cráneo de un golpe. En un pueblo alguien le disparó a la cara pero alcanzó a quitarle el arma al tipo. Otra vez se volteó en la carretera y no se mataron él y mis tíos porque maniobró bien y cayeron en una saliente del precipicio, así como en las películas, perdiéndose sólo el tanque de combustible. A la fecha, sus amigos de Copala se refieren a ese tramo como "la curva del Juanjo".

Repasando la lista, podría pensarse que es una persona conflictiva y de armas tomar. No es así. Su carácter fue apacible y la única cualidad que le debo es el buen humor.

Mucho agradezco a la vida que mi padre haya salido avante de estas incidencias. A él le agradezco haber hecho algo no muy común para su generación, acostumbrada a imponer el destino a sus hijos: me dejó dedicarme a lo que me diera la gana, a pesar de su esperanza de que yo fuera el arquitecto que él no pudo ser.

En junio, mi padre festejaba su cumpleaños, su santo y la fecha nacional del día del padre. También era cuando le escribía un texto para reconocerle todo aquello que le adeudo. Me dio la vida y también me dejó hacer mi vida. Más no se le puede pedir a un padre. Así que ya es hora de dejarle esto escrito en un libro donde están, esparcidos y a la vez concentrados, la estela de mi mundo y buena parte de mi todo y mi sangre.

He aquí un poema de Eliseo Diego que se ha convertido en mi predilecto. Lo leí muy joven; lo analicé en un breve curso que nos dio en la universidad la maestra María Emilia Soteras y luego se volvió un ejemplo para compartir en mis talleres literarios, a la hora de mostrarles a los nuevos lectores un ejemplo de poesía clara y fresca, sin sobrecarga de metáforas o pirotecnias verbales, donde las cosas se mencionan y al decirlas descubren su propia música secreta. Viví en una infancia de calles antiguas, en casas de piedra humedecida y madera silenciosa como los objetos y la presencia de estos versos. De ahí que en mí despertaran ecos, aromas, cantos y evocaciones... *Voy a nombrar las cosas.*

Voy a nombrar las cosas, los sonoros
altos que ven el festejar del viento,
los portales profundos, las mamparas
cerradas a la sombra y al silencio.

Y el interior sagrado, la penumbra
que suman los oficios polvorientos,
la madera del hombre, la nocturna
madera de mi cuerpo cuando duermo.

Y la pobreza del lugar, y el polvo
en que testaron las huellas de mi padre,
sitios de piedra decidida y limpia,
despojados de sombra, siempre iguales.

Sin olvidar la compasión del fuego
en la intemperie del solar distante
ni el sacramento gozoso de la lluvia
en el humilde cáliz de mi parque.

Ni tu estupendo muro, mediodía,
terso y añil e interminable.

Con la mirada inmóvil del verano
mi cariño sabrá de las veredas

por donde huyen los ávidos domingos
y regresan, ya lunes, cabizbajos.

Y nombraré las cosas, tan despacio
que cuando pierda el Paraíso de mi calle
y mis olvidos me la vuelvan sueño,
pueda llamarlas de pronto con el alba.

Llegó un momento en que este poema cobró un mayor peso en mí que su valor estético y retórico. Algo tembló en mi existencia y en ese vuelo de hojas y viento, mi padre se volvió parte del sueño. El paraíso de la vida tuvo esa pérdida y ya no fue la calle igual, ni los sueños, los pasos firmes de aquel hombre recio que me diera la facultad de respirar, aprender y moverme por el mundo como si fuera una plaza. Y ahora sólo podemos conversar en medio del sueño, pero, por fortuna, siempre que nos encontramos en esa vigilia, estamos contentos, bromeando, y al final descubro que nada de lo que ocurre es cierto: él no está vivo; tampoco ha muerto. El paraíso se vuelve uno dentro en mí en esta tierra y todo es posible en la desordenada magia de los sueños. Todo acontece de súbito con el alba. De repente en la vigilia; de pronto al amanecer.

***

Todas las muertes son una sorpresa, incluso las esperadas. Mi padre empezó con un repentino malestar en diciembre que los médicos tardaron en ubicar por su rareza. Padecía hepatitis C, producto de una transfu-

sión en los años setenta, agravada con una enfermedad llamada polimiositis, mal tan extraño que sólo lo
contrae un grupo genético de la población mundial y,
a partir de su diagnóstico, confirmamos el origen africano de nuestra evidente sangre berberisca. Su pronós-
tico era favorable, mas un accidente repentino lo llevó
a la postración por una fractura en la pierna y el mes
de inmovilidad provocó que la polimiositis lo invadie-
ra. He sido muy pudoroso en cuanto a este proceso de
su vida; en lo personal y lo privado, casi no menciono
las etapas de su enfermedad, tal como él lo hubiese de-
seado, pero más que exorcizarlo, mi deseo es dar testimonio de un callado acto de valor que fue muy suyo y,
llegado el momento, espero que tampoco me falte: la
serenidad y bizarría con que asumió sus últimas horas.

Él se agravó repentinamente la mañana de su cumpleaños. Luchó tres días con denuedo, aferrándose a
la vida a cada bocanada, y en su última noche era sorprendente como se mantenía firme, de cara a un ene-
migo que varias veces le había cerrado el camino y al
que no pensaba rendírsele sin dar batalla. Creo que, a
pesar de que estábamos preparados mental y anímica-
mente para enfrentar su posible partida, esos tres días
fueron fundamentales para entender y aceptar la mag-
nitud de la losa de granito que se nos venía encima a
mí, a mi madre y mis hermanas. No fue una lucha en
vano: cada segundo que estamos en la tierra es valioso
para dar fuerza y consuelo a los que tienen nuestra sangre y mi padre lo hizo hasta el postrer aliento, tratando
de conversar, cantar con sus hermanos y sonreírles a
sus hijas, así como un león herido que salta en su de-

fensa, a pesar de saber de que la bala definitiva resuena por el aire y va directo hacia su cuerpo *en suspenso*. Dylan Thomas lo sabía y lo dijo en un poema que él le espeta a la agonía de su padre pidiéndole que no muera con mansedumbre y que se enfurezca ante la luz que comienza a extinguirse alrededor de su lecho. Nada de apagarse en silencio. No te rindas, que no te dejaré ir si no me das tu bendición. Lucha, lucha y enfurécete contra la luz agonizante.

No entres con calma...

No entres con calma en esta noche errante.
La vejez debe arder en el ocaso:
Lucha contra la luz agonizante.

Si los sabios aceptan lo humillante,
Sus palabras no doman el chispazo.
No entres con calma en esa noche errante.

Los buenos, tras la ola deslumbrante,
Evocan su pasado ante el mar raso:
Lucha contra la luz agonizante.

Los audaces aceptan el diamante
Del sol, aunque su canto sea un fracaso:
No entres con calma en esa noche errante.

Los más serenos, en la luz distante
Ven sin embargo de la sombra el trazo:
Lucha contra la luz agonizante.

Padre mío, a la altura del fracaso,
Dame tu bendición, maldice acaso.
No entres con calma en esa noche errante:
*Lucha contra la luz agonizante.**

***

Han pasado unos años y sigo soñado a mi padre, por lo general en buenos momentos. Casi no voy a su tumba: los muertos se llevan con uno y de eso no me cabe la menor duda. Ahora estoy con Carla en búsqueda de un hijo. No es sustitución; ya nos toca esa tarea. Mi padre es una bandera tremolante que enciende los días y que no hubiera soportado una vejez ociosa, atrapado en una rutina limitada. A veces, al afeitarme en las mañanas, me parece ver su rostro detrás del espejo empañado, asomándose entre el jabón que enmascara mi gesto, con una mirada que de tan mía puede parecerme extraña. Y en otras, como en este mismo instante, surge detrás de la página y me dice con una sonrisa que es hora de terminar la historia, dejar el ígneo caudal de sus memorias reposando en su nicho de piedra, mientras su historia se une con la mía para darle un verdadero sentido a mi existencia. Y todo gracias al conjuro de las palabras. A las mías y a las suyas; aquellas que dejaba en mis oídos para que cobraran vida propia y el mundo pudiera agitarse con sus alas. Ahora mismo, en la casa construida por sus manos y su esfuerzo, puedo escucharlas con el dorado impulso

* Versión de José Emilio Pacheco.

de la luz de la mañana. Es un prodigio sin artificio, milagro cotidiano, simplemente memoria, escritura y magia.

Martín Solares

◆

Las armas y yo

La primera vez que vi un arma fue en casa de un tío, que, luego resultó, trabajaba en la policía, o eso dijo: tenía un revólver escondido en su clóset.

La primera vez que toqué una fue en mi casa, cuando mi papá decidió comprar una calibre 22 para protegernos. Una vez cada tantos meses se encerraba en su cuarto a engrasarla, y la escondía donde no pudiéramos hallarla. Jamás la utilizó y le avergonzaba tenerla.

La primera vez que vi un arma realmente cerca de mi cara fue cuando iba a cumplir dieciséis o diecisiete años pero no me quiero acordar.

Estaba de viaje en el DF. Terminaba una comida familiar. Yo trataba de encontrarle sentido a mi vida y ese día el sentido se reveló por caminos tortuosos.

Estaba estacionado afuera de casa de mis parientes, que entonces vivían por el Periférico Sur, cuando un automóvil se estacionó cerca de mí. Un joven tocó con insistencia en el cristal de la ventana y me mostró una ametralladora chiquita, que ocultaba en el saco.

¿Era el 86 o el 87?

Ya no me acuerdo ni me quiero acordar. Podría ubicar el año exacto si hiciera un ligero esfuerzo de memoria. Hasta donde recuerdo era la última semana de las vacaciones. Dos semanas antes de mi cumpleaños, aproximadamente.

Yo tenía trabajo por primera vez y estaba de vacaciones en el DF, esperando a mi tío afuera de su casa.

No tardo, me dijo, ni apagues el coche, espérame aquí.

Le pregunté si era seguro estacionarse allí afuera, y él dijo que sí. Mi tío, como yo, creía en la bondad de la gente.

Estaba en el coche esperando a mi tío, oyendo mi walkman, cuando uno de los coches que pasaban se detuvo.

Un joven vino a tocar a mi ventanilla con lo que creí que era una moneda. Cuando lo volteé a ver ví que era una ametralladora, una Uzi, que ocultaba bajo su saco, y me ordenó que bajara.

En los momentos de alta tensión uno hace cosas ridículas. En lugar de bajar con las manos en alto primero apagué el coche, el estéreo, subí el vidrio, pensando que lamentablemente iban a robarse el automóvil, y bajé con las manos en alto. Pero el crimen siempre sorprende.

El joven de la ametralladora, que ya estaba muy impaciente, me dijo: Vamos pa'dentro. Me agarró por el cuello y apuntó a mi cabeza: Si cooperas no les va a pasar nada. Dos cosas pasaron por mi mente:

1. Que en el interior de la casa estaban mis hermanas y mi prima, y dejé de avanzar. Clavé los pies en el suelo.

2. La otra idea fue bastante estúpida, pero pasó deprisa: algo así como un relámpago de estupidez. La idea consistía en pensar que el chavo era muy distraído, muy flaco, y que podría desarmarlo. Yo entonces

hacía tae kwon do. Pero tuve un presentimiento: ¿Lo juras por lo más sagrado?, le pregunté. Yo aún creía en la bondad de la gente. El chavo me aseguró: Sólo vamos por dinero.

En eso otras cuatro personas nos empujaron al interior de la casa. Luego supe que todos iban armados y que los cuatro entraron sonriendo.

Vi en estricto orden sucesivo la cara de mi tío y de su chofer-guardaespaldas, los dos boquiabiertos y alzando las manos; la cara de susto de mi madre y mi tía, de mis hermanas y primos.

Nos reunieron a todos en la recámara principal incluyendo al chofer-guardaespaldas. A él y a mí nos amarraron las manos con un alambre ceñido. A él le ordenaron tirarse boca abajo. A mí me tomaron de rehén.

Abra la caja fuerte, le ordenaron a mi tío.

Pero si no tengo, contestó él. Y era cierto. Pero ellos no le creyeron. Hay personas que desconfían de la bondad de la gente.

Se lo llevaron a la sala y oímos una serie de golpes. Destrozaron un escritorio a patadas. A mí debieron confundirme con un escritorio porque me pusieron de rodillas frente a mi familia y me apuntaron a la cabeza con una escopeta.

No sé qué tenía mi cabeza ese día que todo el mundo quería apuntarle. ¿Sería mi corte de pelo?

Regresaron con mi tío. Mire, le mostraron la escena. Vamos a contar hasta tres. Y contaron. Mi tío tardó en reaccionar por el susto, pero reaccionó, por fortuna. El asaltante dejó de contar cuando iba en el número dos. O eso recuerdo. No había caja fuerte, pero algo les dio.

Para entonces yo ya estaba experimentando una curiosa sensación, que consistía en que una parte de mí se elevaba y veía a mi cuerpo allí abajo, a mi familia llorando, y al asaltante que seguía contando mientras me apuntaba con la escopeta.

Ese día robaron 3 casas. Luego supimos. Aunque en el edificio de al lado unos vecinos vieron el robo y lo denunciaron, ni ese día ni al siguiente llegó la patrulla.

En cuanto pudimos ponernos de pie, fuimos a levantar la denuncia. El retrato hablado.

Nos sentaron en una sala muy amplia y nos mostraron diversas carpetas, todas muy gruesas.

Estuvimos ahí yo creo que una hora. Al final los detectives nos pasaron un fólder distinto, y mis primos gritaron, al mismo tiempo y sin dudas: ¡Son ellos, son ellos! El detective más joven, un chavo que parecía honrado, les preguntó: ¿Están seguros? Y sí, estaban seguros: todo el tiempo los vieron de frente: alrededor de dos horas, mientras me apuntaban a mí. Y el detective tosió: Es que éstos son policías en activo; cuando las víctimas no reconocen a nadie entre los criminales, acostumbramos mostrarles las fotos de otros colegas. Entonces el detective encendió un cigarro y nos dijo que iba a ver cómo estaba la onda.

Al volver a la casa mi tío dijo que necesitaba salir a algo urgente, y que me encargaba a la tropa. Para entonces el chofer-guardaespaldas ya había renunciado. Así que me dio una pistola escuadra, creo que 38; me pidió que me asomara por una ventana del segundo piso y me dijo: Si alguien que no sea yo quiere entrar por ahí le disparas. Mi tío estaba muy irritable, así que le dije que sí y cuando se fue me senté en el jardín de la casa, mirando la puerta principal. Sólo esa vez he sentido el estrés en el cuello.

Por la tarde volvió mi tío y a los pocos minutos nos visitó el detective, un verdadero modelo de eficiencia: Mire, patrón –mi tío le había dado propina–, estos cuates tienen conectes muy buenos. Mejor no le mueva.

Bajé alrededor de tres kilos ese fin de semana. Cada vez que sonaba el teléfono alguien decía cosas como "Se van a morir, ya vamos en camino". El domingo por la noche nos fuimos a Tampico.

Poco después uno de mis amigos de infancia fue a verme y nos sentamos en el pasto, mirando las nubes. Me dijo que la muchacha que me gustaba ya andaba con otro. Que la segunda muchacha que más me gustaba también ya andaba con otro. Que la tercera, la cuarta y la quinta muchachas que me gustaban ese año ya tenían todas novio. Que había sido un verano importante, que dónde estuve ese mes. Luego me preguntó si era cierto que nos habían asaltado.

Ese amigo se murió hace tres años. ¿No es escandaloso cómo pasa el tiempo? Aquella vez lo volteé a ver y le dije: Mejor te cuento otro día.

¿De veras?

De veras.

Y preferí quedarme en silencio, mirando las nubes.

Antonio Ramos Revillas

◆

Yo también fui un atleta

Escrito el 19 de octubre de 2006

Nací de siete meses. No pesaba ni dos kilos. El doctor le dijo a mi madre que debía luchar mucho para que sobreviviera, diagnóstico que corroboró una amiga de ella cuando fue a visitarnos: "Este niño se te va morir, Petri". A los seis, cuando estuve hospitalizado a causa de mi primer gran crisis de asma, llegué a pesar 34 kilos. Lo máximo que he pesado en la vida han sido 110 kilos pero ayer, de la nada, mientras veía la televisión me quedé pensando en cuántos kilos tendré cuando me metan al ataúd. Procuré hacer una cuenta rápida: de 100 kilos, 70 se irán cuando me drenen el agua, la sangre, los fluidos. Me quedarán 30 kilos. De esos kilogramos me quitarán algunos cinco más de las vísceras, el cerebro, los pulmones, el corazón. Aún tendré otros 25. De esos 25 kilos que pesará mi cuerpo ya no puedo hacer restas, a menos que en el futuro supongamos que pierda alguna pierna o un brazo o la mitad del cuerpo... no lo sé. Estoy pensando seriamente en la cremación.

Escrito el 26 de abril de 2007

Recibí mi primer libro después de una gran crisis asmática, misma que obligó a los doctores a trasladarme con carácter de urgencia de un hospital regional a uno de especialidades. Tenía seis años y ya mordía el lenguaje escrito, lo balbuceaba con no pocos esfuerzos. Cuando abrí los ojos estaba en un pasillo de paredes blancas, piso de mosaico color perla. Hacía frío. Un gran ventanal me permitía ver hacia la sala de urgencias del hospital. Mi doctora, al descubrirme despierto, se acercó junto con mi madre y me preguntaron si estaba bien. Pedí de comer y una enfermera me trajo un emparedado de jamón con queso amarillo y con las untadas perfectas de mayonesa. Recuerdo haber dicho, mientras me asignaban una cama en el área de internos, que estaba aburrido. ¿La solución? Tráele al niño un libro.

En mi familia nunca habíamos tenido contacto con los libros, ni con las historietas y menos con las enciclopedias. Mi abuela leía cada fin de semana, sin falta, la revista *Alarma*, pero me la tenían prohibida.

Con los años me ha dado por imaginar a mi padre y cómo decidió que lo mejor para un niño asmático y en el hospital era leer. Supongo que compró mis primeros libros porque estaban empastados, porque tenían fotos de guerra o de guerreros cartagineses o simplemente porque se miraban bonitos. Nunca le he preguntado dónde los encontró, pero mis primeros libros fueron tomos de dos enciclopedias distintas: *Grandes conquistadores y descubridores*, Tomo II y *Enciclopedia de la Revolución Mexicana*, Tomo III.

Miré ávido las imágenes y en los casi tres meses de hospital leí poco a poco las batallas de Ciro el Grande, el odio de Aníbal contra Roma, la derrota de Maratón y el incendio de Atenas; después me leí biografías de revolucionarios que podían resumirse en un: nació allá, peleó aquí, murió ahí. De todas estas biografías no olvido la frase final de la semblanza del hermano de Zapata: "El que a hierro mata a hierro muere". Y siempre supe que yo no quería una muerte de encabezados de periódico ni violenta. Yo no quería, al morir, salir en el *Alarma*.

Ésos fueron mis primeros libros. Cuando salí del hospital no volví a leer sino hasta mucho tiempo después, unos cuatro años, cuando Ángel, un vecino de casa de mi abuela, me prestó *La isla misteriosa* y después *Los hijos del Capitán Grant*. Qué maravilla fue descubrir en esta última novela al personaje final de *La isla misteriosa*. Ahí entendí por primera vez la emoción que da incluir personajes de un libro en otro, también entendí, con los tomos de enciclopedia, el valor histórico de las cosas y las acciones de los grandes héroes y la guerra. Veladamente, en mi última novela escrita, hago un homenaje a esos libros. Para un chico lector, o para cualquier lector, fueron pocos libros, pero fueron sustanciales (y lo siguen siendo) hasta que volví a leer en la facultad. Nunca pensé en escribir una autobiografía. Si yo quisiera hablar de mí hablaría de un soldado desconocido, de una playa ante la cual juro la destrucción de Roma. Hablaría de mí como el hermano de Zapata. Saldría, sin duda, en el *Alarma*.

Escrito el 1 de junio de 2007

Hoy vi un río y pensé: "lengua de agua", "codo líquido", "serpiente undosa", "capricho". Seguí pensando cómo podía nombrar el río y sus riberas y su agua que se veía turquesa desde la saliente rocosa donde lo miraba. Pero después me pregunté: ¿Y para qué buscarle la metáfora, si sólo es un río, un gran río? No existe mejor descripción que esa: río, río, río.

Escrito el martes 3 de abril de 2007

–Ese libro sí está chingón –dice B cuando tomo un ejemplar del *Diccionario jázaro*.

–Ya lo creo, hay muchos imitadores de él –y hojeo las páginas.

–Y lo escribió ya ruco –mete H su cuchara.

–Yo creo que a mí –insiste B– me faltan como unos treinta años para escribir algo como eso.

–Pues claro –añado–, ¿dónde has visto que un mocoso como nosotros escriba algo así a nuestra edad? Las grandes novelas se escriben sólo cuando sabes que ya todo está por irse a la chingada.

–Qué apocalíptico –dice H y vuelve a su computadora.

Dejo sobre la mesa el *Diccionario jázaro*. Quién sabe si la muerte nos dé tiempo.

Escrito en julio de 1999

Subíamos Raúl y yo las escaleras de madera de la Casa de la Cultura de Monterrey. Chirriaban los escalones a nuestro paso. Llegamos al tercer piso y entramos en la sala donde había un gran mesa de madera, redonda, y sillas apostadas a su alrededor. Un hombre güero y otro con barba, ambos mayores que nosotros, esperaban. Saludamos nerviosamente y nos sentamos.

–¿Tú eres Parra? –preguntó Raúl al hombre barbón pero éste negó.

–No, aún no llega.

Minutos después apareció Eduardo Parra con una libreta bajo el brazo, un cigarro en la boca y en la mano un vaso de litro lleno de coca cola. Dejó sus libros sobre la mesa y con una hoja que arrancó de su libreta formó un cenicero cuadrado. Fue amable al presentarse y nos invitó, como regla de taller, a iniciar con la lectura por ser los nuevos. Raúl leyó el cuento con el que había ganado un premio en Escobedo y yo un cuentito de dos cuartillas donde un padre de familia decide darle a un pordiosero el poco dinero que le queda en lugar de comprar con él algún regalo para su hija.

El taller de Parra en la Casa de la Cultura duró, no recuerdo bien las fechas, desde el verano del 96 hasta mediados del 98. Fueron dos años de vernos todos los sábados de 10:00 a.m. a 12:00 p.m. El taller a veces era un éxito y otras un fracaso. Iba mucha gente y después sólo iba yo. Un tiempo asistía un hombre en muletas cuyo nombre no recuerdo salvo que tardaba más de media hora en llegar al tercer piso. Lo escuchábamos quejarse desde la planta baja pero ya sabíamos que si lo ayudábamos se iba a enojar. Era bolero en la esquina de Cuauhtémoc y Colón. Alguna vez lo visité para platicar y me quedé sentado junto a él mientras le sacaba brillo al charol de los caminantes.

Con el tiempo Raúl dejó de asistir pero yo seguí y seguí. Cuando no se podía estar en la Casa de la Cultura nos íbamos al café Benavides que estaba en avenida Juárez y Colón. No sé en qué momento Parra comenzó a incluirme entre sus amigos. Sólo sé que a veces me citaba para platicar en el Vips de Ocampo donde las meseras nos servían un café humoso y sin sabor. Ahí conocí a Ofelia Pérez Sepúlveda y ella recuerda muy bien esos días y se burla de mí.

Una tarde, casi al anochecer, saliendo de la sala Gabriel Figueroa a donde nos mandaron porque no había sitio para tallerear, Parra me dijo:

–Yo pertenezco a un grupo, se llama El Panteón.

Comenzó a decirme de ese grupo donde estaban David Toscana, Hugo Valdés, Ramón López Castro y Rubén Soto. Me dijo que se reunían todos los miércoles en su departamento, que una vez los iban a meter a la cárcel por casi incendiar una casa mientras quemaban sus manuscritos. Cuando terminó de platicar le dije:

–Un día voy a estar en ese grupo.

Parra sonrió con sorpresa y alardeó:

–A ver si es cierto.

Pasaron tres meses más del taller ya muriéndose y una tarde Parra nos prestó unos libros a otro escritor del taller y a mí. Fuimos a su departamento por ellos. En el camino de regreso cayó un aguacero y a la altura del hospital 33, Parra me dijo:

–Oye, los muchachos nos vamos a reunir este miércoles y quieren conocerte. ¿Le caes?

Asentí.

Esa madrugada cuando salí de mi primer Panteón seguía en una especie de mutismo. Había ido no sólo a conocer a los panteoneros sino que en medio de la borrachera Parra les había preguntado a los demás:

–¿Entonces qué, aceptamos al Toñillo?

Toscana se quedó en silencio, Hugo le dio un trago a la cerveza y Rubén fumó con un aire de indiferencia, mirándome. Luego supe que tenían más de dos años sin reunirse y luego me enteré de todos los escritores de Monterrey que habían rechazado del Panteón.

Nunca dijeron que sí me aceptaban, pero empezaron a presentarse uno a uno, a introducir a los otros y aunque bromeaban con una novatada que nunca llegó, siempre me mantuve alerta. *All my friends*, decíamos. David no tomaba alcohol y varias veces, de madrugada, salíamos a comprar chocolalas y galletas. Hugo quería que mi novatada fuera un desfile de escupitajos, que por fortuna no se hizo. Sí me hizo una broma, en cambio, cuando me dijo que Parra había muerto en un accidente carretero. A mí el dolor me salió en forma de asfixia, de toses gruesas; mi asma, ¿qué haré con ella? Rubén siempre fue el más cercano. Mientras los demás hablaban de cuentos por escribir y libros por publicar nosotros nos quedábamos en silencio. Él le daba tragos a su tequila y yo a mi chocolala. Una noche de Panteón, después de una decepción amorosa, le di la bienvenida al alcohol. Todos lo festejaron.

El taller del Panteón duró desde el invierno del 98 hasta mediados del 2001. Hugo dejó de asistir, Rubén también, Parra se fue a vivir al D.F. Dejamos de reunirnos en casas para vernos en el bar Reforma, cantinilla culturatosa de la ciudad. Una noche, mientras mirábamos la televisión en el bar, Toscana se quejó amargamente:

–Ahorita estaría escribiendo.

Yo andaba desanimado por un ingrato amor y le dije:

–Y yo estaría durmiendo.

–Si Felipe –a quien esperábamos esa noche–, no llega a las doce, esto se acaba –dijo David–, se acaba El Panteón, las reuniones de los miércoles, todo.

A mí me dio miedo entonces porque estaba acostumbrado a las charlas, a los miércoles de juerga; pero después me di cuenta que David tenía razón. A las doce de la noche Felipe no llegó y nos levantamos. Hicimos un brindis ridículo y nos fuimos. Así terminó El Panteón. Esa noche, David no me dio *raid* a la casa.

Escrito el 3 de agosto de 2006

Mi tía Martha no aprendió a leer. No, no supo, pero tomaba las revistas *Alarma* de mi abuela y los periódicos con aire de quien sabe. Mi tía no aprendió muchas cosas que se supone debe saber la gente en este siglo. No supo de las ventas de verano en Zara ni de las explicaciones sobre las tres dimensiones de la galaxia; mucho menos sobre el número de Avogadro ni que había que leer a Juan Rulfo; aunque sí supo de la boda del siglo entre Lucero y Mijares y la muerte de Colosio en Lomas Taurinas. Mi tía Martha escuchaba a veces, en la radio, los programas donde pasaban canciones de Cri-

Cri, a Tres Patines y al Kalimán; le gustaba mucho la canción de *Métete Teté, que te metas Teté, métete Teté no lo repetiré*. Grande como ella sola, a veces se llevaba la comida frente a la tele y ahí veía el programa de *Hasta en las mejores familias* y después *Laura en América* mientras comía picadillo, chiles rellenos o frijoles con tortillas quemadas en las orillas. Le gustaba la lucha libre, defendió hasta el cansancio el rostro bello de la luchadora Martha Villalobos, conocida como La Mónster, y se indignaba con las trampas de los rudos en las batallas épicas de Cien Caras y Universo 2000 contra el Perro Aguayo y Konan. Pero mi tía Martha no aprendió a leer. No supo de "muchos años después frente al pelotón de fusilamiento" ni de "vine a Comala porque me dijeron que acá vivía mi padre, un tal Pedro Páramo". Ella sabía de Tres Patines, de Kalimán y El Ojo de Vidrio, ella supo del rostro bello de Martha Villalobos donde todos mirábamos sólo una mujer ruda que frente a las cámaras de televisión sacaba la lengua y hacía con la mano una seña obscena. Un día voy a aprender a leer, me decía, y se ponía con una libreta a escribir letras. Pero luego le ganaba lo inmediato a mi tía Martha y dejaba todo por Cri-Cri, luchas y cuidar a mi abuela; se iba alejando de las letras y de todo lo demás como ese novio abandonado en el altar hacía mucho, mucho tiempo, con invitaciones repartidas por todo el orbe, y con un sí que nunca pudo dar. Mi tía Martha murió de un ataque al corazón, mientras veía la tele. A las siete con veinticinco de la noche. Mi hermana estuvo ahí, presente. La vio morir. Yo me tomaba fotos con una amiga, en una feria, y me sentía feliz.

La primera vez que vi sangre fue en el terreno baldío frente a la casa. La colonia Moderna era nido de pandilleros, santuario de cantinas y corte de borrachos. Vivir ahí era difícil, como lo es ahora que hay otro tipo de tráficos. Pero en aquel entonces venían las pandillas correteándose, y todas o casi todas terminaban en el baldío frente a la casa, verdadero arsenal de piedras, botellas y ramas con espinas. Apenas veíamos a los pandilleros nos ordenaban entrar a la casa y desde la ventana veíamos aquella turba elástica, esos chicos banda que eran los héroes de la colonia. Se detenían, tiraban pedradas, esquivaban otros proyectiles, corrían al llano. Minutos más tarde pasaban las patrullas con la sirena desgarrada como si le lloraran a un muerto. Entraban al campo y correteaban al Borrado, al Güero, al Pirata. Yo los vi esposados y felices en las cajas traseras de aquellas viejas camionetas Dodge. Pero una vez que se levantaba el campo, salíamos todos a buscar entre las piedras dinero, pulseras, cadenas. A veces encontrábamos algo, la mayoría de las veces no. Sólo una vez encontramos una gran piedra con una sangre casi oscura. Nos la pasamos sorprendidos entre todos y empezamos a hacer historias de a quién habían golpeado con esa piedra. Luego lo olvidamos por ese llano que también era nuestro castillo fuerte, donde jugábamos al futbol, donde perseguíamos caballetes y mariposas. Éramos Tom Sawyers. Qué cierto es eso de que en la vida sólo somos una ficción.

Escrito el 9 de agosto de 2006

Mi abuelo Nabor siempre fue una figura omnipotente, un hombre toro que podía echarse más de cincuenta periódicos en cada hombro. Después, cuando llegaba frente a una casa, bajaba los bultos, tomaba un periódico *El Norte*, lo doblaba y allá iba. El periódico salía impulsado y se abría sólo al momento de caer sobre el piso, una vez atravesada la reja o una vez que llegaba hasta la puerta de la casa. Aún medio adormilado yo miraba aquello, sorprendido. Desde los once años yo le ayudaba los fines de semana a repartir y vender periódico.

Cuando terminaba la faena diaria mi abuelo llegaba a su casa y extendía sobre la mesa los cientos y cientos de monedas centaveras, peseras, pesadas y gordas, de antes. Las amontonaba en columnas mientras desayunaba tres huevos con salsa, hartos frijoles y se empujaba un litro de pulque que mandaba traer desde Venado, San Luis Potosí, de donde son mis raíces. Le daba a mi abuela para el gasto y se iba a dormir desde el mediodía hasta las siete de la tarde cuando bajaba un rato a la cocina, cenaba y otra vez a la cama. Todo él olía a periódico, a tinta, a desvelo.

Yo repartía *El Norte* por las madrugadas y lo vendía horas más tarde en una esquina, en una colonia de las periferias de Monterrey. Pasaba mi abuelo en su Valiant viejo o en su Oldsmobile carcacha con periódicos hasta el tope y yo me hacía ovillo en una esquina del asiento para caber, así, calientito por el calor que entraba desde el motor y por tanto periódico. Cuando llegábamos a la colonia Victoria, primera etapa del viaje, mi abuelo desmontaba la bicicleta de la cajuela del Valiant, echaba sus ciento cincuenta periódicos repartidos en las canastillas delantera y trasera y se iba a entregarlos. Yo me quedaba a entregar periódicos en las primeras ocho calles.

¿Intenté echarme los periódicos al hombro? Claro. Por supuesto. Pero se me caían. Se derrumbaban los pliegos a mis pies y era más lata después acomodarlos, meter Finanzas en Avisos de Ocasión, Avisos de Ocasión en Cultura, Cultura en Locales, Locales en Espectáculos, Espectáculos en Deportes y Deportes en Internacional. Me iba por las calles al filo de las cinco de la mañana y andaba aquellas oscuridades, apenas sacudida la quietud cuando me ladraban los perros. Llovía y mojaba un periódico, hacía frío y me metía entre ellos.

–Esto es muy aburrido –le reclamé un día.

A la mañana siguiente mi abuelo me presumió la radio que le había puesto al Valiant. Compré casets de los Beatles y mientras volvía de la entrega los escuchaba. Así se me fueron los fines de semana de los once a los quince años. Me volví un espectador dentro del coche de todo lo que ocurría afuera o de lo que me encontraba durante las entregas. Una vez me mordió un perro. Otra vi cómo chocaban dos autos. Una mañana, antes de que saliera el sol, me topé con un pleito entre una pareja. Ella con un pantalón entalladísimo, él con la camisa desfajada. Se gritaban. Los perros ladraban como un coro esquiliano. Luego ella entró a la casa y encendió la luz de una recámara y no la apagó.

El hombre nunca se movió. Miraba la luz, sólo miraba la luz en la ventana. Cuando nos fuimos el tipo seguía ahí. En mi memoria aún espera.

Así continué ayudándole a mi abuelo a la entrega y la venta de periódicos por muchos años. La última mañana que fui él andaba borracho (el pulque había engendrado otros vicios). Estábamos en el puesto, en la colonia Villa de San Miguel, la otra trinchera de venta. Él insistía en que me quedara.

Le dije:

–Sólo te traje en el carro para que no chocaras –pero él no entendió.

–No, no, te vas a quedar a vender periódicos –me ordenó. Tenía en los ojos ese animal que nace de las borracheras, un animal vidrioso.

Yo tenía examen en la facultad de Ciencias de la Comunicación, en tercera oportunidad.

–No puedo quedarme –le insistí.

–Me van a robar el dinero –me dijo–, ya sabes que borracho me quitan todo.

En eso pasó el camión. Le dejé las llaves del coche sobre la pila de periódicos. Corrí y subí al ruta 82. Sólo vi a mi abuelo agitando un periódico y gritándome que regresara, pero no lo hice. Sentía las miradas árticas de los pasajeros.

Después de eso nunca más volví a vender periódicos ni a despertarme a las cinco de la mañana por causa suya. Me queda esa imagen de mi abuelo Nabor que era un toro, con los ojos abotargados por el alcohol y agitando el periódico. Me decía que regresara pero yo veía el periódico moviéndose en lo alto, como despidiéndose. Eran también palabras. Tinta. Lenguaje. Mi abuelo me decía adiós. Las letras me decían hola.

Daniela Tarazona

◆

Membranas

I.

Veo una muñeca rellena de arroz en una caja de cerillos. El cuerpo está formado por un overol y puede sentarse, doblándose a la mitad. Con las yemas de los dedos yo sentía el contenido del cuerpo: la carne hecha de arroz.

La niñez queda en la memoria por los objetos que sostuvimos en las manos. Parte de la imaginación se gesta en los juguetes. Mis hermanos, Pablo y Juan, jugaban con un muñeco de piel transparente que tenía un botón en la espalda, al oprimirlo la sangre le circulaba por el cuerpo. Me fascinaban los juguetes con cualidades orgánicas: el moco de King Kong que olía a plástico, o una muñeca pequeña con pañales que nunca fue mía; no recuerdo su nombre pero sí que mi amiga Gabriela la tenía y a la muñeca le salían rozaduras en las nalgas después de tomar falsa leche de un falso biberón.

Mi padre me regaló la muñeca más pequeña del mundo: venía dentro de una nuez de Castilla.

Mi infancia estuvo llena de miniaturas: los dibujos que mi abuela nos pidió un verano a mi prima Carolina y a mí, en Amecameca, fueron casas minúsculas en hongos hechos de papel, que dibujábamos con lápices de color, y nosotras pensamos en hongos habitados, pegamos las fachadas sobre otra hoja en blanco, luego cortamos con navajas las puertas y las ventanas, entonces las abríamos para dibujar dentro a los pobladores de la casa.

Hubo días en que buscamos ese mismo reino en la propia naturaleza: así robamos los elotes más pequeños de la milpa de al lado y creímos que eran seres diminutos; les dejamos el pelo para afirmar que era su pelo. Fue de las veces en que recibimos el castigo de hacer planas escritas: "No debo tomar lo que no es mío", nos hizo escribir cien veces mi abuela tras robar los frutos de la cosecha que crecía.

Carolina y yo también jugamos con fichas de dominó: construimos las paredes de las casas que ideamos, las mesas, los sillones y escogimos piezas a las que les encontrábamos un rostro: los dos puntos como dos ojos, un punto solo como una boca.

En el colegio mis amigas y yo recolectábamos renacuajos de los charcos en tiempo de lluvias. Nos producían asco y excitación, ganaba quien encontrara el más grande o aquel que ya hubiera mutado.

Siempre fui altanera con mis profesores, usaban esa palabra para describirme: "Daniela es una altanera", decían. También se referían a mí como "inquieta"; con el paso del tiempo entendí el significado de esa palabra –eso sucedió después, cuando mi inquietud me produjo pánico.

En segundo de secundaria tuve un admirador secreto que me dejaba cartas en la mochila. Luego supe que se trataba de Bruno, un compañero de clase que hacía líneas sobre la madera de la mesa cuando lo volteaba a ver; sumaba las miradas. No sé por qué un día le eché un Miguelito a los ojos. Creo que me tenía harta, me seguía como una sombra durante los recreos –si iba al baño me esperaba afuera–, y recuerdo la preocupación de lastimarlo de verdad, como si hubiera podido dejarlo ciego.

Mi padre me recogía a la salida de clases en una combi bicolor de los años 60 y, otras veces, yo hacía rondas para llegar a la escuela con Camilo, que solía enfurecerse conmigo por quedarme dormida; me esperaba con el coche encendido en la calle de Vallarta, al lado de la plaza de la Conchita, en mi barrio natal. Camilo siempre me decía que en una de las entradas a la UNAM había chocado Roberto, un amigo suyo. Lo decía cada tarde, en cada regreso, burlándose de la cotidianidad repetida por manía.

En la mayoría de las noches de San Juan hay Luna llena y se brinca sobre el fuego. Yo nací en una noche de San Juan.

Los vestidos que cosía la esposa de mi abuelo, Montserrat, eran con bordado de panal en el pecho. Al llevarlos, tenía ciertos ideales de Gran Dama, pero me desagradaba el bordado porque me oprimía. Luego me acostumbré y hasta admiraba mi piel con las marcas cuadriculadas de la tela.

En un bazar que estaba frente a la Plaza de San Juan Bautista, descubrí en un puesto con revistas antiguas algo que siempre deseé tener: era una mochila miniatura con cuadernos marca Scribe del tamaño de una cajetilla de cigarros, escuadras de plástico de dos centímetros, transportadores de un centímetro y lápices del tamaño de las falanges de mis dedos. No jugaba con esa mochila a escala porque no podía hacerlo yo, pero sí mis muñecas; escudriñar su contenido mínimo me producía emociones que no sé con qué comparar.

Hay una foto en la que mi padre y yo caminamos por la Plaza de la Conchita. Tengo dos años y medio, creo, y voy tomada de la mano de él. Traigo zapatos rojos, un suéter blanco y un vestido de flores, con la otra mano sostengo un bastón de dulce que me llevo a la boca.

Nuestra casa para los fines de semana, en Cuernavaca, tenía un jardín de buen tamaño, una alberca y un árbol de tejocotes.

Mis hermanos intentaron que yo aprendiera a nadar y para eso me hacían ir por una canoa inflable al extremo opuesto de la alberca, cuando la alcanzaba se me olvidaba nadar otra vez. Las tardes se hacían más breves con el juego de cartas Uno, el turista y el ping pong; por esa época le poníamos sal y limón a la Cocacola y nos entretenía que la sal produjera burbujas. En el jardín había una plazoleta con una fuente y un par de bancas. Ese espacio me parecía irreal, allí jugaba a vivir otras vidas.

Un día vi en la alberca a una abeja ahogándose y la saqué con el dedo índice pero no sabía que ella me picaría para defenderse. Fue la primera picadura de abeja en mi vida.

Por ese tiempo, me fui de campamento a Valle de Bravo. El sitio se llamaba Lago y Tierra. Mi amiga Laura y yo estábamos felices. Irse de casa sola a los once años para vivir una aventura en el bosque era emocionante. El primer día salimos a jugar escondidas, sólo que el bosque estaba recién quemado. Aún recuerdo el olor. Salté a un agujero para esconderme, pero bajo las hojas habían quedado brasas al rojo vivo y yo no lo supe hasta que me ardió el pie izquierdo. Tuve una quemadura de segundo grado alrededor del tobillo durante todos los días del campamento. Al llegar a México, mi madre me llevó al Hospital de Xoco para que me dieran el famoso tepezcohuite; después supimos que aquel polvo reconstruía las heridas de manera veloz por fuera y no desde adentro.

El campamento había sido divertido. Cada encuentro en Valle de Bravo era temático, aquél trataba de *El Mago de Oz*. Así que tuvimos que buscar los mensajes de la Bruja Buena del Norte (o del Sur, no lo tengo claro) en una cañada del bosque, para seguir la secuencia de un *rally*. Luego, fuimos sorprendidos por alguna de las brujas malas mientras comíamos. El camino amarillo no lo recuerdo, pero sí a una instructora disfrazada de Dorothy.

Entonces, vivir era un asunto parecido a respirar suave, como al estar entre el sueño y la vigilia y atraer con simpleza el aire tibio al pecho.

A los nueve años viajé a San Francisco. Mi padre rentó una casa rodante y recorrimos California. Recuerdo la imagen de la isla de Alcatraz: "Aquella cárcel era ideal por estar rodeada de agua. Eso complicaba las fugas de los reos", decía mi padre.

Luego conocimos los sequoias (*Sequoia sempervirens*). Fue la primera vez que vi la nieve. Mis hermanos y yo jugamos guerritas y patinamos sobre el hielo fino dentro del tronco de un árbol caído. Los sequoias son árboles a los que no les rinden las palabras. Debe sentirse la misma parálisis verbal al ver la Tierra desde el espacio, o pisar otro planeta, por ejemplo.

De regreso –o de ida, no lo sé– aprendí que las cosas no son como parecen: estaba de pie, tras los asientos delanteros de la casa rodante y en las cunetas de la carretera descubrí botellas mínimas de refresco. Eran coca-colas de juguete. Se lo comenté a mi padre y él me dijo que estaba equivocada porque las botellas se veían así debido al efecto del cristal. Le insistí tanto en que no se daba cuenta de la pequeñez de aquellas botellas que decidió pararse para que viera por mí misma cómo eran. Y las vi. Las botellas eran de tamaño común. Recuerdo que me desilusioné, quizá por mi profundo encantamiento ante lo pequeño.

Con Manola aprendí a reírme porque sí. En la secundaria nos reíamos tanto juntas que logramos sacar de quicio a varios profesores. La vez más eufórica fue en la clase de Ciencias Sociales, y nos reíamos por haber sacado .2 en un examen ¿cómo .2?, ¿qué habíamos respondido bien para sacarnos un .2? Pues media línea de una respuesta, nada más. Nos reímos tanto que la maestra nos sacó de la clase y, al ponernos de pie, seguimos en la risa y así nos ganamos un extraordinario y las carcajadas nos doblaban en dos y no éramos capaces ni de abrir la puerta del salón para salir. Manola y yo dejamos el salón para sentarnos en el suelo del pasillo y seguir riéndonos un rato más. Hay otra anécdota de Manola riéndose pero ésa me la reservo –por las mismas razones que me reservo otras cosas que no contaré aquí.

Mi escuela era un territorio fascinante pero allí era necesaria la rudeza. En el salón, un grupo de amigos se dedicaba a fastidiar a Jaime, un compañero tímido y de maneras torpes. Una vez, Jaime estuvo esposado a su mesa durante el recreo. Y cada día, cerca de la hora de la salida, los otros escondían la mochila de Jaime o la subían a las vigas del techo. Y Jaime se afanaba para enfrentar las injusticias. En una clase de Educación Física le aventaron una piedra que le abrió la frente; entonces Maite, la profesora de Filosofía, nos mandó a leer *Ética para Amador* de castigo –nadie delataba a quienes lo habían hecho. Leímos el libro de Savater e hicimos un examen. A lo largo de los meses, Jaime se rascó la herida como si deseara conservarla para siempre.

Fuimos a Isla Mujeres, allí conocí el mar. Montamos tortugas y vimos delfines en un corral marino. Mi madre me llevó en brazos al mar. Al entrar vi algo en el fondo del agua: era la aleta dorsal de un tiburón. Me asusté tanto que grité y le pedí a mi madre regresar cuanto antes a la playa. Cuando me dijeron qué era, entendí que era la aleta dorsal de un tiburón pero no comprendí por qué estaba tirada en el fondo. Me explicaron que les cortaban las aletas a los tiburones, me hablaron de la probabilidad de que hubiera caído de alguna lancha pesquera. De cualquier modo, no lo entendí. Pasó tiempo para que pudiera meterme al mar sin tener miedo.

En el verano de 1984 mi familia y yo hicimos un viaje largo a Europa, nos acompañó mi abuela. Estuvimos una semana y media en Ydra, una isla griega. Probé las hojas de parra. Subí una montaña para llegar a un monasterio. Comí unos dulces parecidos a gomas azucaradas pero con sabor a agua de colonia.

Y vimos una representación en el teatro de Epidauro. Mi abuela soltó un pedo que se escuchó en todo el teatro, gracias a su acústica milenaria; nos reímos toda la noche. También un hombre encendió un cerillo del otro lado del teatro y escuchamos el sonido de la madera, vimos la gestación de la chispa y el resplandor de ese fuego diminuto desde lejos.

II.

Nueva York huele a metal. Entre sus calles se comprende la voluntad del hombre araña. ¿Quién, en su sano juicio, no desearía recuperar una visión del horizonte al caminar abrumado entre aquellos edificios? Quizás allí pensé por primera vez en las catedrales contemporáneas. El verdadero dios que nos rige está en los edificios enormes: los corporativos y los centros comerciales. Una persona vive la pequeñez dentro o fuera de esas moles.

¿Qué es el horizonte?

Creo que la pasividad de la playa es su horizonte. Por otro lado, tal vez veamos en el agua del mar el reflejo de nuestro reino hace millones de años.

Quiero contar cómo descubrí el fuego. Estaba alrededor de una fogata con Joan y Diego, dos amigos antiguos. Vi las llamas del fuego y observé el cambio sostenido de sus colores, su ascenso, su capacidad corrosiva, su misterio.

Yo no sabía que iba a ser escritora. Cumplía mis tareas en la universidad, en la licenciatura de Letras; tuvimos tantas lecturas durante el segundo semestre que para el siguiente éramos la mitad de los inscritos. Leía en todas partes. Leí *La Celestina* con absoluta fascinación. Calvert Casey y Rabelais me mostraron el universo contenido en un cuerpo. Después *La Ilíada, La Odisea, El Beowulf,* y la poesía que Hugo Gola nos mandaba para renegar del orden de las cosas y combatir la espantosa fuerza centrípeta de la vida académica.

Siempre, sin embargo, tuve un encantamiento profundo por la literatura que me dejaba asombrada, la que me convertía en otra cosa, la lectura que gesta preguntas y comezones, con esos personajes de humanidad contundente. Poe fue mi primer encantador, creo; Kafka el segundo, luego encontré a Borges.

Mi cuarto tenía repisas para los libros. Había dos encima de mi cama y una noche me cayó en la cabeza un ejemplar pesado: *Las trampas de la fe*, de Octavio Paz. Todo libro tiene la forma y la voluntad circular del Ouroboros.

A estas alturas de la cuestión, me pregunto qué relevancia tiene este texto que escribo. Hace unas horas vi un documental sobre el océano; se llama *Océanos*, y aparecieron unos bichos que no conocía y pensé en la ineludible futilidad del mundo. La paradoja de la vida que es la muerte. La inutilidad. Un buzo estaba a la par de una medusa que era cinco veces más grande que él. Un pez tenía puntos fosforescentes en la piel y luego un grupo de ballenas aparecían reunidas no sé para qué, y los sonidos que hacían eran cantos. Caigo en cierta perspectiva cursi, lo noto.

Hablar de la edad adulta me cuesta más que hablar de la niñez.

Creo en la libertad. Estoy convencida de que cada persona puede ser libre. Detesto las cárceles. Son la mayor crueldad que ha ideado el ser humano. Si uno piensa en las diseñadas para que el preso no vea ninguna manifestación de vida mientras cumple su condena: no verá plantas, no verá aves, no verá nada vivo más que al celador; y si se sabe que hay presos que viven en temperaturas bajo cero porque fueron tan peligrosos en el mundo exterior que los tienen allí congelándose... La vida juzgada. La inclemencia de los jueces.

En Amecameca encontramos un río al que le pusimos el Río de los Liliputienses. Medía cinco centímetros de ancho y corría a lo largo de un descampado. Era lo que más ilusión me hacía ver cuando caminábamos hacia un salto de agua que se conoce como La Burbuja.

Lo revelo: me gustaría vivir en un mundo en miniatura. Pero ese mundo no existiría si no hubiera uno mayor para remedarlo a escala. Lo grande y lo pequeño.

Mi abuela tenía un huevo de pájaro en un platito sobre la mesa de la sala. Yo lo sacudía y escuchaba algo dentro, pero ella me dijo varias veces que en aquel huevo ya no había nada, que estaba seco por el paso del tiempo. Era pequeño. Un día me lo llevé a escondidas al cuarto donde siempre me quedaba a dormir y lo rompí, exaltada por la curiosidad, al abrirlo vi que allí había algo parecido a un pellejo.

Una Navidad mi hermano Pablo recibió un microscopio. Tomamos muestras de agua de lluvia para detener una sola gota en un cristal finísimo. La muestra estaba bajo nuestros ojos y en ese reino que se perdía a simple vista sucedían miles de cambios impredecibles.

No hay maniobras para gobernar la fuerza de la naturaleza. Cuando el Popocatépetl amenazaba con hacer erupción, o eso decían las noticias y las alertas cambiaban de color, mi abuela metió dentro de unos arcones las pertenencias que debían mantenerse intactas más allá de su muerte: era su sueño pompeyano. Ella que juraba a los cuatro vientos ser desapegada de las cosas materiales, estaba lista para que sus objetos sobrevivieran a una erupción. Qué pensamiento tan fantástico.

En la ciudad, vivíamos la fuerza de la naturaleza con elementos artificiales. Mi padre nos decía qué tipo de avión cruzaba por el cielo hacia el aeropuerto. Muchas veces dejamos los platos de comida para correr a toda prisa y estirar el cuello hacia lo alto: "Allá va el Concorde", decía mi padre. Soy una de las personas que quisieron subirse al Concorde.

Creo que el avión es el mejor invento del hombre. Emular el vuelo de un pájaro sólo puede realizarse por una necedad maravillosa. Aún ahora no comprendo de qué modo nos trasladamos en los espacios. El extraño acontecimiento de meterse en una cabina, sentarse y aparecer en otro sitio tras el vuelo me parece enigmático.

Mi madre y yo esperábamos el avión en alguna escala durante nuestro viaje a Estambul. Un hombre sentado al lado nuestro nos habló sobre su profesión: trabajaba en una isla en medio del Pacífico en la que se procesaban desechos tóxicos "tan tóxicos que una gota del tamaño de la punta de un lápiz podía ser mortal", dijo; aquel hombre manipulaba los venenos del mundo. Tenía vacaciones largas una vez al año. Parecía joven pero su labor le producía una vejez precoz: estaba exhausto.

Mi madre y yo nos quedamos con los ojos abiertos tras sus confesiones.

La parranda más sensacional en la que festejamos algo mis amigos y yo: Alejandro, Emiliano, Emilio y no sé quién más, vimos una pelea en la acera de Medellín. La noche iba a terminarse y llegamos al bar El Jacalito. En la acera, justo afuera del bar, un par de hombres se pelearon; de pronto, yo me vi escondida tras el carrito callejero de hot dogs. Los luchadores desaparecieron. Luego, esperábamos a alguien sentados en una jardinera y pasó uno de ellos con la cabeza ensangrentada, quizá por un botellazo; una gota de su sangre me cayó sobre el empeine del pie y pedí una servilleta para secármela con bastante asco. Fue una noche delirante. Terminamos arriba de la serpiente de piedra de la UNAM, subidos allí para ver el territorio de CU tan inmenso, y el nebuloso horizonte del sur que tanto nos emocionaba.

Sólo vi dos veces a mi abuelo materno. La primera me dio un manotazo en la espalda que aún me retumba dentro. La segunda, lo visitamos en un asilo de Caracas donde estaba recluido por sus familiares. No tenía dientes. Le llevamos cerezas y las masticaba con las encías; usaba una andadera y estaba enojado de tiempo atrás. Habló mal de su familia. Nosotros éramos su familia pero él no lo supo hasta poco antes de que dejáramos el asilo. Leía un libro que no he encontrado, se llamaba *Los perros de la guerra*. Dicen que en sus años de prosperidad, cuando todavía manejaba su fortuna, mi abuelo crió perros y tuvo equipos de futbol.

Mi hermano Pablo puso la cámara de video encendida sobre su rodilla para filmar a nuestro abuelo a manera de evidencia, así nuestros primos en México conocerían sus gestos y su rostro.

Una hora después, nos despedimos de él, nunca más lo volvimos a ver.

Amecameca: Una casa con jardín y frente a la casa dos columpios con un sube y baja. Un vecino que tenía cuadros de Remedios Varo en su casa, aunque no los veíamos, y en el brazo tatuado el número de un campo de concentración. Del otro lado de la barda, Lupe, amiga mía y de mi prima que se casó muy joven para tener hijos con prontitud.

En los columpios, Carolina y yo meciéndonos con ganas para dar un brinco en el momento más elevado y caer sobre el pasto; el reto era ver quién llegaba más lejos resistiendo el ardor de los tobillos.

Mi abuela fue nuestra directora de teatro. Montamos *Sueño de una noche de verano* y fuimos de gira por las casas de la familia, entonces yo tenía cinco años. El número de personajes no era suficiente para tantos primos, así que mi abuela, que era poeta, escribió algunos poemas para los personajes extra, entre ellos el mío: Estrella de la Mañana. Y yo decía el poema con una peluca de tiras brillantes (de las usadas para adornar los árboles de Navidad) y salía contenta por los pies del teatro –detrás de algún sillón familiar– para observar a mi hermano Juan como una Tisbe peculiar; mi primo Miguel era un León con melena de zacate y mi hermano Pablo un Muro con un jorongo de jerga, que emulaba las líneas de los ladrillos imaginarios.

En el verano las noches son más cortas. La luz del día se sostiene hasta pasadas las diez y uno agradece tanta luz. No comprendo las razones para poblar los países de frío e inviernos largos. He estado en Alemania y no me gusta. La puntualidad de los autobuses me saca de quicio. No comparto esa sujeción al tiempo, ¿a qué tiempo se sujetan?, pero mi familia materna desciende de alemanes. Me contaron que mi bisabuelo Juan Kochen tenía barcos pesqueros en Yokohama y que pescaba esturiones y comerciaba con caviar. Yo tengo un salero japonés que era de mi bisabuelo: es un pequeño hombre de porcelana blanca. No lo he usado nunca, sólo lo he observado con dudas en los ojos.

La carga de significado que se guarda en los objetos heredados es semejante a la que puede encontrarse en un verso. Aquello que fue de otro y lo dibuja, lo trae al presente, lo deja pasar.

Del presente, las herencias y las fábulas: mi padre, alguna vez, abrió dos ostiones en Ixtapa y encontró dentro dos perlas negras. Se las dio a mi madre. Yo me fasciné por el hallazgo.

No concibo ninguna historia como un asunto total. Narrar es unir pedazos. La narración, o la escritura en sí, está hecha de fragmentos. Los hechos importantes de la vida se dan de cuando en cuando, pero no de modo continuo. Moriríamos enfermos de emociones si así fuera.

Una tarde tras regresar de la universidad en Salamanca, entendí la soledad. Supe que si algo me sucedía iba a pasarme a mí, que si me enfermaba sería yo la enferma sin poder compartir con nadie la decadencia.

Era una imagen desde el aire, yo sobrevolaba mi cuerpo. Me vi desde arriba y asumí mi mortalidad.

III.

Mi padre me despertó cuando las imágenes de las Torres Gemelas salían en la televisión. Principio simbólico de esta nueva era: la desgracia particular magnificada por las cámaras, la tragedia de una ciudad que se convierte en tragedia planetaria, o en un espectáculo morboso para todos los televidentes. De entonces a ahora, los cuchillos en los aviones son de plástico, como si eso fuera garantía de la vida, una "condonización" de la seguridad y la comida o algo semejante; luego, con el intermedio terrorífico del sida, cualquier persona despierta suspicacia, ya sea por sus gérmenes, virus, o por su mera existencia. El miedo es el nuevo dios.

"Ese avión acababa de despegar del aeropuerto de Nueva York", dijo mi padre. Y ninguno que viera aquella imagen la podía considerar *verdadera*; es más ¿esa imagen fue *cierta?*, ¿las imágenes son *ciertas?*, ¿dicen la Verdad?, ¿la Verdad de qué?

La muerte de los otros a costa de la muerte propia: la guerra. En nuestros tiempos, podemos hacer esta glosa: la muerte ante la presencia de los otros. El otro como una amenaza marca el pensamiento en las ciudades.

Todo en pos de la asepsia de los actos; la fuerza de una civilización entronizada para controlarse a sí misma como si fuera una Gran Máquina. No quedan ya ni *cyborgs* ni robots, avatares sí: máquinas de carne –y se multiplican, se saludan, comparten sus inquietudes. Nadie quiere recordar su parentesco con los monos.

Tengo la nariz grande. En la escuela me llamaron Pinocho, Cyrano y hasta dijeron que cuando estornudaba me hacía el harakiri. Todo eso puede ser creíble, si se imagina.

Mi nariz es herencia de mi padre, aunque él la tenía más afilada y se la rompió de joven en un accidente: despegó y se estrelló contra una montaña. Mi nariz tiene algo redondo, también, y es herencia de mi madre porque ella la tiene muy respingada y curva en la punta.

Las narices de mis hermanos no se parecen a la mía. Juan sacó la de mi madre pero un poco más alargada y Pablo tiene una nariz que no es de nadie.

Me fascina la idea de las dimensiones paralelas. Mi sobrino Andrés me dijo hace unos días por teléfono que me quería "en esta dimensión, en las que parece que existen y en las que no existen". Ahora que reflexiono sobre su declaración, recuerdo que el conocimiento se desarrolla en estas tres dimensiones verbales: la presente, la imaginada y la posible.

En el reino de lo posible se escribe.

Yo procuro escribir siempre con mi mente puesta en las tripas. Por eso me voy mucho tiempo del escritorio y cuando regreso lo hago con temor. Me da miedo escribir porque me toqueteo las tripas.

Jesús Gardea fue para mí el ejemplo de la congruencia y la ética intelectual. Jamás traicionó sus convicciones ni su vocación de escritor. Su trabajo se debía, según dijo, a una fuerza supra consciente. Y yo le creo. ¿A qué otra cosa puede deberse el afán de escribir? Yo pensaría siempre en el verbo "elevar", escribir es elevar lo visto, lo sentido, lo que palpita y ponerlo en alto, separarlo del suelo, levitarlo.

Si pudiera, ahorraría para comprarme un viaje a la Luna, pero no sé si llegue el día en que sume ese dinero. Prometo que cuando viaje a la Luna sólo le avisaré a la persona que esté más cerca de mí; guardaré el secreto de mi viaje al resto, con todo celo, y me iré. Encontraré con qué disimular.

Tengo membranas entre los dedos de las manos, un defecto que me ayuda a creer que algún día nadaré en altamar como un habitante natural de las profundidades, sólo a creerlo, pues mi ilusión es regresar cada noche al silencio de una casa en medio del bosque.

Luis Jorge Boone

◆

De fantasmas e intemperie

Para todo el personal

Unhappiness where´s when I was young
And we didn´t give a damn,
´Cause we were raised
To see life as fun and take it if we can.
My mother, my mother she hold me,
She´d hold me, when I was out there.
My father, my father he liked me,
Oh, he liked me. Does anyone care?

The Cranberries, *Ode to my family*

Los paisajes del desierto siempre me han impresionado. Contemplar las montañas, las llanuras, es atesti-
guar la amplitud: un lugar que compite en extensión
con el cielo que lo cubre. Las carreteras que se renue-
van tras alcanzar el horizonte. Ahí cabe lo inabarcable.
El viento que te asola como el fuego o te acuchilla con
el frío del invierno. El cielo. Una tela cambiante de colores intensos, de nubes rápidas, interminables. El sol
inagotable y vigilante.

Solíamos ir de día de campo a un lugar a ochenta
kilómetros de Monclova. La naturaleza tenía reservado
para nosotros –nativos masoquistas o fieles del hábitat

extremo– un refugio de las temperaturas altísimas. Lagos acumulados en hoyancos abiertos por las fuerzas naturales en el terreno duro y salitroso, alimentados por un sistema de túneles subterráneos. Las pozas de Cuatro Ciénegas. Hace veinticinco años era un oasis menos concurrido y estridente que ahora; desconocido y casero, no estaba en peligro de desaparecer bajo las ruedas de una caravana *spring break*. Solíamos ir –los parientes, los vecinos, la familia– los fines de semana. En ese entonces, la carretera tenía curvas pronunciadas, sólo dos carriles. (Ahora, a raíz de una tragedia, la ampliaron. Un vehículo volcó, cargado de explosivos. Los autos se acumularon en ambos carriles. Los lugareños se acercaron. Dicen que alguien pasó corriendo entre los autos, gritando a todos que corrieran. El estallido vaporizó a muchas personas, mutiló e hirió a otras. Ahora la carretera es un camino de primer mundo, con un monumento en el sitio exacto.) Poco más de una hora de camino. Pasas frente a los ejidos Ocho de Enero y La Cruz, atraviesas San Buenaventura, Nadadores, Sacramento, ves Lamadrid a lo lejos, llegas a Ciénegas.

Unos kilómetros adelante, el mar casero. Nunca me pareció extraña la existencia de una veta de agua en aquel mundo árido. Se trataba de un misterio explicable: todo paisaje tiende al equilibrio. La brisa húmeda, el azul luminoso del agua calma. Un contrapeso necesario a los cuarenta y tantos grados que se sufrían a la sombra. Una breve carrera y un salto. Acuatizábamos. De los balnearios que hay desperdigados en la zona, frente a alguna de las cuarenta pozas interconectadas por túneles subterráneos, siempre elegimos Los Mezquites. Comíamos bajo palapas de tronco y palma, jugábamos en la arena blanca. Un recuerdo resume la frescura de las excursiones: las sandías verdísimas contrastando con el ecosistema blanco y azul, flotando cerca de la orilla, brillantes, enfriándose para el postre.

El agua era un destino usual en los días de asueto y calor. Teníamos alternativas.

Hace más de cincuenta años, Altos Hornos de México se estableció al sur de la ciudad; sus terrenos marcaban el límite de eso que despuntaba en medio de la nada. A un costado de la que fuera la acerera más grande de Latinoamérica, está un patio industrial inmenso donde obreros montados en maquinaria pesada acumulan los sobrantes de la producción. Si uno rodea AHMSA se encuentra con un paisaje gris: polvo mineral, montañas de escoria y rebaba metálica. El escenario de una película apocalíptica o marciana. Sin embargo, metros más delante, el paisaje es radicalmente otro. O lo era. Grandes arboledas rodeaban el cauce de un río de nombre zoológico y vocación de oasis: El Conejo. En otro tiempo, la crecida del agua en temporada de lluvia arrasaba casas e inundaba calles. Ahora, la corriente es un cadáver entubado que abastece las necesidades de la siderúrgica. Pero sobrevive su fantasma: un tenue hilillo de agua que a veces se envalentona, gana suficiente impulso para sacarse a sí mismo del olvido.

A lo largo de un par de kilómetros, en dirección a las montañas, había presas construidas con piedras del río –remansos donde se ensanchaba la corriente– y rocas altas desde donde uno podía tirarse clavados. El lecho estaba justo al pie de un cerro que los más aventureros subían para ver la puesta de sol.

(Variaciones del agua y de quien entra en ella. En un lago, un nadador es una lanza que raya apenas una aguamarina; en un río, un despojo voluntario. Dos formas de la felicidad.)

Nadie quería irse al llegar la tarde. Los niños nos negábamos a salir del agua; era mal visto hacerlo antes de recibir al menos una advertencia seria de nuestros padres. El último en dejar el río recibía la admiración del resto. En una ocasión nos fuimos tarde. Empezaba a anochecer y los legítimos dueños del lugar aparecieron. Desde la caja de la camioneta vi cómo, desde agujeros ocultos en la maleza, empezaron a brotar tarántulas. Una docena o así de manchas oscuras moviéndose rápidamente por la tierra. Luego vendrían las víboras, los coyotes, otros depredadores. En eso arrancamos. Desde entonces intentaba retrasar todo lo posible mi salida del agua. Pero quería estar en la camioneta al caer la noche.

La última vez que visitamos el río había estado lloviendo durante semanas, y aprovechamos el día soleado. La corriente estaba crecida y sucia. Nunca lo había visto así; tuvimos que estacionarnos más lejos. No nos quedaríamos mucho, y nos metimos al río en el sitio acostumbrado. El volumen de agua desbordaba la presa. Su fuerza tumbaba las piedras. Pronto encontramos qué hacer: caminábamos a contracorriente haciendo un esfuerzo considerable, sintiendo la arenilla clavarse en la piel. Al llegar a un punto lo bastante lejos, dábamos media vuelta y nos entregábamos a la corriente. En segundos alcanzábamos la presa y empezábamos de nuevo. Llegó la hora de salir. El nivel del agua había estado subiendo y nos llegaba al cuello. No se distinguía la orilla de siempre. Cuando nos íbamos, desde los vehículos vimos que las aguas empezaban a revolverse más. De pronto, ramas gigantescas, troncos, arbustos, pedazos de montaña pasaron arrastrados por la corriente. No nos quedamos a ver qué otras cosas bajarían desde los cerros. Empezó a llover.

María Luisa Villa Venegas. Nacida en Torreón, en 1950; hija de una zacatecana del pueblo de Saín Alto y de un coahuilense de Viesca. Luis Lauro Boone Gurrola nació en Ciudad Frontera; su padre era de San Buenaventura y su madre provenía de una vieja familia de monclovenses.

Los Villa Venegas tuvieron que decidir entre Monclova, Guadalajara o Piedras Negras. El abuelo trabajaba construyendo ductos metálicos para aparatos de aire acondicionado, y la empresa donde laboraba tenía planes de expansión en los tres destinos. Ganó la ilusión de una ciudad pequeña pero próspera, donde todavía reinaba la tranquilidad: las personas paseaban a caballo por las calles y el agua se sacaba de pozos. Llegaron a un cuarto que ni techo tenía. Doña Carmelita casi mata a gritos a su marido. Con el tiempo se mudaron a una casa grande en una colina. El jardín daba higos y duraznos. Años después, la manada de nietos nos arrodillaríamos en la estancia, frente a un nacimiento que en sus mejores épocas abarcaba dos paredes (me gustaba que llegara diciembre para ver esa maqueta de una región imaginaria armada con plantas y figuras de barro). Fue la casa donde trepé árboles, jugué a la guerra y a las escondidas. La que me deparó mi primer temor: la construcción abandonada de al lado. Nos gustaba espiar por las ventanas e imaginar las terribles apariciones que sucederían ahí por las noches. Hasta que la habitaron y cercaron, con su forma caprichosa (estaba en la pendiente, era semicircular, con habitaciones amplias y oscuras) representó el modelo perfecto de la casa embrujada.

Mi padre era el menor de los varones. Mi abuela los mantuvo. El abuelo los abandonó cuando Lauro era muy pequeño. Él guarda un solo recuerdo de su progenitor, que me ha contado varias veces, en especial cuando hago preguntas al respecto. El susodicho quiso, después de quince años, regresar. Llegó hasta la casa de sus hijos, tocó la puerta y mi padre, ya un muchacho, abrió. Escuchó la petición del desconocido, la comunicó a mi abuela y volvió con la respuesta. Le dijo que él no entraba en esa casa ni a madrazos. Primera y última vez que cruzaron palabra.

Nunca tuvieron casa propia. La abuela Bertha no quiso dejar el centro de la ciudad; decía que ahí tenía todo a la mano y que no se iría a la periferia –no sé qué se imaginaba: esos suburbios quedan a quince minutos, pero era mujer de pocas palabras. Mi padre empezó a trabajar a los catorce años para ayudarla. Primero en una carpintería (herencia que me llegaría: en el taller de la secundaria construí mi primer librero y tuve durante esos tres años la ilusión de adquirir habilidades de ebanista), y luego en AHMSA, donde entró como peón a los diecinueve. Cuando tenía tiempo libre ayudaba al hermano de su madre, Jorge, a atender una tienda de ropa deportiva en la calle Zaragoza, en el primer cuadro de la ciudad, a pocos pasos de la plaza principal.

Mi madre pasó con mi abuela por esa calle al regresar del cine. Atendió un letrero que solicitaba empleada para hacer coronas de difunto. Tiempo después entró a trabajar como repostera en la única pastelería de la localidad. Ella hacía los pasteles (ahora veo: de ahí mi indomable afición a los postres). Una hermana suya trabajaba en la mueblería contigua, y mi madre notó que un muchacho cruzaba la calle para ayudarle a acomodar la mercancía. Empezó a saludarlo, a hacerse la aparecida, a salir al mostrador cada vez que el susodicho iba por pan. Un mes de febrero coincidieron en la boda de la hermana. Bailaron. Él no sabía, ella le enseñó. Al mes ya eran novios. A los cuatro, ya estaban comprometidos. Se casarían el 19 de octubre. Eso es no querer perder el tiempo. Luisa tenía 24 años y Lauro 22. Lo que se dice todo un abuso de autoridad.

En el departamento del BOF (Basic Oxygen Furnace) hay hornos convertidores que operan con determinadas combinaciones de gases. La alimentación debe ser operada con exactitud, pues las máquinas alcanzan miles de grados de temperatura. Un día, cuando mi padre trataba de encender uno, la coordinación con su ayudante no se logró. Una llave de gas fue abierta sin aviso. La llamarada lo cubrió por completo. Tuvo heridas de segundo grado. Estuvo semanas hospitalizado, vendado casi por completo, con la piel y el cabello quemados. Mi madre lo cuidó durante la recuperación. Faltaban un par de meses para la ceremonia. No iba a quedarse viuda antes de la boda. En la ceremonia, él tenía aún manchas en manos y cuerpo, rastros de la regeneración epidérmica. Si uno se fija bien, todavía se le notan.

Dicen, cuenta la leyenda, que los Boone del lado mexicano tienen raíces en Laredo, Texas. Que por ahí cruzaron los ancestros a Tamaulipas. La primera visita que hice a Nuevo Laredo me deparaba una doble iniciación: además de hacer mi primera incursión a una zona de tolerancia –cuya barda alta y luces indecorosas le ganaban motes como Disneylandia y La Feria–, pude hablar con un tal profesor Boone, que había sido de los primeros nacidos de este lado con el apellido. Y sí: descendemos de Daniel Boone, el explorador que desafió el paisaje agreste del norte de América para abrir la ruta del *Wilderness Road* y convivió con los indios.

Hace poco me enteré que había quien pensaba que mi nombre era un seudónimo. Cuando el editor de una revista me vio entrar por primera vez a su oficina dijo para sí mismo, después de negar con la cabeza: *Pensándolo bien, sí tienes cara de llamarte así.* Luego, supe que alguna publicación entrecomillaba mi *last name*, como si el patronímico correspondiera a la estirpe de lo postizo o lo ganado por *default*; como lo "Negro" de Durazo y las "Púas" de Olivares.

Por el otro lado también dicen, cuentan las historias, que el bisabuelo de mi madre anduvo en la revolución. Que tuvo parte en algún desmadre del cual no se guarda exacta memoria y que a raíz de eso se cambió el nombre. Adoptó el apellido de su superior: un tal Villa. Estamos de acuerdo que un Dorado no le cae mal a ningún árbol genealógico. Puede que lo fuera. Puede que no. En todo caso, se trató de un revolucionario: soldado y cuatrero a partes iguales.

Apellidos de explorador gringo y bandido mexicano. Como resumió un amigo novelista: en mi credencial para votar llevo lo mejor de ambos mundos.

Hasta los veintitrés años viví sobre la línea divisoria de los mapas estatales. A la casa de mis padres la partía por la mitad el límite entre Monclova y Frontera. Una placa a pocas cuadras marcaba el paso de la línea. Me daba un gusto inexplicable tener esa doble nacionalidad. El comedor estaba en una ciudad y mi cuarto en otra. En Monclova había centros comerciales, escuelas de nivel superior, parques, museos. Ciudad Frontera era producto de un rechazo al progreso. Los habitantes del primer asentamiento de Santiago de la Moncloa –hoy, la colonia El Pueblo–, al enterarse de que el tren llegaría pronto a la ciudad, decidieron sacar la estación lo más lejos que lo permitiera el sentido común. Argumentaron que el humo de los ferrocarriles mataría los inmensos nogales que ahí abundaban, y el ruido enviciaría el ambiente apacible. La llamaron Estación Frontera en 1900, la última antes de adentrarse en la inmensidad del desierto texano.

Presiento que en la autobiografía de un escritor después de la segunda página se va haciendo tarde para que los libros aparezcan. Pero, aunque a los tres años yo mostraba una impaciencia tenaz por aprender a leer, éstos tendrán que esperar. Mi abuela Bertha había trabajado veintidós años en la sección de laminación en frío de la siderúrgica, y sazonaba su retiro con el consumo ingente de novelas policiacas. El Hercule Poirot de Agatha Christie, el Nero Wolfe de Rex Stout, el Philip Marlowe de Raymond Chandler. Pero también –como descanso entre un crimen y otro– leía historietas. Eso era lo que me tentaba. Las pilas de cómics que guardaba en lo alto de un ropero, comprados rigurosa, semanalmente. Yo los hojeaba una y otra vez y, antes de irnos, los regresaba a su lugar. Mi abuela empezó a regalármelos. Debía conservarlos, dijo, para cuando aprendiera a leer. Mientras, podía ver los dibujos. Ése fue mi primer encuentro con un personaje entrañable y sorprendente: *The Amazing Spiderman*. Mi superhéroe de cabecera. Todavía hoy conservo en regular estado algunos ejemplares de la primera serie publicada en México. Toda una proeza, pues a pesar de mi metódico espíritu de coleccionista, los cómics sufrieron los embates del clima, los cambios de intereses de mi yo adolescente y a un hermano menor destructor y desalmado.

Mis padres me leían los diálogos y las intervenciones del narrador. Pero no terminaba de entender de dónde sacaban esas cosas. ¿Cómo las sabían? Me explicaron la mecánica: ésas son letras, que forman palabras, que forman frases, que cuentan la historia. Cuando dije que quería aprender a leer, contestaron que en la escuela me enseñarían, a su tiempo. El tiempo llegó y no quedé conforme. Un día, al regresar de clases, les dije terminante que las lecciones no me servirían de nada. La maestra quería enseñarme a leer libros; yo quería aprender a leer cómics.

En la casa de mis padres siempre hubo libros. Cuentos clásicos ilustrados, enciclopedias. De niño fui un lector curioso. No uno clavadísimo y monodireccional, pero sí uno decente. Esa fama llegó hasta el pediatra de la familia. Nos trataba con la confianza de un tío lejano pero afectuoso; hacía bromas, trataba de no asustarnos mientras nos auscultaba. Una vez hizo un trato con mi hermana y conmigo: del librero de su consultorio nos llevaríamos, en calidad de préstamo, el primer tomo de una colección de lecturas infantiles. El libro antologaba relatos completos, así como resúmenes de leyendas y tradiciones orales de oriente. Debíamos leer cada texto y luego escribir nuestro nombre, así como la fecha, al calce. Cuando todos estuvieran firmados se los llevaríamos y nos entregaría el siguiente. Mi hermana, dos años mayor, decidió empezar por los más cortos. Yo, acostumbrado a las frases breves de los cómics (los cuales leía con lentitud, armado de una ardiente paciencia), me vi en la necesidad de aventarme los textos extensos. Leí ciertos pasajes de la mitología griega, los mitos hindúes del origen del mundo y algunos cuentos chinos. Mi cofrade perdió pronto el interés; pero yo seguí leyendo, ya sin escribir mi nombre. Antes de terminar el libro había decidido conservarlo. No me sentía capaz de desprenderme de esas historias descifradas con tanto empeño, leídas con impaciente asombro.

Mi primer proyecto fue ser guionista y dibujante de mis propios cómics. Diseñaba los personajes a imagen y semejanza de los superhéroes de Marvel y DC: trajes de batalla espectaculares, poderes adquiridos por accidente, santuarios y bases de operaciones que sólo un multimillonario o un delincuente podrían mantener, una lista interminable de supervillanos, ciudades imaginarias. En cuatro o cinco páginas dibujaba una historia con arranque, nudo y desenlace. Fue con el paso del tiempo –y la exigencia de mantener cierto decoro mínimo aun en la habitación de un niño– que empecé a deshacerme de uno que otro dibujo.

Tuve fortuitos encuentros del tercer tipo con los libros. En la secundaria, la maestra de español tuvo la irresponsable amabilidad de prestarme la *Divina comedia*. Tenía doce años y no entendí nada. Pero quedé maravillado con los grabados de Doré. Antes había leído una versión de la obra de Dante en la popular *Tesoros de la literatura*, y sentí curiosidad por el texto original. El Infierno y el Purgatorio me fascinaron, el Paraíso me aburrió. Un año después pasé a Neruda y entendí más.

Un poco antes tuve mi primer libro. Acababa de salir de primaria. Fuimos al centro comercial y, como sucedía cada vez con mayor frecuencia, me atoré en los escasos libros que se exhibían junto a revistas y tarjetas de cumpleaños. Mis padres pasaron por mí, de camino a la caja, con las compras hechas. Aún hojeaba el mismo libro. La fascinación en mi cara debió tener la contundencia de un anuncio panorámico. Me lo compraron sin apenas tener que pedirlo. *La enciclopedia de los monstruos*, Daniel Cohen, Edivisión, 1989, 275 pp.

Lo leí infinidad de veces sin doblar una sola hoja, sin anotar ni subrayar. Tenía la secreta intención de saber de memoria en qué página y línea estaban los pasajes que más me cautivaban. Creo que lo logré. Justo ahora está en el primer librero entrando al estudio, estante de arriba, junto a la novela más leída: *Drácula* (de los dieciocho a los veintidós, lo releí una vez al año, como quien peregrina a una meca lúgubre, macabra). Conserva en las orillas de los forros las tiras de *maskingtape* con que pretendí protegerlo. Cuando mi hija supo de la existencia del libro de Cohen, quiso ver las ilustraciones. Luego me pidió que le leyera algunas cosas. Esos monstruos y seres fantásticos poblaron mis sueños y pesadillas. Creo que las de ella también. Estoy seguro que la infancia es la mejor época para graduarse con honores en la apócrifa ciencia de la criptozoología.

Pertenecí al predecible 70 por ciento que quiere ser doctor cuando crezca. El otro 30 por ciento, pienso, se debate entre ser bombero o astronauta. Mis estremecimientos ante el sangrado aparatoso de accidentes propios y ajenos me convencieron: la medicina no era lo mío. De los diez a los veinte se abre un bache vocacional en que no supe qué uniforme quería portar.

Pero encontré en qué entretenerme mientras lo averiguaba. Era, si no el primero de la clase, al menos uno de los más dedicados. Estudié la primaria en una escuela a una cuadra de mi casa; salía faltando dos minutos para el timbre y llegaba a tiempo. La Secundaria Uno estaba en el centro de Frontera; doce cuadras de ida y otras tantas de regreso. El bachillerato lo cursé en la legendaria Prepa 24 de Monclova –leyenda local, claro; en principio, no hay de otras. Luego hice un semestre de Ciencias de la Comunicación, en Saltillo. Pero no me convenció y la manutención no era barata, así que decidí regresar al rancho. Mi padre no me habló durante meses. Me lo merecía. Mi madre lo tomó con mayor espíritu deportivo: a veces se puede y a veces no. Al año siguiente reingresé a la Universidad Autónoma de Coahuila, ahora en el campus Monclova. Las opciones no eran muchas: contador, ingeniero o administrador. Elegí la última. Aunque la literatura me rebasó por la derecha a mitad de la carrera, me gradué con el primer lugar de mi generación (hasta el tercer semestre aspiré a convertirme en un gerente de altos vuelos). Como prueba, tengo un par de medallas que presto a mi hija para que juegue a la escuelita.

A los catorce años aprendí a tocar la guitarra. Un grupo de amigos de la cuadra nos reuníamos a ensayar boleros para llevar serenata a las muchachas que nos gustaban. Pasó de todo, desde recibimientos triunfales hasta agrias solicitudes de explicaciones por parte del padre, o ventanas equivocadas pero agradecidas por el detalle. Salíamos con la emoción de la conquista y las provocaciones de la aventura: el reto de acomodar cinco pasajeros y sus respectivos instrumentos en un Volkswagen; hacer tiempo en alguna plaza semidesierta contando chistes; convencer a los policías de que éramos sólo un grupo de adolescentes que creían en romanticismos del siglo pasado. La medianoche era una fiesta. Poco después empecé a escribir canciones –no conservo, lo juro, ninguna– y a interesarme por otros instrumentos; me invitaron a cantar en un grupo de rock. Pero tuve una desilusión. Algo no alcanzaba, algo sobraba.

Por casualidad me invitaron al grupo de teatro del Museo Biblioteca Pape (cuyo peso específico es central en mi formación). Me habían escuchado leer en voz alta y preguntaron si quería hacer una prueba para entrar al elenco de una obra. No importaba mi falta de experiencia. El objetivo era reunir voces fuertes, con presencia, dijeron. (Gracias al piropo traté de ser locutor, pero me estrellé con el problema netamente mexicano de no estar afiliado al sindicato.) Mi primer director y maestro en el escenario fue César Luna Lastra, una institución en un solo hombre. Actué durante cuatro o cinco años. Entré a talleres de expresión, manejo de emociones, acondicionamiento físico, vocalización. Participé en varias obras. Luego me despedí. Algo sobraba, algo faltaba. Pero esos aprendizajes dejaron huella perdurable. Me llevaron a zonas interiores que no conocía.

Quien nunca haya asistido a un taller literario –ni siquiera a una sesión, nada más por joder, o a esa en la que decidió que lo suyo era el camino de los solitarios– que tire la primera piedra. La universidad albergó uno de esos grupos de autoayuda y me apunté en la lista. Lo coordinaría –me enteré después– una suerte de leyenda y azote de las generaciones jóvenes coahuilenses: Jesús de León. Cuentista, novelista, dramaturgo, editor, pero sobre todo, un prosista sorprendente, cuyo crítico sentido del humor marca una de las obras más gozosas que conozco. De la misma forma, su visión clara y exigente de la escritura dictaba el ritmo de nuestras sesiones. De los seis abonados, sólo uno fue lo bastante terco para no faltar un solo sábado y seguirse de largo con las cuartillas cuando el taller terminó. Tenía veinte años.

El coordinador se comportaba todo el tiempo como un tipo duro legítimo: no bailaba con nadie. Sus críticas eran directas; sus observaciones, suficientes para desarmar cuanto texto mal hecho llegara a la mesa. Más de una vez los asistentes salimos de las oficinas de la universidad sintiéndonos heridos de muerte.

Llevé cuentos de los que ojalá nadie conserve memoria –varias sesiones de autohipnosis me hicieron olvidarlos por completo–; en el principio fue la prosa: yo quería ser narrador. Eran tan malos que Jesús, con gran tacto y no sin un poco de jiribilla, me sugirió cambiar de género literario. Los textos tenían buenas imágenes, ¿por qué no traía poemas para la otra? Pudo haberme matado y desaparecido mi cadáver sin contratiempos; pero no lo hizo. Fue cordial. Doce años después, le recordé el trance. Su barba cerrada se relajó para dibujar una sonrisa socarrona. Lo recordaba. No iba a ser él quien me diera el tiro de gracia que merecen, de entrada, todos los principiantes. *Además, es una buena forma de eliminar a la competencia,* dijo, *¿no crees?*

Aparte de un título impreso en piel, los años de la carrera me dejaron cosas que conservo sin necesidad de pensar cada pocos meses que ya va siendo hora de enmarcarlas. Fue, por cierto, mi época rócker: cabello largo, vestimenta negra; pero disciplina de tenor. En mi grupo había varios repitentes, tipos que reprobaron año y buscaban mejor suerte en el repechaje académico. Edgar, Tomás, Joel y otros que fueron quedándose en el cedazo de los semestrales. Uno de ellos tenía nombre de detective de serie gringa: Columbo Barajas. Con el tiempo, llegaría a ser mi mejor amigo. Asistía a clases ataviado con camisa, pantalón, botas y (a veces) sombrero vaquero. Su sentido del humor dribblaba las estrategias comunes del escarnio ajeno y la burla expansiva, a cambio de encontrar el lado ocurrente de las cosas simples. Notó mi carácter reservado y me dio la bienvenida a la jungla. La mafia gandalla llevaba media hora chingando desde las últimas filas a quienes ocupábamos bancas en preferente. De la nada, me aconsejó: *vente al desmadre, contesta la carrilla ahorita, porque luego no te los vas a quitar de encima.* Lo medité un segundo. ¿Qué podía decir? Ni modo, a darle. Con las reservas de cajón, me integré a la dinámica de joder al prójimo con un espíritu deportivo no exento de cariño. Durante cuatro años y medio disfruté las horas libres como no lo hice ni en preescolar.

Tuve amigas, novias, amores platónicos, inversiones a fondo perdido.

Nos reuníamos en la casa de Columbo para hacer trabajos y tareas. Una cosa llevaba a la otra, y algunas veces para las seis de la tarde alguien exigía terminar los ejercicios de contabilidad en la cantina más a mano. Organizábamos carnes asadas cada dos o tres fines de semana. Yo cargaba mi guitarra y gastábamos el repertorio nacional para la ocasión: lo que escribió un tipo que nunca supo leer partituras y lo que canta un charro que parece no saber terminar un concierto. Para lo académico y lo extracurricular fuimos un grupo muy unido. Almorzábamos en la cafetería, nos echábamos en los pasillos a descansar, ocupábamos los jardines donde caía la sombra.

Columbo vivía a seis cuadras de mi casa. Quedábamos de vernos a mitad del camino para ir a la facultad. Pero siempre terminaba esperándolo quince minutos en el sillón de su sala. A veces tomábamos el camión urbano a las once de la noche para volver a la colonia Bellavista, donde vivíamos, y la inercia del día nos duraba para no callarnos en todo el camino. Conocía mi distancia con el alcohol, así que cuando por primera vez me vio dispuesto a emborracharme, me trató como si fuera mi *bar mitzvah* y pagó todo.

Entre mis defectos está ser la vergüenza de varios gremios en los que tengo membresía: soy un escritor casi casi abstemio; suelo trabajar a deshoras, pero no bebo café; nací varoncito y el futbol está lejos de parecerme una apoteosis.

A pesar de los esfuerzos de mi padre, un apasionado del beisbol, nunca me aficioné a ningún deporte. Me llevaba a los partidos de los Acereros, a los entrenamientos de su equipo llanero, y nada. Pero jugué beisbol, e incluso entré al equipo de softbol de nuestro grupo en la liga de la facultad. Mis amigos me enseñaron. O, más bien, alcancé a aprender algo entre las mentadas de madre. Mi camisola era la número 10. Segunda base. Disfrutaba entrar al campo, aunque los nervios me mataban. Estuve lejos de ser el jugador más valioso, pero tuve momentos. Anoté buenos *hits*, concreté *outs* necesarios. El rey de los deportes (o su versión leve). El único donde el rendimiento es una fórmula química con alto porcentaje de variables aleatorias.

Hay solapas de libros que parecen la hoja curricular de Indiana Jones. Buzo, domador de leones, explorador ártico, paracaidista, torero. Por mi parte, suelo apegarme a los lugares comunes del gremio (publicaciones, becas) por la sencilla razón de que nunca he sido cazatiburones ni trapecista. Mi primer trabajo fue como auxiliar administrativo en una cadena de cines. Cubría los descansos de los gerentes, entregaba y recibía inventarios, supervisaba las proyecciones y entraba a las salas seis horas para evaluar la cartelera. Nadie me lo pedía, pero había que ser proactivo. Aprendí a encintar proyectores antiguos y me entristecí cuando los cambiaron por modelos digitales. Después fui instructor en cursos para trabajadores, maestro universitario, supervisor de tiempos y movimientos (?), promotor cultural, bibliotecario, coordinador de talleres para niños, jefe de comunicaciones. Durante la carrera trabajé en mis tiempos libres, pero al graduarme arreció la cosa. Lo más extremo fueron los horarios: turnos de doce horas, o bien, salía de un trabajo y entraba a otro con diferencia de treinta minutos.

Nada especial sucedió el día anterior. Desperté, como cada mañana, para desayunar y asistir a clases. A esa hora, un sol inapelable, vivo, atravesaba con fuerza la ventana frente a mi cama. No hubo una lectura, una charla, una línea propia como detonador. Sucedió que ese día me levanté sabiendo que quería dedicarme a escribir. No me interesaba hacer nada más.

Nos conocíamos desde antes. De vista. Por amigos comunes. Habíamos hablado un par de veces. Coincidimos en un café; había cuatro personas en la mesa. Ella representaba el agradable 25 por ciento que no tenía sueños guajiros de dedicarse a escribir. Pedí cualquier cosa y me la pasé ponderando las virtudes de un texto indescifrable: un tatuaje temporal formado por tres ideogramas chinos que bajaban de su hombro hacia su espalda. Intenté contar una anécdota que mostrara mis dotes como conversador y el exótico encanto de mis lecturas. Faltó presupuesto: fallé aparatosamente. Ella se adelantó y reveló el final. La bonita cayó de mi gracia, aunque no por mucho tiempo.

Seguimos encontrándonos en el campus, charlando de vez en cuando. Yo había terminado la universidad pero colaboraba de forma casi anónima en el departamento de Extensión Universitaria –que, a veces, cuando los esfuerzos del rústico encargado no lograban evitarlo, atendía Asuntos Culturales. Ella estudiaba el último año de Contaduría Pública. Salimos a bailar, a cenar, al cine, al teatro; incluso perpetré el exceso de invitarla a un evento donde yo leería mis poemas. María Teresa. Libra. 1.56. Ojos cafés. Tez clara. Pecas semiinvisibles. Cabello rizado (mi favorito). El noviazgo duró un año y una semana. Nos casamos en septiembre de 2002. ¿De qué otra forma hablar de la felicidad si no es con imágenes vívidas de sonrisas y relajo bellamente fugaces y por eso entrañables?

Este año cumpliremos ocho de casados. Saltamos ya el límite prudencial de los cinco (me dicen que los divorcios suelen concretarse, como los goles de la selección, en los primeros minutos del partido, los de la euforia y el arrojo; en ambas gimnasias, administrarse a largo plazo y con la cabeza fría es el reto incomprendido de los restantes 85 minutos. Veamos).

María Fernanda nació en julio; cáncer, como su padre.

Había ido dizque a dar el visto bueno del que iba a ser mi primer libro publicado. La reunión matutina acordada con el editor degeneró en una borrachera nocturna. Revisé el libro y salí pitando. Regresé de Saltillo la madrugada del domingo y Tere tenía un par de horas con los dolores del parto. La primogénita Boone Cárdenas nació un lunes, a las once cuarenta y cinco de la mañana, pesando dos kilos ochocientos cincuenta gramos.

Aunque ese día tuve por toda comida una bolsa de frituras, no sentí hambre; mi cabeza estaba en otro lado. Fui el primero en sostenerla. El doctor anunció que nos mostraría a la bebé; me lancé tras el partero sin decir nada a abuelos y tíos. La cargué durante un minuto. Me la pidieron, debían llevársela a la madre. Tuve que resistir el comprensible impulso de secuestrarla cuanto fuera posible. Cuando las vi juntas, todo hay que decirlo, lloré de alegría. Fue la noche de mi noviciado: aprendí a dormir balanceándome en una silla incómoda hasta el forro, a conseguir enfermeras en pisos vacíos y a acometer la acrobacia de cambiar pañales con el cerebro apagado.

Marifer tenía gustos de jeque. Entre sus gracias estaba quedarse dormida de las formas más extrañas. Una de ellas desarrollaba mis tríceps: debía sostenerla solamente con las manos, alejada de mi cuerpo, porque le molestaba el calor, y subir y bajar su pequeña humanidad suavemente, hasta que su respiración se atenuara. Quiere ser doctora. Ojalá no cambie de parecer. Su familia tiene antecedentes.

Cuando nació, yo era jefe de información en un tecnológico en Sabinas, ciudad minera a una hora de Monclova. Pero en unos meses estaríamos de vuelta.

Una vez escuché una historia que me dejó perplejo. Una expedición científica había encontrado vestigios de una civilización antigua en el polo sur. Se trataba de seres monstruosos, con conocimientos incalculables, que amenazaban a la humanidad. El único explorador que había sobrevivido –un connotado científico con abundantes credenciales– lo contaba todo en una mezcla de crónica del horror y advertencia a futuros aventureros. Me quedé sin habla. Según mis archivos, el amigo que lo narró, Valtierra, iba en serio. Hacía énfasis en la veracidad del relato, en su base documental. Nunca aclaró que se trataba de una ficción, que nos contaba una novela. Olvidé después el título del libro, pero no el resto (se trataba, obviamente, de una tosca sinopsis de *En las montañas de la locura*).

Durante un semestre fui becario del Museo Pape –una institución cultural a la que dos de cada tres monclovenses le deben cierta gratitud–, en la biblioteca. Reparé, presté, localicé, recibí y etiqueté algunos de los más de cincuenta mil ejemplares del acervo. Leí, entre el registro de un préstamo y otro, mucha poesía. Cuando terminó la beca seguí yendo a investigar y hacer tareas. Un día me equivoqué de gaveta y di con un nombre inolvidable: Howard Philips Lovecraft. Cierta novela había estado bajo mi nariz todo ese tiempo. Tragué saliva. Podía llevarme sólo un libro; dejé el de metodología y opté por el apocalíptico.

Leerlo tuvo consecuencias. Debía entregarlo la siguiente semana, pero ocurrió una desgracia singular: el techo de la biblioteca colapsó. No estaba diseñada para resistir los elementos, la fatiga por tanto papel –parece que el arquitecto pensaba en un clima menos hostil. Cuando llegué a renovar mi préstamo, me topé con que nadie podía sellarme la tarjeta. El personal estaba ocupado salvando lo que podía. Me quedé dos meses con la novela. La leí otra vez; repasé capítulos sueltos; copié párrafos. Decidí, varias veces, quedarme con ella. Al fin los registros también pudieron haber quedado, ilegibles, bajo los escombros. Me impresionaba su imaginación tan personal, su fascinación ante lo terrible y –recordando a Valtierra– que la ficción pudiera haber convencido a alguien de la veracidad de una historia tan descabellada.

Mudaron la biblioteca al edificio del museo y me apersoné para entregar el libro. El séptimo mandamiento incluía a la literatura, sin importar su poder de seducción. Para llenar ese vacío, tengo dos ediciones en español y una en inglés de la novela. Cada vez que veo una que me gusta, la compro, faltaba más.

Escribía por las noches, con el ventilador a veinte centímetros de mi cara, sin camiseta, descalzo, un vaso

–coca-cola y hartos hielos– bien pescado en la entrepierna. Esperando que algo se completara de los retazos de mí que sobraban de la jornada.

En Monclova escribí cuatro libros. Terminé el primero a los veinte años, pero dejé de ser inédito un lustro más tarde. Escribo a mano la primera versión de todo, en alguno de los cuadernos y libretas que compro a destajo. Luego transcribo a la computadora y corrijo. Pero el primer contacto –orgánico, vivo– con el material y su soporte me parece imprescindible. Escuchar cómo la pluma aja el papel, oler la tinta, concertar un ritmo pausado de pensamiento y redacción, sentir el cansancio acumulándose en la mano y exigir a los músculos un segundo aire. Escribir es un acto con implicaciones primitivas.

Desde temprano descreí de la especialización literaria; me interesa explorar posibilidades sin fijarme límites precisos. Suelo trabajar en varios libros que me permitan ir del verso a la prosa, de un tono a otro, desorientarme del confort. Aspiro casi únicamente a que cada nuevo libro se desmarque del anterior. Por lo demás, creo que todo se vale.

De los veinticuatro a los veintiséis años escribí los cuentos de corte fantástico que formarían *La noche caníbal*. Siempre he creído en apariciones, pero nunca he visto una –lo sé: eso me hace supersticioso. Escribí esos cuentos para resarcir una honda ausencia. El proceso me llevó a habitar atmósferas donde pensaba que cada noche sería el final de una vida sin fantasmas. Estuve ligeramente nervioso hasta que lo terminé. Ahora, visto desde fuera, no entiendo cómo pude dejarme influir así. Si sólo pudiera quedarme con uno de mis libros, elegiría *La noche caníbal*. Si sólo pudiera quedarme con uno de sus cuentos, nombraría "El invierno en Devonshire", cuya gestación –lo supe *a posteriori*– tomó cerca de quince años.

El libro obtuvo el Premio de Cuento Inés Arredondo. Al regreso del acto de premiación, llevamos a Marifer a casa de sus abuelos, y al despedirnos mi padre hizo un comentario que requirió explicación. Él siempre había dicho que escribir era un pasatiempo, y el trabajo verdadero, aquello que diera para comer. La suma del premio era más que mi sueldo de ocho meses. Dijo que era tarde, y mañana tenía que ir yo a mi hobby. Pausa. *Sí*, aclaró, *dar clases es tu afición, y escribir, el trabajo de veras*. Fue mi ceremonia de mayoría de edad. Me concedió lo que todo hijo, en el fondo, busca. El reconocimiento paterno de que se ha elegido un buen destino.

Pedí una beca de la Fundación para las Letras Mexicanas –suerte de cruza entre colegio alemán y un *Big Brother* con retos intelectuales– y al segundo intento me la dieron. Dos años que disfruté intensamente. Por primera vez mi lugar de trabajo no invadiría la estancia o la recámara. Tenía destinado un cubículo, una computadora, un espacio para leer, dinero para los gastos. Estaba, como sucede con los grandes eventos de la vida, encantado y confundido. A alguien, de veras, le importaba.

Prometí un libro, pero terminé cuatro. Leía, escribía, asistía a cursos y charlas literarias. Las becas tienen mala fama, pero –como la mayoría de las cosas– poseen carga neutra, por sí solas no te hacen ni mejor ni peor. Son un arma de dos filos: al flojo lo hacen huevón y al matado lo vuelven un nerd. En la casona de Liverpool 16 convivían ambas especies: los que se lo tomaron a broma y los que se formaron; yo pertenecí –siempre lo he hecho– al ala moderada. Hice migas con un grupo de norteños que cojeábamos del mismo pie. Éramos tan clavados que pedimos permiso para asistir incluso los fines de semana. Hice otra gran amistad con un poeta nativo del DF. En ellos tuve, por primera vez, lectores y conversaciones por elección afectiva. Comíamos juntos, íbamos al cine, perdíamos horas en alguna librería. La fundación fue un reducto de tranquilidad, una pista de comando y un invernadero para libros de otro modo escritos aun más a contracorriente.

(En la memoria lo más distante resulta lo más claro. Lo que acaba de suceder carece de coherencia. Las piezas de un rompecabezas se esparcen por primera vez sobre la mesa, y la impresión dominante es que no hay figura posible. Las cosas pasan, en principio, porque sí.)

Cuando en 2005 renuncié a mis trabajos, empacamos el menaje de casa y lo mandamos a un departamento más bien tristón de la colonia Juárez que sólo tenía a su favor quedar a diez minutos de mi cubículo. Terminó el periodo de gracia becaria y nos cambiamos a la Roma, a un departamento mucho más iluminado (la falta de luz era un reclamo constante de Tere, y con razón: venimos de un lugar donde el sol de verano se oculta casi a las nueve de la noche). De ahí salgo por las mañanas a dejar a Marifer en el kínder. Es decir, en la primaria. Es cierto: crecen demasiado rápido.

La parte que tenemos de especie vegetal nos hace imposible eludir la nostalgia. Algo más allá de nosotros llama, grita desde algún lugar, ¿lejos?, ¿cerca?, y entonces nos encontramos mirando el pasado. En algún lugar dentro de nosotros hay fantasmas que nos dicen: no lo olvides, esto has sido. Por más viajes y exilios que se intenten, uno pertenece al lugar donde nace. Así que, puntuales, cada tres o cuatro meses desandamos esos mil doscientos kilómetros al norte, ansiosos por recibir nuestras dosis mínimas indispensables de raíces y recuerdos. De amplitud desértica.

De clara intemperie.

Colaboradores

LUIS JORGE BOONE (Monclova, Coahuila, 1977) ha publicado libros de poemas: *Traducción a lengua extraña* (2007), *Novela* (2008) y *Primavera un segundo* (2010), entre otros, y *La noche caníbal* (2008), que obtuvo el Premio Nacional de Cuento Inés Arredondo 2005. Ha sido becario del FONCA y de la Fundación para las Letras Mexicanas. Ha recibido los premios nacionales de poesía Elías Nandino 2007 y Ramón López Velarde 2009.

HERNÁN BRAVO VARELA (ciudad de México, 1979) ha publicado los libros de poemas *Oficios de ciega pertenencia* (Premio Nacional de Poesía Joven Elías Nandino, 1999 y 2004), *Comunión* (2002) y *Sobrenaturaleza* (2010), así como el volumen ensayístico *Los orillados* (2008). Ha sido becario del Fondo Nacional para la Cultura y las Artes y de la Fundación para las Letras Mexicanas. Algunos de sus poemas han sido traducidos al inglés, francés y alemán. "Historia de mi hígado" forma parte de *Historia de mi hígado y otros ensayos,* galardonado con el primer lugar del Premio Internacional de Literatura "Sor Juana Inés de la Cruz - Letras del Bicentenario" en 2010.

ALBERTO CHIMAL (Toluca, 1970) ha obtenido, entre otros, el Premio Nacional de Cuento por el libro *Éstos son los días* (2004). Ha publicado también los libros de cuentos *Gente del mundo* (1998), *El país de los hablistas* (2001), *Grey* (2006) y *La ciudad imaginada* (2009), así como la colección de ensayos y artículos *La cámara de maravillas* (2003), la antología *Viajes celestes. Cuento fantástico del siglo XIX* (2006), la novela *Los esclavos* (2009) y *Poliziano* (2010), traducción de la única obra de teatro que escribió Edgar Allan Poe. Trabaja como profesor y tallerista y tiene una bitácora literaria en internet: *www.lashistorias.com.mx.*

LUIS FELIPE FABRE (ciudad de México, 1974) ha publicado los libros de poesía *Cabaret Provenza* (2007) y *La sodomía en la Nueva España* (2010), así como un volumen de ensayos: *Leyendo agujeros. Ensayos sobre (des)escritura, antiescritura y no escritura* (2005). Es también autor de la antología *Divino tesoro. Muestra de nueva poesía mexicana* (2008). En 2008 Achiote Press publicó *The Moon Ain´t Nothing but a Broken Dish,* una selección de sus poemas traducida al inglés.

AGUSTÍN GOENAGA (ciudad de México, 1984) reparte su tiempo entre la literatura y la investigación en teoría política y estudios culturales. Su primera novela, *La frase negra,* fue publicada por Ediciones Era en 2007. Actualmente cursa un doctorado en Ciencias Políticas en Vancouver, Canadá.

JULIÁN HERBERT (Acapulco, 1971) vive en Coahuila. Es autor de los libros de poesía *El nombre de esta casa* (1999), *La resistencia* (2003), *Kubla Khan* (Era, 2005) y *Pastilla camaleón* (2009); de la novela *Un mundo infiel* (2003), del libro de cuentos *Cocaína (manual de usuario)* (2006), y del libro de ensayos *Caníbal. Apuntes sobre poesía mexicana reciente* (2010). Fue vocalista de dos bandas de rock y coordinador del colectivo interdisciplinario El Taller de la Caballeriza. Actualmente participa, junto al músico Jorge Rangel, en el proyecto de poesía multimedia Soundsystem en Provenza.

BRENDA LOZANO (ciudad de México, 1981) es narradora y ensayista; colabora en *Letras Libres*, entre otras publicaciones. Estudió Literatura Latinoamericana. Ha sido becaria del programa Jóvenes Creadores del Fondo Nacional para la Cultura y las Artes. Ha sido antologada en diversas ocasiones. *Todo nada* (Tusquets, 2009) es su primera novela.

GUADALUPE NETTEL (ciudad de México, 1973) estudió Lengua y Literaturas Hispánicas en la UNAM y en el 2008 obtuvo un doctorado en Ciencias del Lenguaje en la Escuela de Altos Estudios en Ciencias Sociales de París. Es autora de tres libros de cuentos (*Juegos de artificio, Les jours fossiles, Pétalos y otras historias incómodas*) y una novela (*El huésped*). Colabora con diversas revistas literarias de España y América Latina. Ha obtenido varios premios, como el Prix Radio France International para países no francófonos, el Premio Gilberto Owen, el Premio Antonin Artaud y el premio Anna Seghers.

Su novela *El huésped* quedó finalista del Premio Herralde en el 2005. En el 2007, el HAY Festival la seleccionó entre los 39 mejores escritores latinoamericanos menores de 39 años, y participó en el encuentro Bogotá 39. Es becaria del SNCA y editora de la revista *Número 0*, cuya vocación es establecer lazos entre las literaturas de nuestro continente.

ANTONIO RAMOS REVILLAS (Monterrey, 1977) estudió Letras Españolas de la UANL. Ha sido becario del Centro Mexicano de Escritores, del FONCA Jóvenes Creadores y de la Fundación para las Letras Mexicanas. Ha publicado libros de cuentos, entre los que destacan *Dejaré esta calle* (Premio Nacional de Cuento Joven Julio Torri), *Sola no puedo* (Premio Salvador Gallardo Dávalos), y las novelas infantiles *Los cazadores de pájaros* y *Reptiles bajo mi cama*. Fue antologado en *Grandes Hits, nuevos narradores mexicanos*, y algunos cuentos suyos han sido traducidos al inglés, francés y polaco.

MARÍA RIVERA (ciudad de México, 1971) es autora de los libros de poesía *Traslación de dominio* (Fondo Editorial Tierra Adentro, 2000 y 2004), con el cual obtuvo el Premio Nacional de Poesía Joven Elías Nandino 2000, y *Hay batallas* (Joaquín Mortiz, 2005), que obtuvo el Premio Nacional de Poesía Aguascalientes 2005. Actualmente es miembro del Sistema Nacional de Creadores de Arte y se desempeña como asesora cultural en la Casa del Poeta Ramón López Velarde.

JUAN JOSÉ RODRÍGUEZ (Mazatlán, 1970) es narrador, periodista y tallerista de Creación Literaria. Dirige la *Revista de la Universidad Autónoma de Sinaloa* y es miembro del Sistema Nacional de Creadores de Arte. Es autor del libro de relatos *Con sabor a limonero* (1988), además de las novelas *El náufrago del mar amarillo* (1991), *Asesinato en una lavandería china, El gran invento del siglo XX* (1997), *Mi nombre es Casablanca* (2003) y *La Casa de las Lobas* (2005). Ha sido artista residente en el Centro Banff de las Artes en Alberta, Canadá (2003), y del Instituto de Cultura de Yucatán (2002). El director Eduardo Rossoff estrenará en 2011 la cinta *Sangre de familia,* adaptación de su novela *Asesinato en una lavandería china.* Actualmente trabaja en la adaptación cinematográfica de su novela *El gran invento del siglo XX.*

JOSÉ RAMÓN RUISÁNCHEZ (ciudad de México, 1971) ha escrito cinco novelas. La más reciente, *Nada cruel* fue publicada por Era en el 2008. Es maestro en Literatura Comparada y doctor en Literatura Latinoamericana por la Universidad de Maryland. Desde el 2006 es profesor investigador en el Departamento de Letras de la Universidad Iberoamericana. A finales del 2010 estrenará un nuevo programa de televisión sobre literatura. Sus pasiones gastronómicas incluyen el pho vietnamita, los quesos más trabajados por el tiempo y de los variados gozos de la cocina mexicana prefiere los oaxaqueños.

MARTÍN SOLARES (Tampico, 1970) ha publicado tres libros: la antología *Nuevas líneas de investigación* (Era,

2003), el ensayo *Viaje alrededor de la luna* (Gatsby, 2006) y la novela *Los minutos negros*, traducida al inglés, francés, alemán, italiano y coreano. Con ella fue finalista del Grand Prix de Littérature Policière de París, del Antonin Artaud y del Rómulo Gallegos en 2006.

DANIELA TARAZONA (ciudad de México, 1975) estudió cursos de doctorado en la Universidad de Salamanca. Ha sido becaria del Fondo Nacional para la Cultura y las Artes y ha colaborado en revistas y suplementos como *Letras Libres, Renacimiento* y *Crítica,* entre otros. Es autora de la novela *El animal sobre la piedra* –publicada por Almadía en 2008, recibida con entusiasmo unánime por la crítica y considerada por el suplemento cultural *El Ángel* como una de las mejores diez novelas mexicanas del año–, y del ensayo *Clarice Lispector* (Nostra Ediciones, 2009).

SOCORRO VENEGAS (San Luis Potosí, 1972) es autora de los libros de cuentos *La risa de las azucenas, La muerte más blanca, Todas las islas* (Premio Nacional de Cuento "Benemérito de América" 2002) y de la novela *La noche será negra y blanca* (Era/UNAM, 2009), con la que obtuvo el Premio Nacional de Novela para Ópera Prima "Carlos Fuentes" 2004. Ha sido becaria del FONCA y del Centro Mexicano de Escritores, y escritora residente en el Writers Room de Nueva York. Cuentos suyos se han traducido al inglés y al francés.

Fotocomposición: Logos Editores
Impresión: Litográfica Ingramex S.A. de C.V.
Centeno 162-1, Col. Granjas Esmeralda
09810 México, D.F.
13-I-2011